高等职业教育汽车运用与维修专业教材

商用车电气系统检修

主　编　张新文

中国劳动社会保障出版社

图书在版编目（CIP）数据

商用车电气系统检修 / 张新文主编 . -- 北京：中国劳动社会保障出版社，2019
高等职业教育汽车运用与维修专业教材
ISBN 978-7-5167-4185-6

Ⅰ.①商⋯ Ⅱ.①张⋯ Ⅲ.①汽车－电气系统－检修－高等职业教育－教材 Ⅳ.①U472.41

中国版本图书馆 CIP 数据核字（2019）第 171231 号

中国劳动社会保障出版社出版发行
（北京市惠新东街 1 号 邮政编码：100029）
*
辽宁虎驰科技传媒有限公司印刷装订 新华书店经销

787 毫米 ×1092 毫米 16 开本 11.75 印张 260 千字
2019 年 9 月第 1 版 2025 年 11 月第 3 次印刷
定价：38.00 元

营销中心电话：400-606-6496
出版社网址：http://www.class.com.cn

前　言

“高等职业教育汽车运用与维修专业教材”为国家级职业教育规划教材，自出版以来，受到了广大相关职业院校师生的好评。为了更好地服务社会，为广大师生提供实用、好用的教材，中国劳动社会保障出版社适时地对这套教材进行了改版。改版教材是在充分考虑我国汽车运用与维修职业教育特点的基础上，依据最新的法规、标准和技术发展成果，由学术水平高、教学经验丰富的教师编写而成。教材在以下方面进行了尝试和创新：

一、在品种上进行了优化。教材在上一版的基础上，保留了反响较好的品种，去掉了适用性差的品种，增加了一些学校急需品种。改版后的教材共有25个品种，分别为《汽车营销（第三版）》《汽车文化》《新能源汽车概论》《无人驾驶汽车概论》《汽车电气设备构造与维修（第二版）》《汽车车身电气设备系统及附属电气设备检修（第二版）》《汽车总线技术》《汽车销售实务》《汽车售后服务管理》《汽车专业英语（第三版）》《商用车电气系统检修》《柴油发动机构造与控制系统检修》《汽车底盘构造与维修（第二版）》《汽车构造（第三版）》《汽车机械基础（第二版）》《汽车车身修复技术（第二版）》《汽车机械识图》《汽车机械识图习题册》《汽车故障诊断技术（第二版）》《二手车鉴定及评估（第二版）》《汽车发动机构造与维修（第三版）》《汽车检测技术（第三版）》《汽车维修技术（第二版）》《汽车维修质量检验（第二版）》《汽车自动变速器原理与维修（第三版）》。

二、在内容上作了更新。改版教材参考了现行的法律法规、技术标准等规范性文件，吸收了最新的维修技术和方法，在车型的选择上，既着眼于主流车型，又兼顾院校的教学实际，因此，教材能够满足大多数院校的教学使用。为了给教师提供更多的教学便利，每一套教材还配有精心制作的PPT课件，尽量采用多媒体的元素来展现教学内容，从而使教学更直观，更轻松。

三、在理念上选择了坚持。同上一版教材一样，改版教材仍然坚持以职业为导向，以能力培养为目标，以适用、够用为原则，实现知识和技能的合理统一。

四、在编写风格上进行了继承和发展。改版教材继承了上一版的编写风格，对图片的质量进行了大幅的提升，强调尽量以表格的形式对内容进行总结、归纳，增加了“技术提示”“安全提示”“环保提示”等模块，以利于学生在学习专业知识的同时，也了解一些紧密相关的其他知识。

五、在服务上进行了大胆的创新。选用教材的教师可以加入教材交流 QQ 群，通过这个平台教师可以下载资源、浏览样张、分享经验、反馈意见、与主编和出版者交流，享受一对一、面对面的贴心服务。教材 QQ 交流群号：577237654。

编　者

2019 年 8 月

内容简介

本书内容包括商用车电源系统检修、商用车起动系检修、商用车照明与信号系统检修、商用车空调系统检修、商用车车载网络系统检修、商用车辅助电气系统检修、商用车电路组成与电路图识读等7章，系统地讲述了商用车电气系统的构造、工作原理、拆装、维护、检修以及常见故障的原因和诊断与排除方法。

本书可作为高等职业院校汽车运用技术及相关专业的课程教材，也可作为汽车维修技术人员和相关行业技术人员专业培训用书。

本书由河南交通职业技术学院张新文主编。张新文编写第一、二章，何国红编写第三章，高飞编写第四章，杨涛编写第五章，宋丹丹编写第六章，王培编写第七章。

目　录

第一章　商用车电源系统检修

学习目标

1. 掌握商用车电气系统特点。
2. 掌握蓄电池的工作原理及故障诊断方法。
3. 掌握发电机的工作原理及故障诊断方法。
4. 掌握电源系统的工作原理及故障诊断方法。

第一节　商用车电气系统概述

汽车电气设备是汽车的重要组成部分，随着汽车技术的进步，汽车电气设备的结构与性能也在不断地进步，特别是电子技术在汽车上的广泛应用，在解决汽车节能降耗、行车安全、减少排放污染等方面起着越来越重要的作用。

一、商用车电气技术发展概况

汽车电气技术的发展经历了以下四个阶段，如图 1—1 所示。

第一阶段：从 20 世纪 50 年代初到 70 年代初，主要是开发由分立组件和集成电路组成的汽车电气产品，应用电子装置代替传统的机械部件，如集成电路调节器、电子点火器等。

第二阶段：从 20 世纪 70 年代中期到 80 年代中期，主要是发展专用的独立系统，电气装置被应用在某些机械装置所无法解决的复杂控制功能方面，如电子控制汽油喷射系统、防抱死制动系统等。

第三阶段：从 20 世纪 80 年代中期到 90 年代中期，汽车电子技术的雏形开始形成，主要特征是在汽车大部件乃至总成的设计和生产中重视“机电一体化”的思想与技术，广泛采用机电一体化装置解决机械部件所无法解决的复杂自动控制问题，例如动力总成的电子控制等，主要是开发可完成各种功能的综合系统及各种车辆整体系统的微机控制，汽车上的电气装置不仅能自动承担基本控制任务，而且还能处理外部和内部的各种信息，如集发动机控制与自动变速器控制为一体的动力传动系统控制、制动防抱死与防滑转控制系统等。

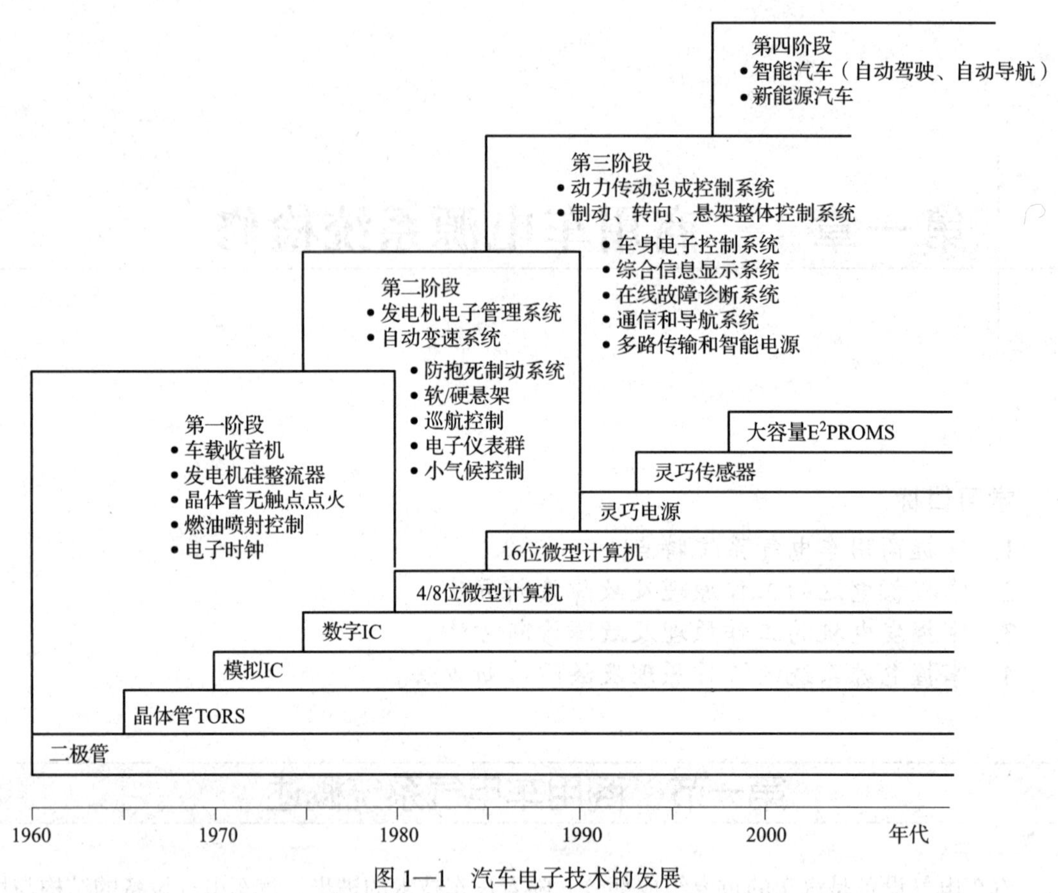

图 1—1　汽车电子技术的发展

第四阶段：从 20 世纪 90 年代中期开始发展到今天，“汽车电子”作为工程技术已经成熟，积累形成汽车电子技术群，并导致“汽车电子学”这门机电一体、多学科综合、特色鲜明的新兴学科的诞生。在这一时期，汽车的总体设计在考虑整车机电系统协调匹配的基础上进行，强调汽车整体设计的机电一体化，并重视总体、系统。设计者不再采用“机械功能替代”或“增添”式的设计思想和方法。同时，汽车电子技术发展的重点也由解决汽车部件或总成的自动控制问题，向广泛应用计算机网络与信息技术，使汽车更加自动化、智能化，解决汽车与社会联结等问题转移。

当前，汽车电子技术主要集中在“动力传动总成的电子控制（Power train Control）”“底盘的电子控制（VehicleControl）”“车身的电子控制（BodyControl）”和“信息通信系统（InformationCommunication）”四个方向。汽车电气技术的发展，使汽车不仅在安全性、舒适性上得到极大改善，而且增加了自动诊断、自动驾驶、自动导航等人性化控制技术，从而树立了新的里程碑：智能汽车。

可以肯定，随着科技的发展，智能汽车拟人的思维和行为会越来越多，汽车电气系统会越来越复杂。

二、商用车电气设备的组成

1．按汽车电气设备功能分类

现代商用车的电气设备种类和数量都很多，大致分为三大部分，即电源系统、起动系统和钥匙开关部分，如图1—2所示。

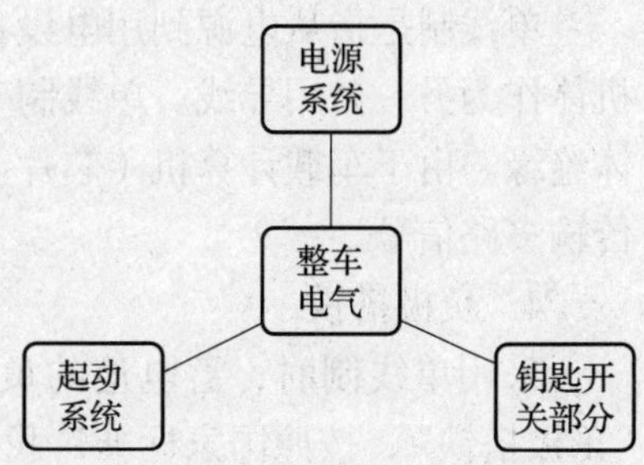

图1—2　商用车整车电气设备组成

（1）电源系统。电源系统包括蓄电池、发电机及电源总开关等。发动机不工作时由蓄电池供电，发动机起动后，转由发电机供电。在发电机向用电设备供电的同时，也给蓄电池充电。

（2）起动系统。起动系主要包括起动机及其控制电路，用来起动发动机。

（3）钥匙开关部分。钥匙开关部分有照明与信号系统、空调系统、车载网络系统和辅助电气设备。

1）照明与信号系统。照明系统包括车外和车内的照明灯具，提供车辆夜间安全行驶必要的照明。灯光信号提供安全行车所必需的信号。

2）空调系统。汽车空调就是人为地对车内空气的温度、湿度、流动速度和洁净度等进行全部或部分调节（将其控制在合适的范围内，从而创造一个舒适的环境）的整套系统。汽车空调具有“制冷、供暖、通风、净化、去湿、除霜”等功能。

3）车载网络系统。随着汽车电子控制系统的日益复杂，以及对汽车内部控制功能电子控制单元相互之间通信能力要求的日益增长，采用点对点的连接会使车内线束增多，这样在考虑内部通信的可靠性、安全性以及质量方面都给汽车设计和制造带来了很大的困扰。为了减少车内连线，实现数据的共享和快速交换，同时提高可靠性，在快速发展的计算机网络上实现CAN、LAN、LIN、MOST等基础构造的汽车电子网络系统，就构成了车载网络。

4）辅助电气设备。辅助电气设备包括电动风窗刮水器、风窗洗涤器、汽车仪表、音响、点烟器、车窗玻璃电动升降器、防盗装置等。辅助电气设备有日益增多的趋势，主要向舒适、娱乐、保障安全等方面发展。车辆的豪华程度越高，辅助电气设备就越多。

由于现代汽车所采用的电气控制系统越来越多，所占的比重越来越大，且汽车电气控制系统往往都自成系统，将电气控制与机械装置相结合，形成了较为典型的机电一体化系统。

三、商用车电气系统的特点

当代汽车电气系统主要体现在功能集约化（组合化）、控制电子化和连接标准化三个方面，具有以下特点。

1．低压

一般汽车电源系统的额定电压有12 V、24 V两种，商用车多采用24 V电源系统。

2．直流

尽管汽车采用交流发电机作为电源，但汽车的大多用电设备使用的是直流电，即汽车电气系统为直流电系统。

3．单线并联

单线制是指从电源到用电设备只有一根导线连接，而用汽车底盘、车架和发动机等金属机体作为另一公用导线。单线制节省导线、线路清晰，安装和检修方便，且电器也不需与车体绝缘。由于车载计算机（芯片）的引入，信息系统的连线已向总线制过渡，即一条数据线传输多路信号。

4．负极搭铁

采用单线制时，蓄电池的负极接车架称为“负极搭铁”，蓄电池的正极接车架则称为“正极搭铁”，按照国家标准，我国汽车电气系统采用负极搭铁。

5．电路保护装置多样化

原则上，汽车所用电器大多为低压大电流器件，所以汽车电路保护装置必不可少。除了熔断器、断路器外，还有易熔线。

第二节　蓄电池的使用与维护

一、蓄电池的功能

为了满足人们对汽车安全性、舒适性、经济性等的需求，汽车上装置了大量的电气设备。汽车不但在行驶时用电，停车时也用电。因此，汽车电源系统配备了双电源：蓄电池和发电机。蓄电池主要为汽车起动提供保证，发电机在发动机运行中作为汽车的主要电源，给所有用电设备供电，同时对蓄电池充电。

蓄电池主要功用如下：

（1）在起动发动机期间为起动系统、点火系统、电子燃油喷射系统和汽车其他电气设备供电。短时间内向起动机提供大电流（汽油机为 200 ~ 600 A，柴油机可达 1 000 A）。

（2）当发动机停止运转或低怠速运转的时候，蓄电池给汽车的用电设备供电。

（3）当出现用电需求超过发电机供电能力时，蓄电池参与供电。

（4）蓄电池起到了整车电气系统电压稳定器的作用，能够缓和电气系统中的冲击电压，保护汽车上的电子设备。

（5）在发电机正常工作时，蓄电池将发电机发出的多余电能存储起来——充电。

二、汽车蓄电池的结构和工作原理

1．汽车蓄电池的结构

汽车蓄电池由多个单格电池组成。单格电池由正极板、负极板、隔板、电解液、电池盖板、加液孔塞和电池外壳组成，如图 1—3 所示。

汽车蓄电池一般由 6 个单格电池组成，每个单格电池的电压为 2 V，6 个单格电池串联后制成输出电压为 12 V 的蓄电池总成。目前汽油发动机汽车使用的是由 6 个单格电池组成的 12 V 蓄电池，柴油发动机的汽车上使用的是由两个 12 V 蓄电池串联而成的 24 V 电池。

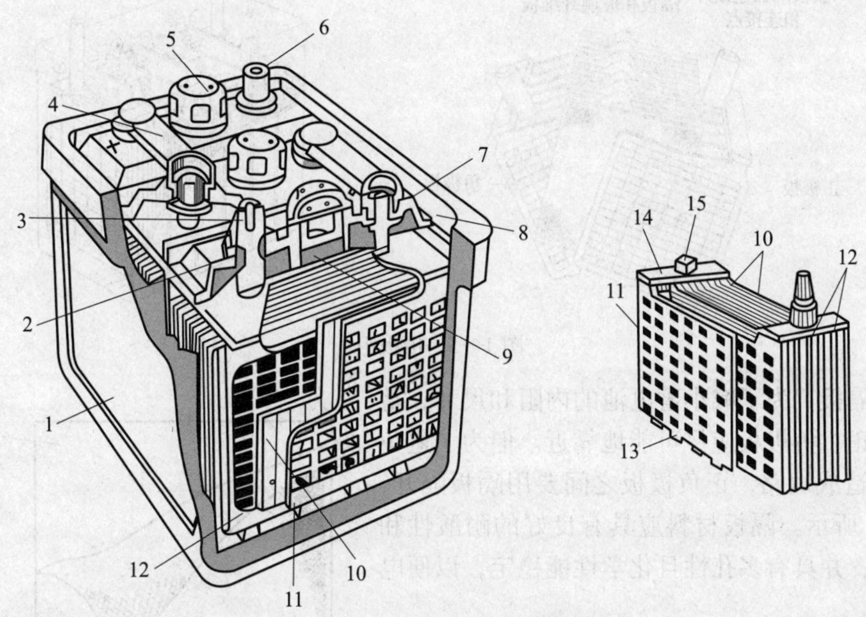

图 1—3　汽车蓄电池的基本结构

1—蓄电池外壳　2—封闭环　3—正极桩　4—连接条　5—加液孔塞　6—负极桩　7—电池盖板
8—封料　9—护板　10—隔板　11—负极板　12—正极板　13—肋条　14—横板　15—连接柱

（1）极板。蓄电池极板由栅架和活性物质组成，活性物质填充在铅锑合金的栅架上，如图 1—4 所示。

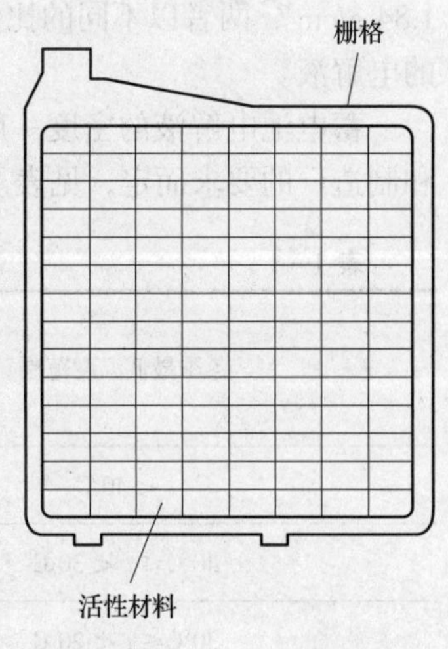

图 1—4　蓄电池极板

极板是蓄电池的核心部分，分正极板和负极板。正极板上的活性物质是深棕色二氧化铅（PbO_2），负极板上的活性物质是青灰色海绵状铅（Pb）。蓄电池充放电过程中，电能和化学能相互转换就是依靠极板上活性物质和电解液中硫酸的化学反应来实现的。PbO_2 和 Pb 形成的原电池的电动势大约为 2 V。

由于单片极板上的活性物质数量少，所存储的电量也少。为了增大蓄电池的容量，通常将多片正极板、负极板分别并联，并用横板焊接，组成正、负极板组，如图 1—5 所示。

横板上连有极桩，各片间留有间隙。安装时，正、负极板相互嵌合，中间插入隔板。在每个单格电池中，负极板的数量总比正极板多一片，这样正极板都处于负极板之间，使其两侧放电均匀，否则由于正极板的机械强度差，单面工作会使两侧活性物质体积变化不一致而造成极板拱曲。

好的蓄电池极板都比较薄且多孔性好，一方面可以减小蓄电池的体积，另一方面可以使电解液比较容易渗入到极板内部，增加蓄电池的容量。

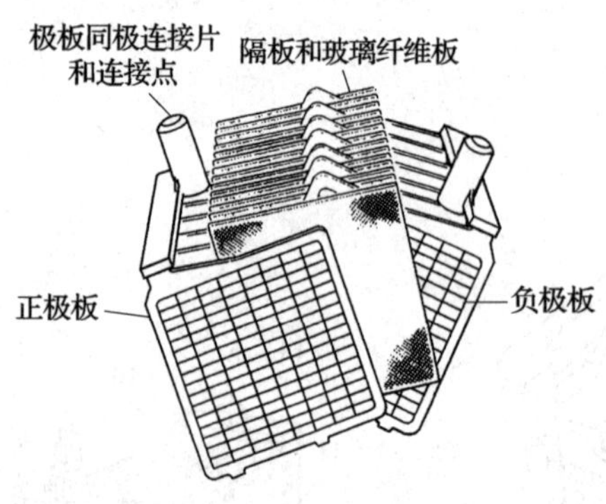

图 1—5　极板组

（2）隔板。为了减小蓄电池的内阻和尺寸，蓄电池内部正、负极板应尽可能地靠近。但为了避免彼此接触造成短路，正负极板之间要用隔板隔开，如图 1—6 所示。隔板材料应具有良好的耐酸性和抗氧化性，并具有多孔性且化学性能稳定，以便电解液渗出。

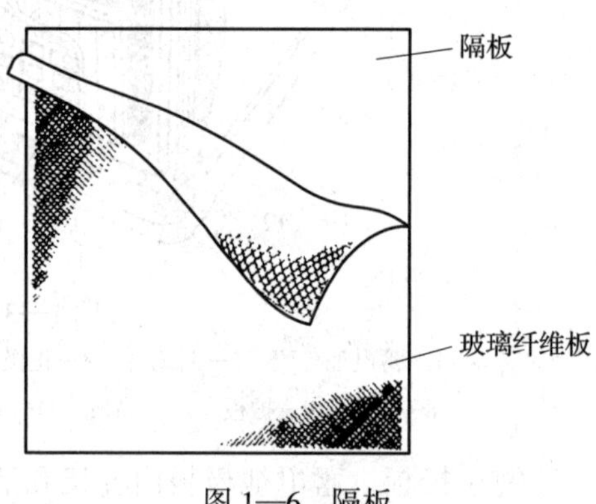

图 1—6　隔板

（3）电解液。电解液是蓄电池内部发生化学反应的主要物质，由化学纯硫酸和蒸馏水按一定的比例配制而成。水的密度为 1 g/cm^3，硫酸的密度为 1.84 g/cm^3，两者以不同的比例混合后形成不同密度的电解液。

蓄电池电解液的密度一般为 1.24 ~ 1.30 g/cm^3，使用过程中密度应根据地区、气候条件和制造厂的要求而定，见表 1—1。

表 1—1　　**不同地区和气候条件下电解液的相对密度**　　g/cm^3

冬季最低温度范围	完全充足电的蓄电池在 25℃时的电解液相对密度	
	冬季	夏季
$t < 40$℃	1.3	1.26
40℃ $\leqslant t < 30$℃	1.28	1.24
30℃ $\leqslant t < 20$℃	1.27	1.24
20℃ $\leqslant t < 0$℃	1.26	1.23
$t \geqslant 0$℃	1.23	1.23

（4）外壳。蓄电池的电解液和极板组装在外壳中，外壳应耐酸、耐热、耐振动冲击，如图 1—7 所示。外壳有硬橡胶外壳和聚丙烯耐酸塑料外壳两种。

外壳的每个单格的底部制有凸起的肋条，用来搁置极板组。肋条之间的空隙可以积存极板脱落的活性物质，防止正、负极板短路。蓄电池各单格电池之间均用铅质连接条串联。连接条安装在蓄电池盖外面是一种传统的连接方式，不仅浪费材料，而且使蓄电池内阻增大，所以此种连接方式正在被穿壁式连接所取代，如图 1—8 所示。采用穿壁连接方式连接单格电池时，所用连接条尺寸很小，并装在蓄电池内部。

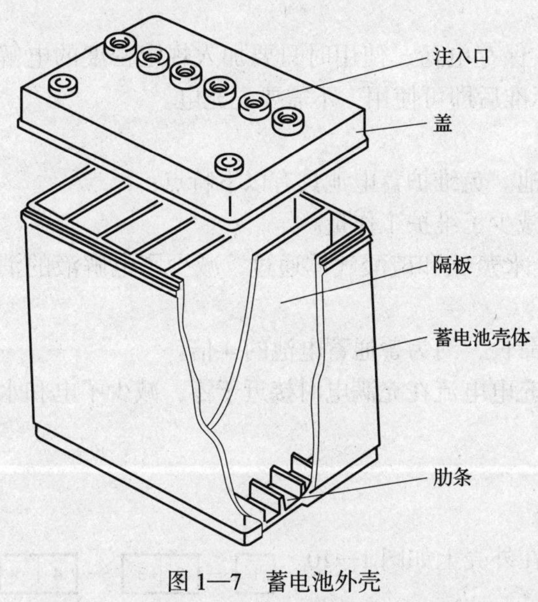

图 1—7　蓄电池外壳

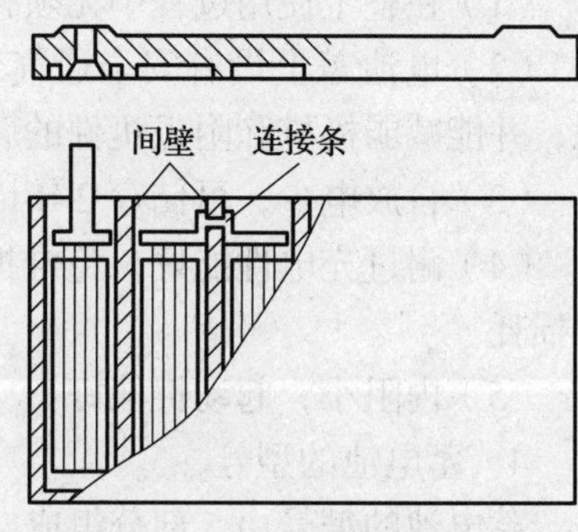

图 1—8　连接条

每个单格电池都有一个加液孔，旋下加液孔塞（如图 1—9 所示），可以加注电解液或检测电解液密度；旋上孔塞便可防止电解液溅出。孔塞上设有通气孔，该小孔应保持畅通，以便随时排出蓄电池内化学反应产生的氢气和氧气，防止外壳胀裂和发生事故。

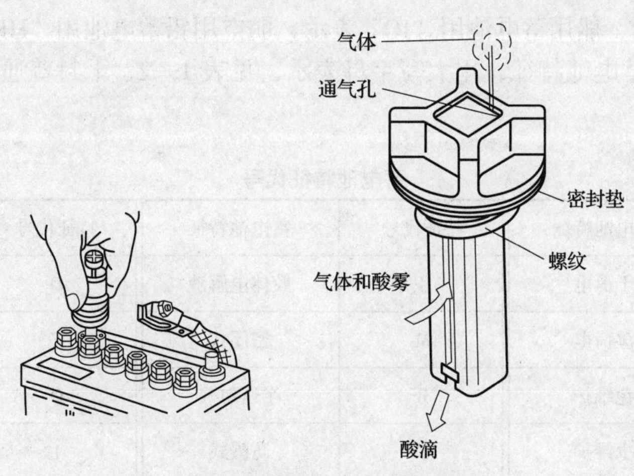

图 1—9　蓄电池加液孔塞

蓄电池盖有硬橡胶盖和聚丙烯耐酸塑料盖两种，前者与硬橡胶外壳配用，盖子与外壳之间的缝隙用沥青封口剂填封；后者与聚丙烯耐酸塑料外壳配用，其盖子为整体结构，与外壳之间采用热接合工艺粘合。

蓄电池外壳上还有正负极桩，一般来说，正极桩上标有“+”，负极桩上标有“-”；正极桩比负极桩直径大。

2. 干式荷电铅蓄电池

干式荷电铅蓄电池能够较长时间（两年）保存电荷，使用时只要加入规定密度的电解液，搁置 15 ~ 20 min，调整液面高度至规定标准后即可使用，不需要先充电。

3. 免维护蓄电池

免维护蓄电池是目前普遍使用的铅酸蓄电池。免维护蓄电池具有以下特点：

（1）在整个使用过程中无须补加蒸馏水，减少了维护工作量。

（2）电池盖上设有安全通气装置，可阻止水蒸气和硫酸气体通过，减少了电解液的消耗，并能减弱极桩和附近机件的腐蚀。

（3）自放电少，可储存 2 年以上；使用寿命长，约为普通蓄电池的 4 倍。

（4）耐过充电性能好。免维护蓄电池的过充电电流在充满电时接近于零，减少了电和水的损耗。

（5）内阻小，起动性能好。

4. 蓄电池的型号

蓄电池的型号由 5 部分组成，一般都标注在外壳上如图 1—10 所示，其含义如下：

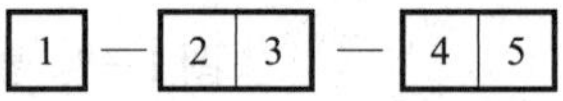

1	—	2	3	—	4	5

图 1—10　蓄电池型号

第 1 部分表示蓄电池总成由几个单格电池组成，用阿拉伯数字表示。

第 2 部分表示蓄电池用途，用大写字母表示，如汽车用蓄电池用“Q”表示，摩托车用蓄电池用“M”表示，船用蓄电池用“JC”表示，航空用铅蓄电池用“HK”表示。

第 3 部分表示蓄电池特征，用大写字母表示，见表 1—2，干封普通极板铅蓄电池可省略不写。

表 1—2　蓄电池特征代号

特征代号	蓄电池特征	特征代号	蓄电池特征	特征代号	蓄电池特征
A	干荷电	J	胶体电解液	D	带液式
H	湿荷电	M	密闭式	Y	液密式
W	免维护	B	半密封式	Q	气密式
S	少维护	F	防酸式	I	激活式

第 4 部分表示 20 h 放电率的额定容量，用阿拉伯数字表示，单位是 A · h。

第 5 部分表示特殊性能，用大写字母表示（无字母为一般性能蓄电池），如薄型极板的高起动率电池用“G”表示。

例如 3–Q–90 的蓄电池表示由 3 个单格电池组成，额定电压为 6 V，额定容量为 90 A · h 的汽车起动用蓄电池。又如 6–QAW–100 的蓄电池表示由 6 个单格电池组成，额定电压为 12 V，额定容量为 100 A · h 的汽车起动用干荷电免维护蓄电池。部分国产车型的蓄电池型号和主要性能如表 1—3。

表 1—3　　部分国产车型的蓄电池型号和主要性能

车型	铅蓄电池		
	型号	额定电压（V）	额定容量（A · h）
解放 CA1091	6–QA–100	12	100
东风 EQ1090	6–QA–105D	12	105
南京依维柯 35.10		12	110
江西五十铃 NHR54		12	80
江西五十铃 APR59		24	120

5．铅酸蓄电池的基本工作原理

蓄电池的工作原理就是化学能与电能的互相转化。当蓄电池将化学能转化为电能而向外供电时，称为放电过程；当蓄电池与外界直流电源接通而将电能转化为化学能储存起来时，称为充电过程。

（1）放电过程。放电前，正极板上二氧化铅电离为四价铅离子（Pb^{4+}）和二价氧离子（O^{2-}），铅离子附着在正极板上，氧离子进入电解液中，使正极板具有 2.0 V 的正电位。负极板上纯铅电离为二价铅离子（Pb^{2+}）和 2 个电子（2e），铅离子进入电解液中，电子留在负极，使负极板具有 –0.1 V 的负电位，这样正、负极板之间就产生了电位差，这个电位差为 2.1 V。

放电时，外电路接通，如图 1—11 所示。在 2.1 V 的电位差作用下，电流从正极流出，经过用电器，流回负极，使用电器工作。在放电过程中，正极板上四价的铅离子与电子结合生成二价铅离子，进入电解液，再与硫酸根离子结合生成硫酸铅（附着在正极上）；负极板上，二价铅离子也同硫酸根离子结合生成硫酸铅（附着在负极板上）。

如果电路不中断，上述电化学反应将继续进行。电解液中的硫酸因氢离子和硫酸根离子的迁移而被消耗，并且因为反应过程产生了水，所以，放电后电解液的密度是逐渐下降的。这个过程一直进行到化学反应不能再继续进行为止。

（2）充电过程。如果把放电后的蓄电池接直流电源，使蓄电池正极接直流电源的正极、蓄电池的负极接直流电源的负极，当外接电源电压高于蓄电池电动势时，电流将与放电电流相反的方向流过蓄电池，使蓄电池正、负极发生与放电过程相反的化学反应，如图 1—12 所示。

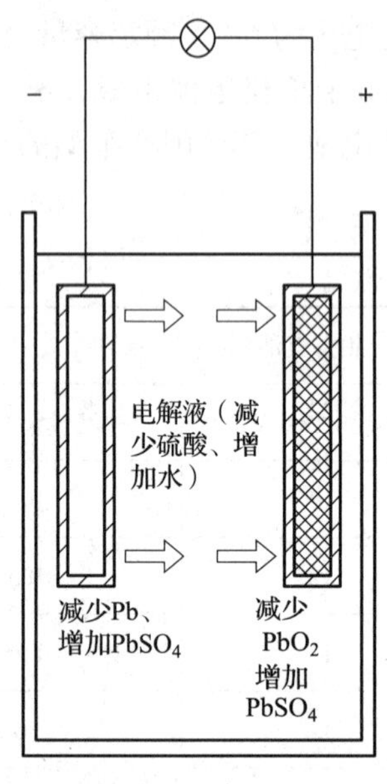

图 1—11　放电过程

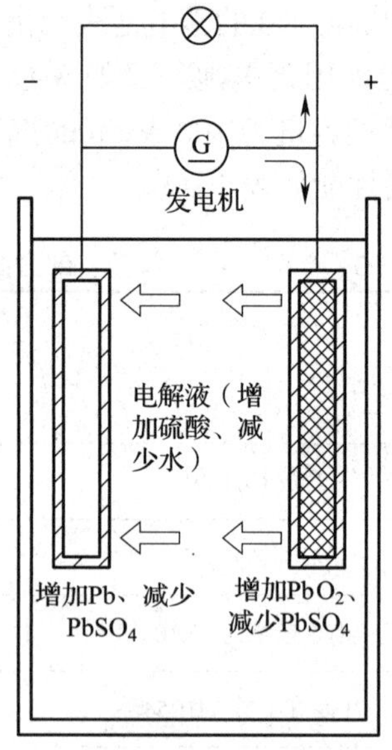

图 1—12　充电过程

充电时，正极板处外加电流将 2 个电子经外电路输送到负极板，正极板上原二价铅离子因失去 2 个电子而成为四价铅离子，再与水反应生成二氧化铅（附在正极板上）。而在负极板上，由于得到 2 个电子与原二价铅离子结合而生成纯铅（附在负极板上）。与此同时，从主、负极板上电离出来的硫酸根离子则与水中氢离子结合生成硫酸。所以，在充电时，水被消耗，硫酸增多，电解液密度上升。在充电过程中，上述化学反应不断进行。当充电进行到极板上的物质和电解液完全恢复到放电前的状态时，蓄电池即充电完毕。

综上所述，蓄电池的充放电过程中的化学反应是可逆的，总的反应式如下：

$$PbO_2+2H_2SO_4+Pb \rightleftharpoons 2PbSO_4+2H_2O$$

蓄电池的充放电次数对其寿命有很大的影响。

6. 蓄电池的工作特性

（1）蓄电池的放电特性。蓄电池的放电特性是指充足电的蓄电池在恒电流放电过程中，蓄电池的端电压、电解液相对密度随放电时间变化的规律。放电终止的标志为：

1）单格电池电压下降到放电终止电压值（以 20 h 放电率放电时，此值为 1.75 V）。

2）电解液相对密度下降到最小许可值，约为 1.11。

（2）蓄电池的充电特性。蓄电池的充电特性是指在恒流充电过程中，单格电池的端电压和电解液的相对密度随时间的变化规律。充电终止的三个标志：

1）电解液呈“沸腾”状（因析出氢气和氧气所致）。

2）电解液相对密度上升至最大值，且 2 ~ 3 h 内不再上升。

3）端电压上升至最大值（2.7 V），且 2 ~ 3 h 内不再升高。

三、蓄电池技术状况的检测

蓄电池技术状况的检测包括电解液液面高度的检查、蓄电池端电压的检测、电解液密度的测量及蓄电池放电程度的检查。

1. 蓄电池电解液液面高度的检查

必须定期检查电解液的高度。如有必要，必须添加蒸馏水。

在透明或半透明蓄电池壳上标有常液位范围标记，如图 1—13 所示，电解液的液位必须在该范围之内。

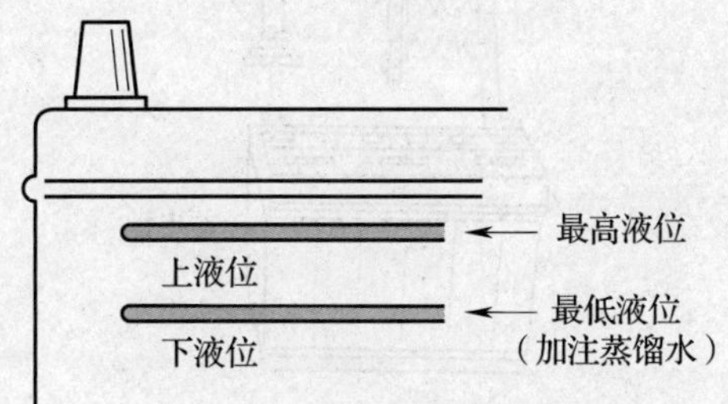

图 1—13　蓄电池液位标记

在黑壳体的蓄电池中，电解液液面必须保持在隔板上 10 ~ 15 mm 的位置，如图 1—14 所示，即液面要没过各电解槽中的极板，通过壳体顶部的观察窗可以观察。

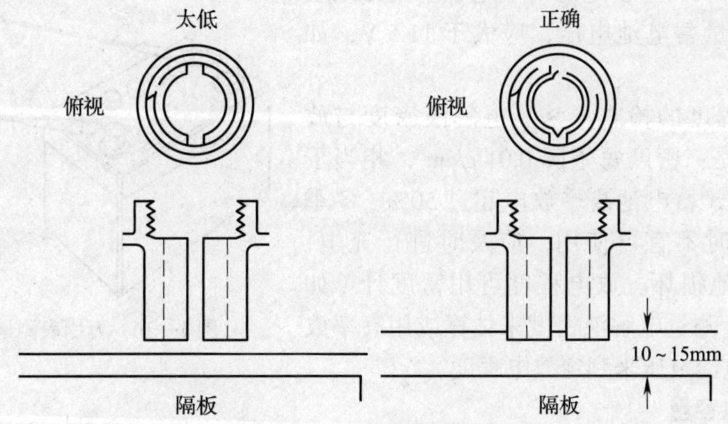

图 1—14　蓄电池液位检查

2. 蓄电池端电压的检测

（1）用高率放电计测量单格电池的端电压。用高率放电计测量蓄电池单格电压的步骤如下：

1）放电叉的两触针紧压在蓄电池单格电池的正、负极桩上。

2）测量 5 s，观察放电计的电压，记录电压值。

3）分别测得 6 个单格电池的电压。此时测得的电压值是蓄电池在大电流放电情况下的端电压，各单格电池的端电压应在 1.5 V 以上，且能稳定 5 s。

①若各单格电池电压低于 1.5 V，但 5 s 内尚能稳定者则为放电过多，应及时进行充电恢复。

②单格电池电压低于 1.5 V 且 5 s 内电压迅速下降，则表示有故障。

③某单格无电压指示，说明内部有短路、断路或严重硫化故障。

（2）用高率放电计测量蓄电池的端电压。如图 1—15 所示，12 V 蓄电池放电程度的判断见表 1—4。

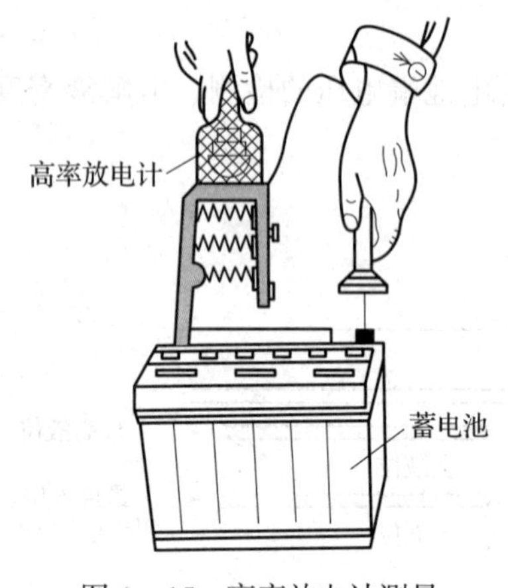

图 1—15　高率放电计测量蓄电池端电压

表 1—4　　蓄电池放电程度的判断

容量	≤ 60 A · h	> 60 A · h
测试时间	20 s	20 s
测试电压	< 9 V，故障	< 9.5 V，故障
	9 ~ 11 V，较好	9.5 ~ 11.5 V，较好
	> 11 V，良好	> 11.5 V，良好

（3）用万用表测量蓄电池的端电压。用万用表直流 20 V 挡测量蓄电池电压，应大于 11.5 V，如图 1—16 所示。

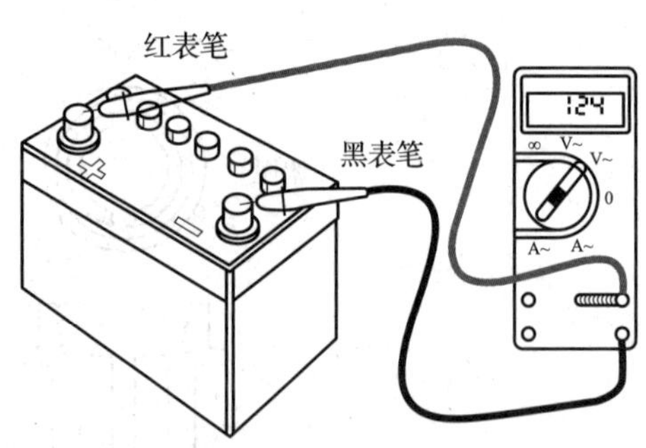

图 1—16　万用表测量蓄电池电压

（4）放电程度的检查方法。电解液密度与放电程度的关系是：密度每下降 0.01 g/cm^3，相当于蓄电池放电 6%，蓄电池夏季放电超过 50%、冬季放电超过 25% 时不宜再使用，应及时进行充电，否则会使蓄电池损坏。放电程度可用密度计（如图 1—17 所示）测量电解液密度来估算或用高率放电计测量单格电池电压来判定放电程度。

四、蓄电池容量

1．蓄电池的容量及其影响因素

蓄电池的容量是指蓄电池在充足电的情况下，在允许放电的范围内对外输出的电量，单位为安培小时（A · h），用以表示蓄电池对外供电的能力。当蓄电池以恒定电流值进行放电时，其容量 Q 等于放电电流 I_f 和放电时间 t_f 的乘积，即：

$$Q=I_f t_f$$

式中：Q——蓄电池容量（A · h）；

I_f——放电电流（A）；

t_f——放电时间（h）。

为了准确地表示出蓄电池的容量，要规定蓄电池的放电条件。在一定放电条件下，蓄电池的容量分为额定容量和起动容量。

（1）额定容量。额定容量是指充足电的蓄电池在电解液平均温度为 25℃的情况下，以 20 h 率放电的电流（相当于额定容量的 1/20）连续放电至单格电压降为 1.75 V 时所输出的电量。

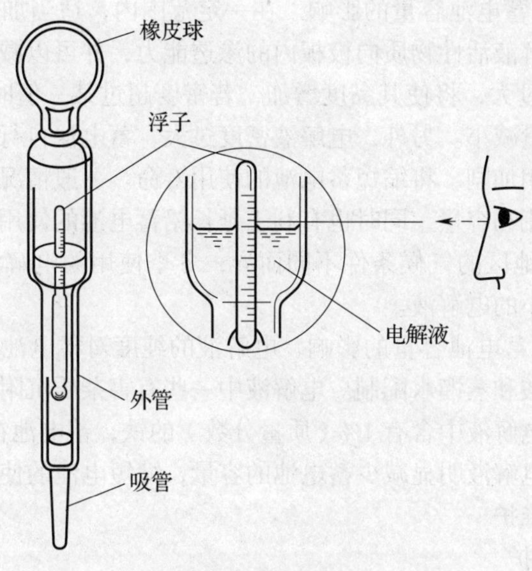

图 1—17　密度计

例如：3–Q–90 型蓄电池，在电解液平均温度为 25℃的情况下，以 4.5 A 放电电流连续放电 20 h 后，单格电压降为 1.75 V，它的额定容量 Q=4.5 × 20=90（A · h）。

（2）起动容量。起动容量表示蓄电池接起动机时的供电能力，有常温和低温两种起动容量。

1）常温起动容量。常温起动容量是电解液温度为 25℃时，以 5 min 率放电的电流（3 倍额定容量的电流）连续放电至规定的终止电压（6 V 蓄电池为 4.5 V；12 V 蓄电池为 9 V）时所输出的电量，其放电持续时间应在 5 min 以上。例如，3–Q–90 型蓄电池在 25℃以 270 A 电流放电 5 min，电池的端电压降到 4.5 V，其起动容量为：270 × 5/60=22.5（A · h）。

2）低温起动容量。低温起动容量是电解液温度为 –18℃时，以 3 倍额定容量的电流连续放电至规定的终止电压（12 V 蓄电池为 6 V，6 V 蓄电池为 3 V）时所放出的电量，其放电持续时间应在 2.5 min 以上。

（3）使用条件对蓄电池容量的影响。蓄电池的容量与放电电流、电解液的温度、电解液的相对密度及极板的结构等因素有关。

1）放电电流对蓄电池容量的影响。放电电流过大时，化学反应作用于极板表面，电解液来不及渗入极板内部就已被表面生成的硫酸铅堵塞，致使极板内部大量的活性物质不能参加化学反应，因而蓄电池容量减小。例如：由于电流过大直接影响蓄电池的容量，汽车上规定每次起动机（蓄电池大电流放电）工作的时间不超过 5 s，再次起动时应间歇 10 ～ 15 s，以便使电解液充分渗透，使更多活性物质参加反应，否则会导致蓄电池容量减小，使用寿命缩短。

2）电解液温度对蓄电池容量的影响。温度低时，电解液黏度增加，离子运动速度慢；另一方面，极板的收缩使得极板表面的孔隙缩小，电解液向极板孔隙内层渗入困难，使得极板孔隙内的活性物质不能充分利用，使蓄电池的放电容量下降。

3）电解液的密度对蓄电池容量的影响。在一定范围内，适当加大电解液密度，可以提高蓄电池的电动势及电解液活性物质向极板内的渗透能力，并可以减小电解液的电阻而使蓄电池容量增加。但密度过大，将使其黏度增加，若密度超过某一值时，可使渗透能力降低，内阻增大，端电压及容量减小。另外，电解液密度过大，蓄电池自行放电速度加快，并对极板栅架和隔板的腐蚀作用加剧，将缩短蓄电池的使用寿命。一般情况下，采用密度偏小的电解液有利于提高放电电流和容量，同时也有利于延长铅蓄电池的使用寿命。铅蓄电池电解液的密度应根据用户所在地区的气候条件不同而异，冬季使用的电解液，在不致结冰的条件下，尽可能使用密度稍小的电解液。

4）电解液的纯度对蓄电池容量的影响。电解液的纯度对蓄电池的容量有很大影响，因此电解液应用化学纯硫酸和蒸馏水配制。电解液中一些有害杂质沉附于极板上会形成局部电池产生自放电现象。如电解液中含有 1%（质量分数）的铁，蓄电池在一昼夜内就会放完电。所以，使用纯度不好的电解液明显减少蓄电池的容量，缩短电池的使用寿命。

五、蓄电池使用与维护

1. 蓄电池使用与维护

（1）蓄电池的正确使用：

1）不要连续使用起动机。每次起动的时间不得超过 5 s，如果一次未能起动，应停顿 15 s 以上再进行第二次起动，连续三次起动不成功者，应查明原因，排除故障后再起动发动机。

2）安装和搬运蓄电池时，应轻搬轻放，不可敲打或在地上拖拽。蓄电池在汽车上应固定牢靠，以防行车时振动和移位。

3）冬季使用的注意事项。冬季使用蓄电池时，应特别注意保持其处于充足电状态，以免电解液相对密度降低而结冰。冬季补加蒸馏水应在充电前进行，以使蒸馏水较快地与电解液混合而不致结冰。冬季蓄电池容量降低，因此在冷态起动发动机前，应进行预热，以减小起动阻力矩。冬季气温低，充电较困难，因此可以适当调高调节器的调节电压，以改善蓄电池的充电状态，但仍需避免过量充电。

4）要经常检查蓄电池的电解液和蓄电池的放电情况，如发现电解液不足或蓄电池充电不足，要及时进行补充和充电。

（2）蓄电池的维护：

1）经常清除蓄电池表面的灰尘污物。电解液溅到蓄电池表面时，应用抹布蘸 10%（体积分数）的苏打水或碱水擦净，电极桩和电线夹头上出现氧化物时应及时清除。

2）经常疏通加液孔盖上的通气孔。

3）检查各单格电池内电解液的液面高度，如发现不足及时补充。

4）根据当时的季节，及时调整电解液密度。

5）放完电的蓄电池在 24 h 内应及时充电。

6）停驶车辆的蓄电池，每两个月应进行一次补充充电。

7）常用车辆的蓄电池，放电程度冬季达 25%，夏季达 50% 时即应充电，必要时及时进行补充充电。

8）拆卸蓄电池电缆时，应先拆下蓄电池负极，再拆下蓄电池正极；安装蓄电池电缆时，应先安装蓄电池正极，再安装蓄电池负极，以免拆卸过程中造成蓄电池短路。

2．蓄电池的充电

无论是启用新的蓄电池、修复的蓄电池，还是装在汽车上使用的蓄电池以及存放的蓄电池都需要对其进行充电，这可以延长蓄电池的使用寿命。

（1）充电方法。蓄电池的常规充电方法有定电流充电和定电压充电两种，非常规充电常采用脉冲快速充电。

1）定电流充电。蓄电池在充电过程中，使其充电电流保持恒定不变的方法叫定电流充电。随着蓄电池电动势的逐渐提高，逐步增加充电电压。当充到蓄电池单格电压上升至2.4 V（电解液开始冒气泡）时，再将充电电流减小一半后保持恒定，直到蓄电池充足。一般使用充电机在充电工作间对蓄电池进行充电，经常采用定电流充电法，因为它有较大适用性，可任意选择和调整电流，适应各种不同条件（新蓄电池的初充电、使用中的电池补充充电以及去硫化充电等）下的蓄电池充电，其主要特点是充电时间长。

2）定电压充电。在充电过程中，加在蓄电池两端的充电电压保持恒定不变的充电方法称为定电压充电。汽车上发电机对蓄电池的充电即为定电压充电。其特点是充电开始，充电电流很大，随着蓄电池电动势的不断升高，充电电流逐渐减小。充电终了，充电电流将减小至零，因而不需要人为干预。同时，由于定电压法充电速度快，4 ~ 5 h内蓄电池就可获得额定容量的90% ~ 95%，比定电流充电时间大大缩短，所以，特别适合对具有不同容量的蓄电池进行充电。在定电压充电过程中，充电电压对充电的效果影响很大。如果充电电压合适，蓄电池充足电后，充电电流可自动减小到零；如果充电电压低，蓄电池将永远充不满电，对蓄电池的使用寿命会产生很大的影响；如果充电电压过高，在蓄电池充满电后还会继续充电，此时的充电即为过充电，过充电将会消耗电解液中的水分，也会影响蓄电池的使用寿命。

3）脉冲快速充电法。脉冲快速充电，亦称为分段充电法。整个充电过程为：正脉冲充电、停充（25 ms）、负脉冲（瞬间）放电或反充、再停充、再正脉冲充电。该充电方法显著的特点是充电速度快，即充电时间大大缩短。一次初充电只需5 h左右，补充充电仅需1 h左右。采用这种方法充电，还可以使蓄电池容量增加，使极板“去硫化”明显。但其缺点是充电速度快，析出的气体总量虽减少，但出气率高，对极板活性物质的冲刷力强，故易使活性物质脱落，因而对蓄电池的使用寿命会有一定影响。

（2）充电种类：

1）初充电。新蓄电池或修复后的蓄电池（更换极板）在使用之前的首次充电为初充电。具体操作步骤如下：

①检查铅蓄电池外壳是否破裂，若损坏，拧下加液口盖的螺塞，检查通气孔是否畅通。

②按照不同季节和气温选择电解液密度，将选择好的温度低于35℃的电解液从加液孔处缓缓加入蓄电池内，液面调整到规定值。

③蓄电池加入电解液后，静止6 ~ 8 h，让电解液充分浸渍极板。此时，由于电解

液渗透到极板内部，容器里的电解液减少，液面下降，应再加入电解液把液面调整到规定值。待电池内温度低于30℃时，将充电机的正极接到蓄电池的正极，充电机的负极接到蓄电池的负极，准备充电。因为新蓄电池在储存中可能有一部分极板硫化，充电时容易过热，所以初充电应选用较小的电流，分两个阶段进行。第一阶段的充电电流约为蓄电池额定容量的1/15，充电至电解液中有气泡析出，端电压达到2.4 V。第二阶段充电电流约为蓄电池额定容量的1/30。充电过程中，应经常测量电解液的密度和温度。充电初期，密度会有降低情况，不需要调整，但要随时以相同的电解液调整液面高度到规定值。如果充电时电解液的温度上升到40℃，要将充电电流减半；如果温度继续上升到45℃，则应停止充电，采用水冷或风冷的办法进行人工降温，待冷至35℃以下再继续充电，整个初充电大约需60 h。初充电过程中，如减小充电电流则应适当延长充电的时间。

2）蓄电池的补充充电。蓄电池在使用中，如果发现起动机运转无力、灯光比平时暗淡、冬季放电超过25%、夏季放电超过50%、储存近一个月的蓄电池，都必须进行补充充电。另外，由于汽车上使用的蓄电池是定电压充电，不一定能使蓄电池内的电充足。为了有效防止硫化，最好每2 ~ 3个月进行一次补充充电。补充充电具体步骤如下：

①从汽车上拆下蓄电池，清除蓄电池盖上的污物，疏通加液孔盖上的通气小孔，消除极桩和导线接头上的氧化物。

②检查电解液的密度和液面高度，如果密度不符合规定要求，用蒸馏水或密度为1.44 g/cm^3的稀硫酸调配。

③用高率放电计检查各单格电压的放电情况，要求蓄电池的各个单格电池读数（电压值）基本一致。

④将蓄电池正极接充电机正极，蓄电池负极接充电机负极进行补充充电。补充充电一共分两个阶段：第一阶段的充电电流约为蓄电池额定容量的1/10，充至单格电压为2.3 ~ 2.4 V；第二阶段的充电电流约为容量的1/20，充至单格电压为2.5 ~ 2.7 V，电解液密度达到规定值，并且在2 ~ 3 h内基本不变，蓄电池内产生大量气泡，电解液呈“沸腾”状态，此时表示电池电已充足，时间大约为15 h。

⑤将加液口盖拧紧，擦净蓄电池表面的污物，即可使用。

（3）充电注意事项：

1）严格遵守充电规范（不同充电方法规范不同）。

2）充电过程中，要密切观察各单格电池的电压和密度的变化，及时判断其充电程度和技术状况。

3）在充电过程中，密切注意电池的温度。

4）初充电时应连续进行，不能长时间间断。

5）配制和注入电解液时，要严格遵守安全操作规则和器皿的使用规则。

6）充电时要经常备用冷水、10%（体积分数）苏打溶液或10%（体积分数）的氨水溶液。

7）充电时要安装通风装置，并要严禁明火，充电过程中产生的氢气有可能发生爆炸。

8）充电设备不应和蓄电池放置在同一工作间，充电时应先接牢电池极桩接线，停止充电时应先切断电源再断开电池极桩接线，严防电火花发生。

六、蓄电池常见故障的诊断

1．极板硫化

（1）故障现象：

1）电池容量降低，用高率放电计检测，单格电压迅速下降。

2）电解液的密度下降到低于规定的正常数值。

3）蓄电池在开始充电及充电完毕时电压过高，可超过 2.7 V。

4）蓄电池在充电时过早地产生气泡，甚至一开始充电就有气泡。

5）蓄电池在充电时电解液温度上升得过快，易超过 45℃。

6）蓄电池放电时电压下降过快（用低放电率放电），过早地降至终止电压。

7）在极板上生成坚硬、不易溶解的白色大颗粒。

（2）故障原因：

1）蓄电池在放电与半放电状态下长期放置，由于硫酸铅在昼夜温差存在情况下，不断在电解液中同时发生溶解与结晶两个相反的过程，产生再结晶。经过多次再结晶，便在极板上形成粗大的不易溶解的硫酸铅晶体。

2）蓄电池经常过量放电或小电流深放电，从而在极板细小孔隙的内层生成硫酸铅，平时充电不易恢复。

3）电解液液面过低，极板上部的活性物质露在空气中被氧化，汽车行驶时电解液的波动使其接触氧化了的活性物质，生成粗晶粒的硫酸铅。

4）初充电不彻底或不进行定期补充充电。蓄电池初充电不彻底或使用期间不进行定期补充充电，使其在半充电状态长期使用，极板上的放电产物硫酸铅长期存在，也会通过再结晶形成粗大的颗粒。

5）电解液不纯或其他原因导致蓄电池自行放电，均会产生硫酸铅，从而为硫酸铅再结晶提供物质基础。

（3）故障排除。蓄电池出现轻度硫化故障，可用 2 ~ 3 A 的小电流长时间充电（即过充电）或用全放、全充的充放电循环方法使活性物质还原，也可用去硫充电的方法消除。硫化严重的蓄电池，应予以报废。

2．自行放电

（1）自行放电现象。充足电的蓄电池放置不用，逐渐失去电量的现象为自行放电现象。普通蓄电池由于本身结构的原因，会产生一定的自行放电。如果使用中自行放电在一定范围内，可视为正常现象；如果超出一定范围放电就应视为故障。一般自行放电的允许范围每昼夜在 1% 以内，如果每昼夜放电超过 2%，就应视为故障。

（2）故障原因：

1）电解液不纯，电解液中的杂质沉附于极板上产生局部放电。

2）蓄电池溢出的电解液堆积在盖板上，使正、负极桩形成回路。

3）蓄电池长期放置不用，硫酸下沉，下部密度较上部大，极板上、下部发生电位差引起自行放电。

4）极板活性物质脱落，下部沉淀物过多使极板短路。

（3）故障排除。发生自行放电故障后，应倒出电解液，取出极板组，抽出隔板，再用蒸馏水冲洗极板和隔板，然后重新组装，加入新的电解液重新充电。

3. 蓄电池容量达不到规定要求

（1）故障现象：

1）汽车起动时，起动机转速很快地减慢，转动无力。

2）按喇叭声音弱、无力。

3）开启前照灯，灯光暗淡。

（2）故障原因：

1）使用新蓄电池前未按要求进行初充电。

2）发电机调节器电压调得过低，使蓄电池经常充电不足。

3）经常长时间起动起动机，造成大电流放电，致使极板损坏。

4）电解液的相对密度低于规定值，或在电解液渗漏后，只加注蒸馏水，致使电解液的相对密度降低。

5）电解液的相对密度过高或电解液液面过低，造成极板硫化。

（3）故障排除：

1）首先检查蓄电池的外部。看外壳是否良好，有无裂纹，表面是否清洁，极板上是否有腐蚀及污物。如果有，则为蓄电池外部自行放电故障，根据相应故障予以排除。

2）检查蓄电池搭铁接线、极桩的连接夹子有无松动；与极板连接处有无断裂。如果有，则为输出电阻过大，电压降低。

3）测量蓄电池的电解液密度。如果电解液密度低，说明充电不足或新蓄电池未按要求经过充、放电循环，使蓄电池未达到规定的容量。

4）检查电解液液面高度。如果液面高度不足，且在极板上有白色结晶物质存在，则可能存在极板硫化故障。

5）蓄电池充电后检查电解液密度，如果出现两个相邻的单格电池中电解液的密度有明显差别，如在 6 个单格电池中，5 个电池的电解液密度为 1.16 g/cm^3，另一个电池的密度为 1.08 g/cm^3，则说明该单格电池内部有短路，不能使用。

6）必要时，检查发电机电压调节器的调节电压。

第三节　汽车交流发电机的检测

一、发电机的功用和类型

发电机作为汽车上的主要电源，其主要功能为：发电、整流和电压调节，如图 1—18 所示。

1. 发电机的功用

（1）发电。通过传动带、发电机的带轮，使发电机的转子随发动机一同旋转。由于转子线圈的电流可变，磁场强度可变，从而在定子线圈中感应出交流电流，再经过整流器将交流电转换成直流电，对外供给直流电，如图 1—18a 所示。

（2）整流。因为定子线圈中产生的是交流电，它不能直接用于车辆上的直流电气设备，所以利用整流器将交流电变为直流电，如图 1—18b 所示。

（3）电压调节。利用调节器调节发电机的电压，在发电机转速或负载发生变化时也能保持电压稳定，如图 1—18c 所示。

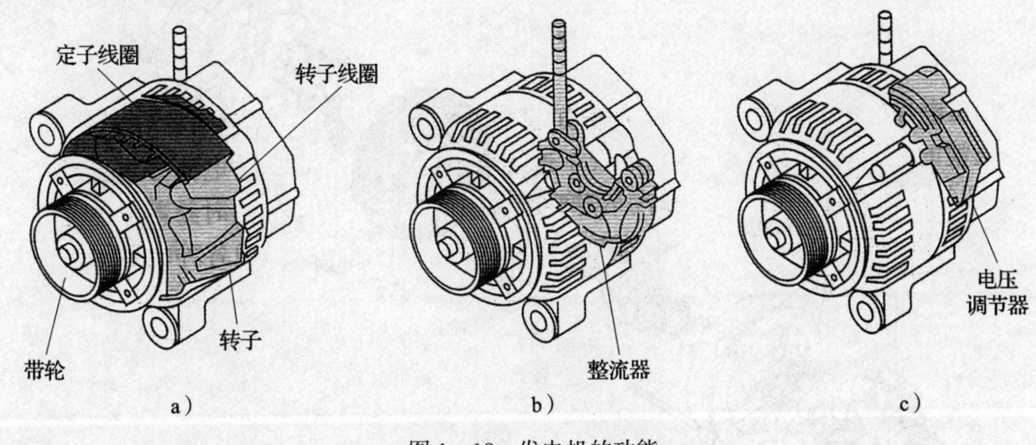

图 1—18　发电机的功能

a）发电　b）整流　c）调节电压

2. 交流发电机的类型

（1）交流发电机按总体结构可分为下列类型：

1）普通交流发电机，如东风 EQ1090 型载货汽车用 JF132 型交流发电机。

2）整体式交流发电机，内装电子调节器的交流发电机，如一汽奥迪、高尔夫、捷达和上海桑塔纳等轿车用 JFZ1913Z 型 14 V、90 A 交流发电机。

3）带泵交流发电机，带真空制动助力泵的交流发电机，如 JFB1712 系列。

4）无刷交流发电机，无电刷和滑环结构的交流发电机，如 JFW1913 型。

5）永磁交流发电机，转子磁极采用永磁材料的交流发电机。

（2）按整流器结构不同，交流发电机可分为 6 管交流发电机、8 管交流发电机、9 管交流发电机、11 管交流发电机。

（3）按磁场绕组搭铁形式不同，交流发电机可分为两种，内搭铁型交流发电机和外搭铁型交流发电机。

（4）按电枢绕组的连接形式不同可分为两种，即星形连接和三角形连接式发电机。

二、交流发电机的结构

发电机是将来自发动机的机械能转变成电能的电气装置。发动机工作带动发电机的带轮旋转，旋转的带轮带动发电机的转子转动，从而在定子中感应出交流电，然后经二极管整流器整流变成直流电，对外输出。

交流发电机的主要部件有转子、定子和二极管整流器，此外，还有电刷、风扇、轴承等附件。

转子用来产生磁场；定子用来产生交流电；二极管整流器将交流电转变成直流电，对外输出；电刷和滑环的作用是将电流供给转子，从而让转子建立磁场；风扇用来冷却转子、定子及二极管。所有这些部件均装在前后机架上，如图 1—19 所示。

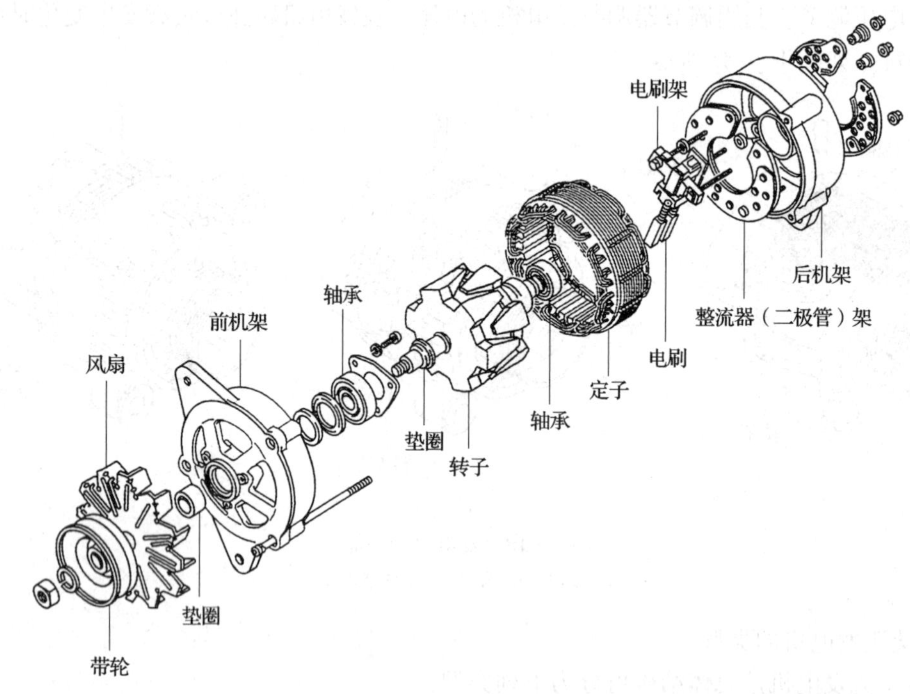

图 1—19　汽车交流发电机的结构

1. 转子

转子主要由转子轴、励磁绕组、两块爪形磁极、滑环组成，如图 1—20 所示。

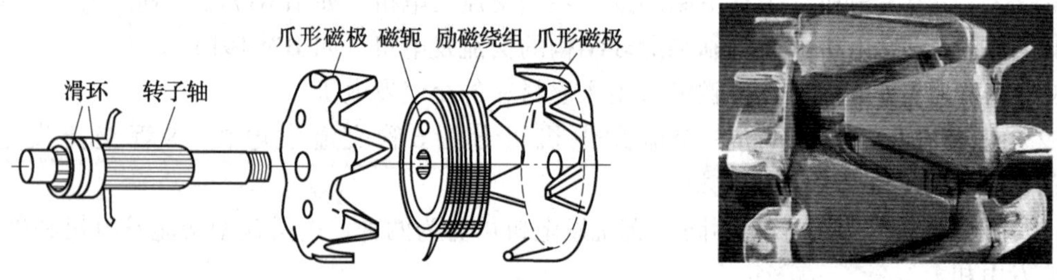

图 1—20　交流发电机转子

由低碳钢制成的两块六爪磁极压装在转子轴上，其空腔内装有导磁用的铁芯，称为磁轭。铁芯上绕有励磁绕组，励磁绕组的两根引出线分别焊在与轴绝缘的两个压装在轴上的滑环上。滑环与装在后端盖内的两个电刷相接触，两个电刷通过引线分别接在两个螺钉接线柱上，这两个接线柱即为发电机的 F（磁场）接线柱和“–”（搭铁）接线柱。当这两个接线柱与直流电源相接时，便有电流流过励磁绕组，产生磁通，使两块爪形磁极被分别磁化为

N极和S极，形成交错的磁极，产生磁场，当转子旋转时，可在定子铁芯内部形成交变磁场。

2．定子

定子又称电枢，由定子铁芯和定子绕组组成。定子铁芯一般由一组相互绝缘的且内圆带有嵌线槽的圆环状硅钢片叠制而成。嵌线槽内嵌入三相对称的定子绕组。

定子绕组的接法有星形（Y形）和三角形（△形）两种方式，一般采用星形连接，即每相绕组的首端分别与整流器的硅二极管相接，作为交流发电机的交流输出端，每相绕组的尾端接在一起，形成中性点 N。定子绕组的结构和星形连接如图 1—21 所示。

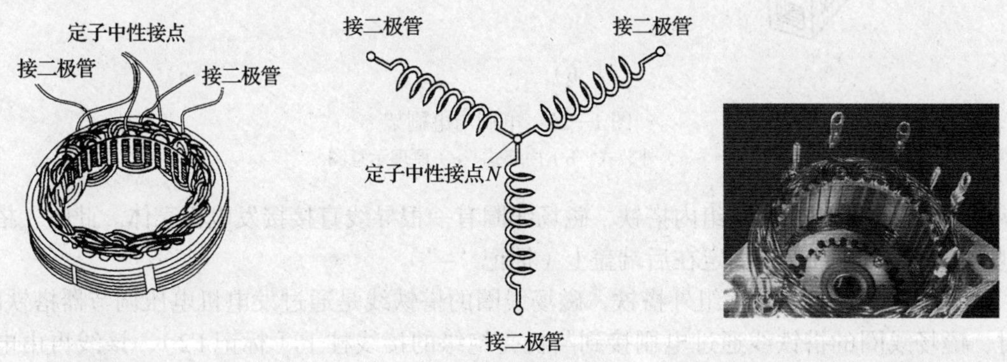

图 1—21　交流发电机定子结构示意图

3．传动带轮

传动带轮通常用铸铁或铝合金制成，分单槽和双槽两种，利用风扇的半圆键装在风扇外侧的转轴上，再用弹簧垫片和螺母紧固。发动机工作时，它通过风扇带动传动带轮转动，并传给发电机。

4．风扇

风扇一般用 1.5 mm 厚的钢板冲制或用铝合金压铸而成，并用半圆键装在前端盖外侧的转轴上。发电机工作时，风扇对发电机进行冷却。

5．前后端盖

前后端盖用非导磁性材料铝合金制成，漏磁少，并具有轻便、散热性好等优点。在后端盖内装有电刷架和电刷。汽车上使用的发电机的前后端盖上通常设有通风口。

当传动带轮和风扇一起旋转时，空气高速流经发电机内部而进行冷却。有些工作环境恶劣的工程机械、农用拖拉机等，为防止灰尘、泥土进入发电机内部，则采用外形尺寸较大的封闭型交流发电机，以保证其散热的需要。

6．电刷与电刷架

两只电刷装在电刷架的方孔内，利用弹簧的压力使其与集电环保持良好的接触。电刷与电刷架的结构有外装式和内装式两种，其构造如图 1—22 所示。

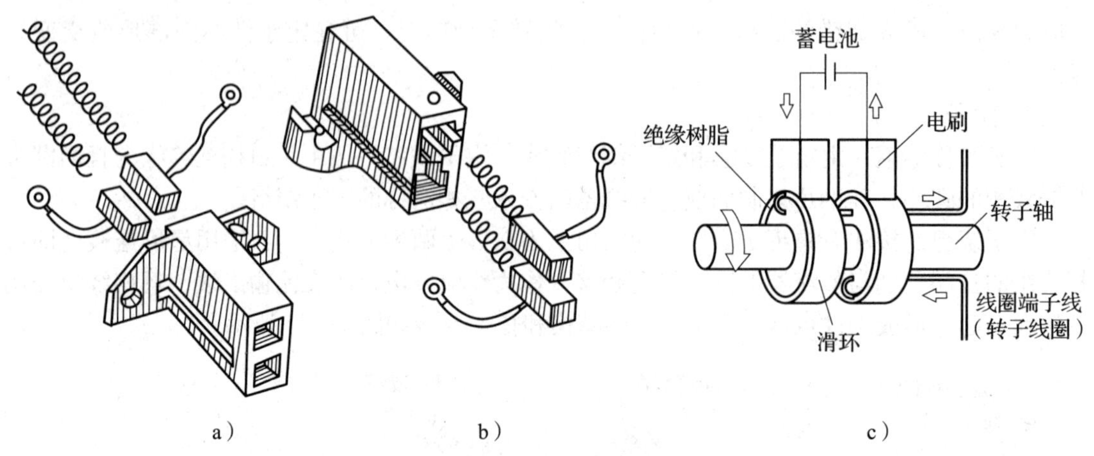

图 1—22　电刷与电刷架

a）外装式　b）内装式　c）原理示意图

内搭铁发电机即励磁绕组内搭铁，磁场线圈有一根导线直接接发电机壳体。此时，搭铁电刷的引出线用螺钉直接固定在后端盖上（标记“–”）。

外搭铁发电机即励磁绕组外搭铁，磁场线圈的搭铁线是通过发电机电压调节器搭铁的。此时，磁场线圈的搭铁线通过电刷接到与机壳绝缘的接线柱上（标记 F2），该线再由电压调节器搭铁。

7. 整流器

整流器将定子绕组产生的三相交流电变成直流电输出，并阻止蓄电池的电流向发电机倒流。整流器一般有 6 只硅二极管接成三相桥式全波整流电路，如图 1—23 所示。其中有 3 只称为正极管，其余 3 只称为负极管。

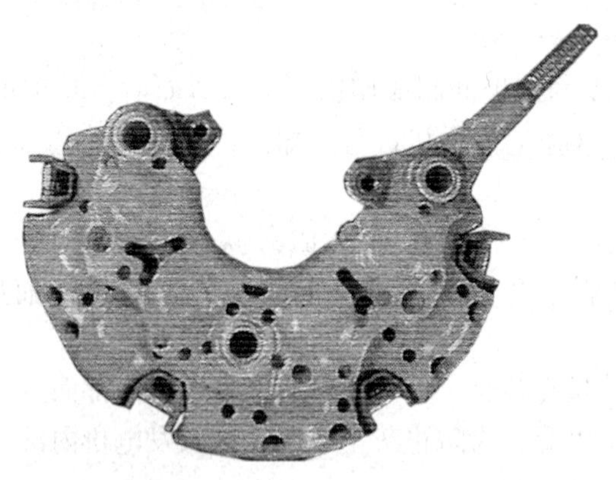

图 1—23　整流器

（1）正极管。中心引出线为二极管的正极，外壳为负极的二极管称为正极管。正极管的壳体上一般标有红色标记。在负极搭铁的交流发电机中，3 只正二极管的外壳压装在组件板的 3 个座孔内，共同组成发电机的正极，由一个与后端盖绝缘的组件板固定螺栓通至机壳外，作为发电机的正极接线柱 B（“+”、A 或电枢接线柱）。

（2）负极管。中心引出线为二极管的负极，外壳为正极的二极管称为负极管。负极管的壳体底部一般有黑色标记。3 只负极管的外壳压装在后端盖的 3 个孔内，与发电机外壳一起成为发电机的负极，图 1—24 所示为硅二极管的安装示意图。

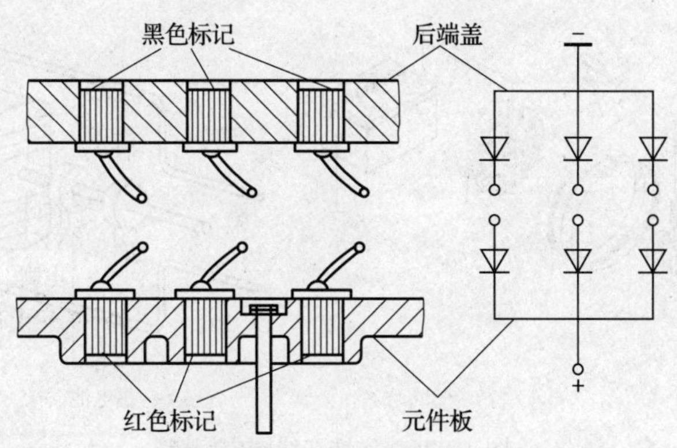

图 1—24　硅二极管的安装示意图

有些交流发电机的整流器采用 9 只二极管，增加了 3 只小功率磁场二极管，专门用来供给励磁电流，这样可以提高发电机的电压调节精度。采用磁场二极管后，仅用简单的放电警告灯即可以指示发电机的发电情况，节省了 1 只放电警告灯继电器。

有些发电机为了提高发电机输出功率，增加了 2 只二极管对中性点电压进行整流，汇入发电机的输出端。

同时具备上述两种功能的发电机整流器共有 11 只硅二极管。

图 1—25 所示为 8、9、11 只二极管的发电机整流器电路示意图。

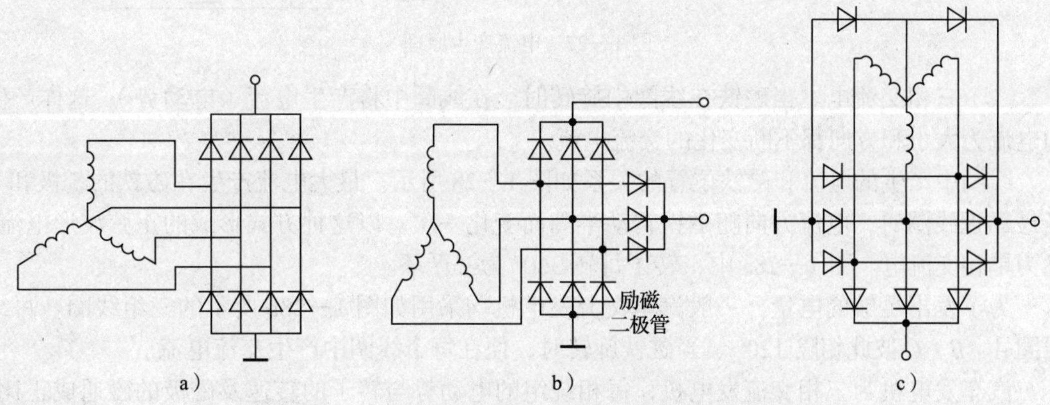

图 1—25　普通整流器电路中增加二极管后的整流电路

a）8 管整流器（加中性点二极管）　b）9 管整流器（加磁场二极管）

c）11 管整流器（加中性点和磁场二极管）

三、交流发电机的工作原理

1．发电原理

（1）转子绕组（磁场）在定子绕组（电枢）中旋转，在定子绕组中产生电流。电流越大，线圈越易发热。因此，线圈装在发电机外层对冷却有好处。所以，所有交流发电机的发电线圈（定子芯）都在外层，而旋转磁铁（转子芯）都在线圈内，如图 1—26 所示。磁铁在线圈中旋转时，将产生电流，如图 1—27 所示。

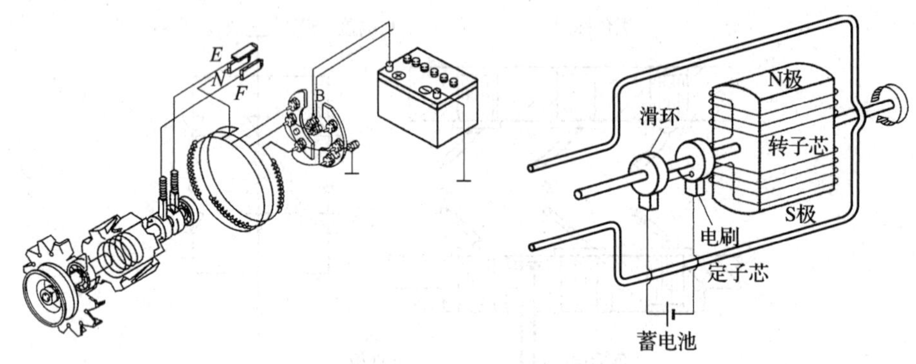

图 1—26　磁铁在线圈中旋转

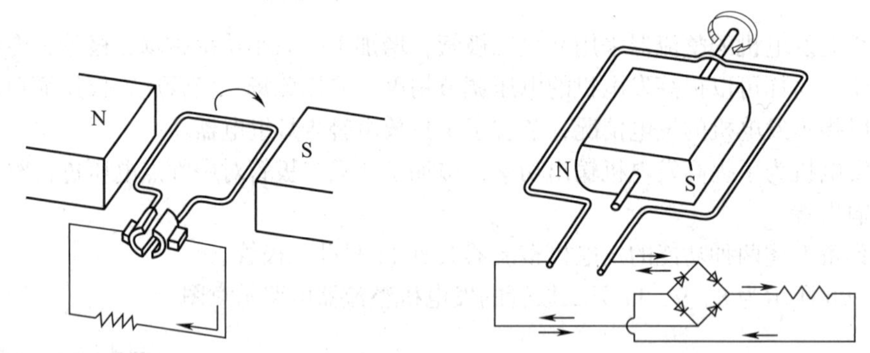

图 1—27　电流产生原理

（2）三相交流电。当磁铁在线圈中旋转时，在线圈中将产生电流（电动势）。这样产生的电流为大小和方向都不断变化的交流电流。

线圈中产生的电流和磁铁位置的关系如图 1—28 所示。最大电流产生在磁铁的 S 极和 N 极最靠近线圈时，电流方向随磁铁转动半圈而变化一次。以这种方式形成的正弦波形电流，称为单相交流电。图 1—28a 中，转子每转 360° 为一循环。

为了发出足够的电量，一般汽车交流发电机均采用如图 1—28b 所示的三组线圈。每组线圈 A、B、C 彼此相隔 120°。当磁铁旋转时，便在每个线圈中产生交流电流。

汽车发电机为三相交流发电机，每相绕组的电动势与转子的转速及磁极的磁通成正比。即：

$$E_{\Phi}=C_1 n\Phi$$

式中：E_{Φ}——相电动势的有效值；

C_1——发电机常数；

n——转子的转速；

Φ——磁极磁通。

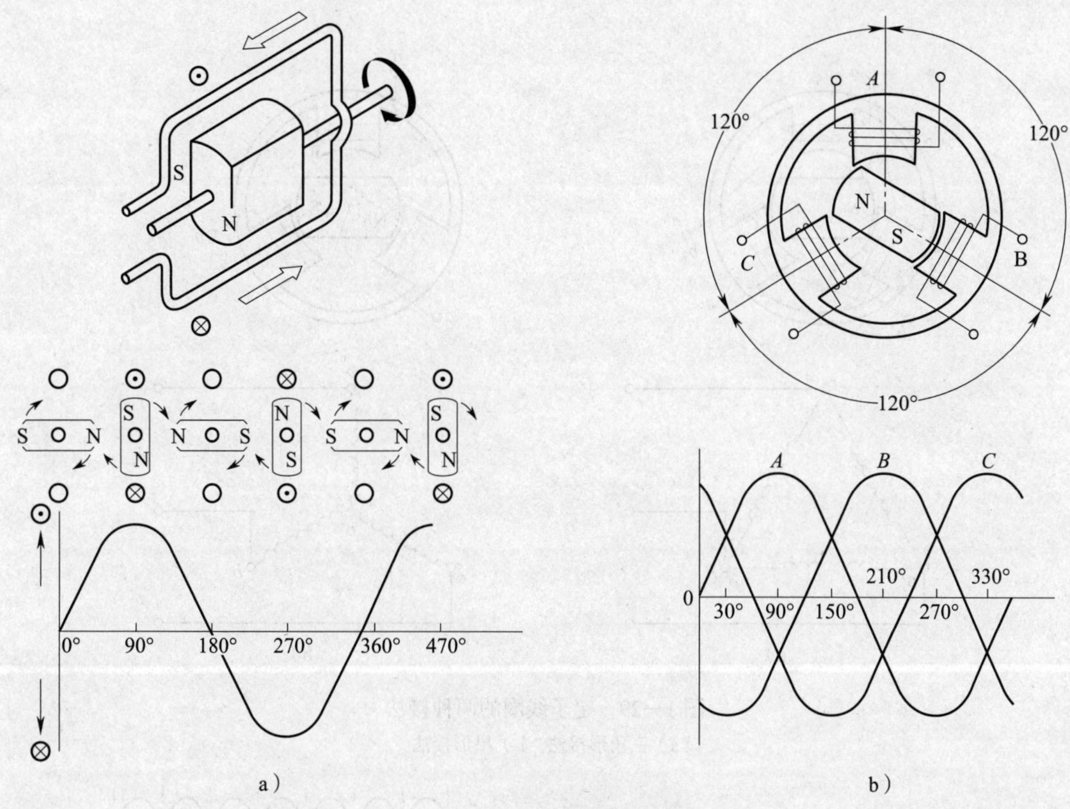

图 1—28　三相交流电的产生原理

为了从线圈产生的电动势中引出电流，要使用三根导线将线圈连接起来，连接法一般有两种，如图 1—29 所示。

三角形（△）接法：采用三角形接法时，三组线圈头尾相接，如图 1—30a 所示。这种接法在高速时发电量大，低速时发电量小。由于汽车发电机必须在低速下也能保证发出足够的电，所以三角形接法很少使用。

星形（Y）接法：采用这种接法时，只是将三组线圈尾部相接，如图 1—30b 所示。由于星形接法即使在低速下也能发出足够的电来，所以广泛地用在汽车交流发电机上。

2．整流原理

汽车的电器在工作时需要直流电，蓄电池充电时也要使用直流电。交流发电机发出三相交流电流需要经过整流才能使用。整流的方法有许多种，汽车交流发电机所使用的是一种既简单又有效的二极管整流法。

二极管具有单向导电性，它只允许电流按一个方向流动。如图 1—30 所示，使用了 6 只二极管，三相交流电流经全波整流变成了直流电流。整流过程如图 1—30 所示。

（1）正极管的导通原则。由于 3 只正极管的正极分别接在发电机三相绕组的始端上，它们的负极又连接在一起，所以 3 只正极管的导通是：在某一瞬间，正极电位最高者导通。

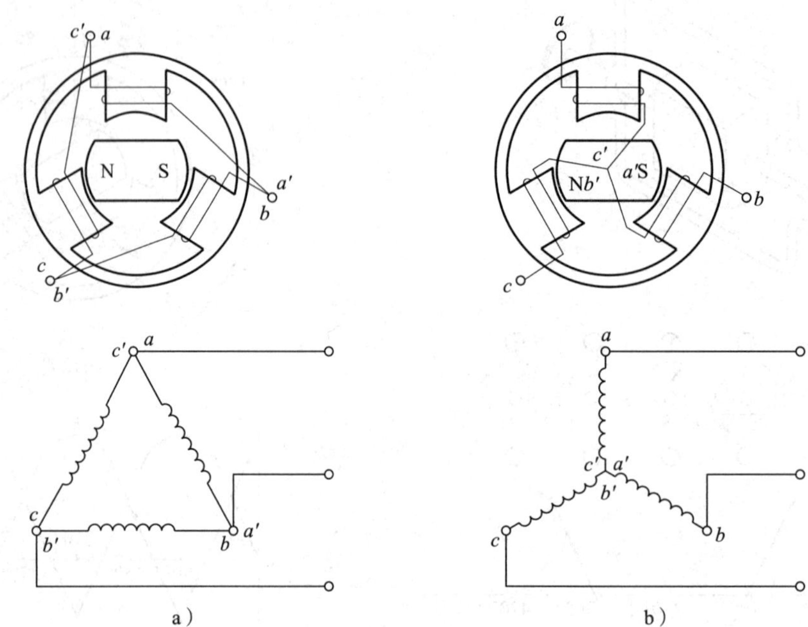

图 1—29 定子线圈的两种接法
a）三角形接法 b）星形接法

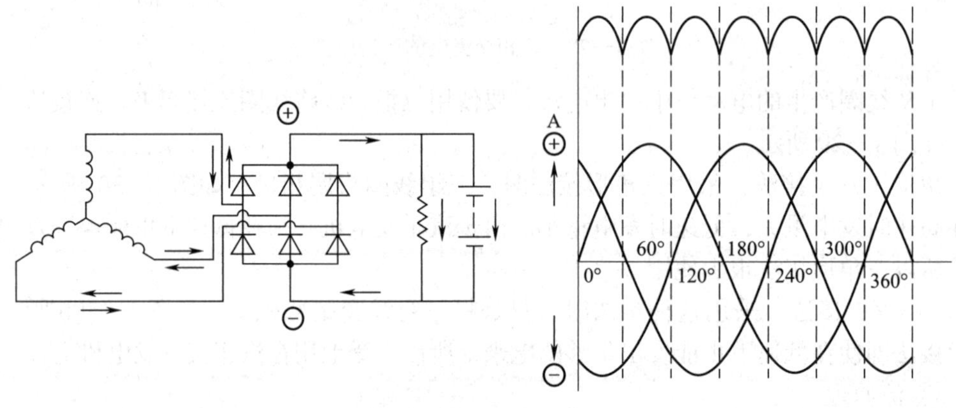

图 1—30 整流电路

（2）负极管的导通原则。由于 3 只负极管的负极分别接在发电机三相绕组的始端，它们的正极又连接在一起，所以 3 只负极管的导通原则是在某一瞬间负极电位最低者导通。

由图 1—31 可以看到，从每个线圈流到二极管的电流在 3 根导线处不断改变方向。但是从二极管出来的电流方向将固定不变，从而形成正（+）极和负（–）极。

3．发电机的励磁方式

交流发电机开始发电时，需由蓄电池供给励磁电流。当发电机电压达到蓄电池电压时，即由发电机自己供给励磁电流，也就是由他励转变为自励。其励磁电路如图 1—32 所示。

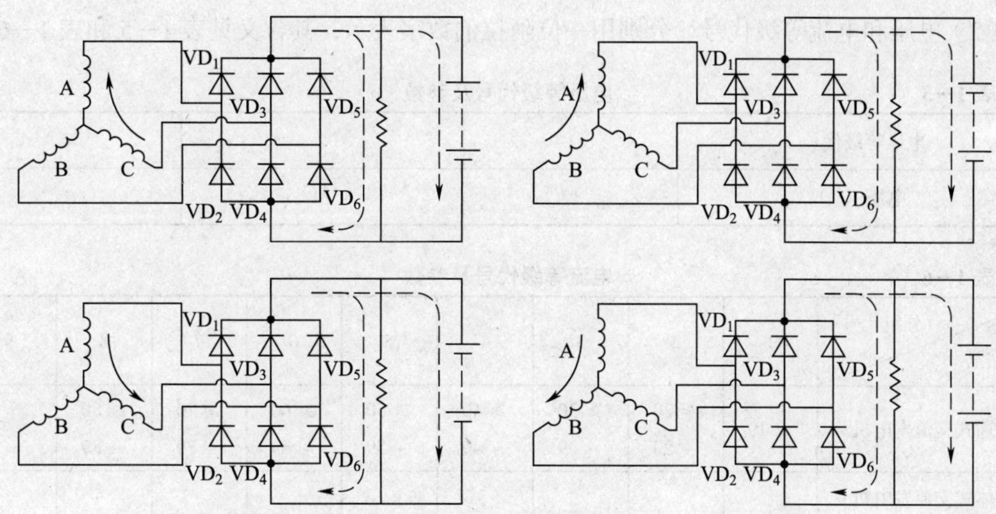

图 1—31　整流过程

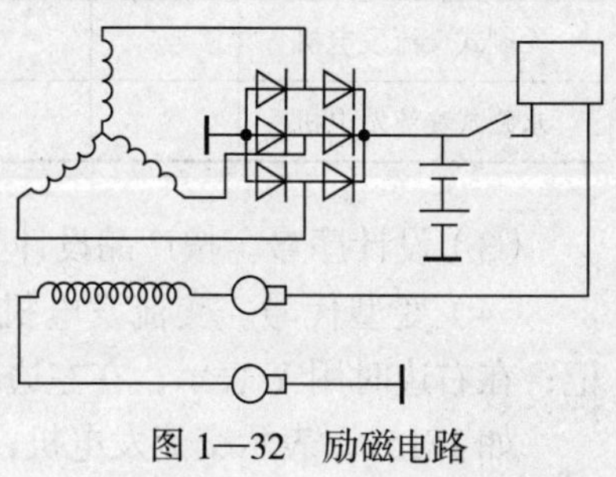

图 1—32　励磁电路

由于交流发电机转子的爪极剩磁较弱，所以发电机在低速运转时，加在硅二极管上的正向电压也很小。此时，二极管的正向电阻较大，较弱的剩磁产生很小的电动势很难克服二极管的正向电阻，使发电机电压迅速建立起来。这样，发电机低速充电的要求就不能满足。因此，汽车上发电机必须与蓄电池并联，开始由蓄电池向励磁绕组供电，使发电机电压很快建立起来并转变为自励状态，蓄电池被充电的机会就多一些，有利于蓄电池的使用。

四、交流发电机的型号

1. 国产发电机型号

汽车交流发电机的型号组成如图 1—33 所示。

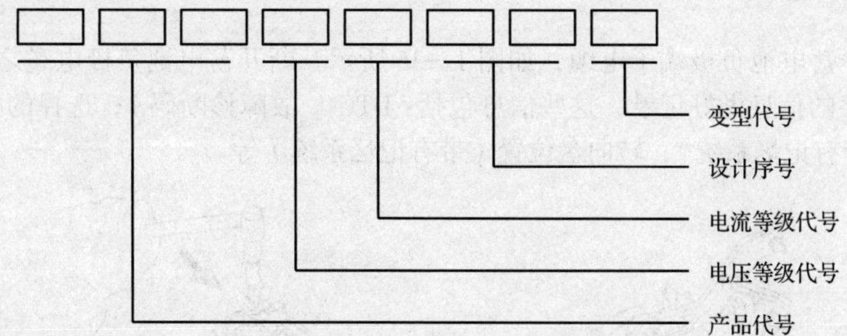

图 1—33　汽车交流发动机型号组成

（1）产品代号。交流发电机的产品代号有 JF、JFZ、JFB 和 JFW4 种，分别表示交流发电机、整体式交流发电机、带泵交流发电机和无刷交流发电机（字母 J、F、Z、B 和 W 分别为交、发、整、泵和无的汉语拼音第一个大写字母）。

（2）电压和电流等级代号。分别用一位阿拉伯数字表示，其含义见表 1—5 和表 1—6。

表 1—5　电压等级代号及参数

电压等级代号	1	2	6
电压（V）	12	24	6

表 1—6　电流等级代号及参数　A

产品 \ 分组代号	1	2	3	4	5	6	7	8	9
普通式交流发电机	~ 19	≥ 20 ~ 29	≥ 30 ~ 39	≥ 40 ~ 49	≥ 50 ~ 59	≥ 60 ~ 69	≥ 70 ~ 79	≥ 80 ~ 89	≥ 90
整体式交流发电机									
带泵式交流发电机									
无刷式交流发电机									
永磁式交流发电机									

（3）设计序号。按产品设计先后顺序由 1 ~ 2 位阿拉伯数字组成。

（4）变型代号。交流发电机以调整臂位置作为变型代号。从驱动端看，在中间不加标记；在右边时用 Y 表示；在左边时用 Z 表示。

如 JF152，表示交流发电机，其电压等级为 12 V，电流等级为 50 ~ 59 A，第 2 次设计。

桑塔纳、奥迪 100 型轿车用 JFZ1913Z 型交流发电机是电压等级为 12 V、电流等级为≥ 90 A、第 13 次设计、调整臂在左边的整体式交流发电机。

五、交流发电机的检测维护

交流发电机的维护分拆卸、分解、检查、组装、安装五步完成，如图 1—34 所示。

1．拆卸

（1）脱开蓄电池负极端子电缆，如图 1—35 所示。断开蓄电池负极电缆之前，对 ECU 等组件内保存的信息做好记录，这些信息包括：DTC（故障诊断码）；选择的收音机频道；座椅位置（带有记忆系统）；转向盘位置（带有记忆系统）等。

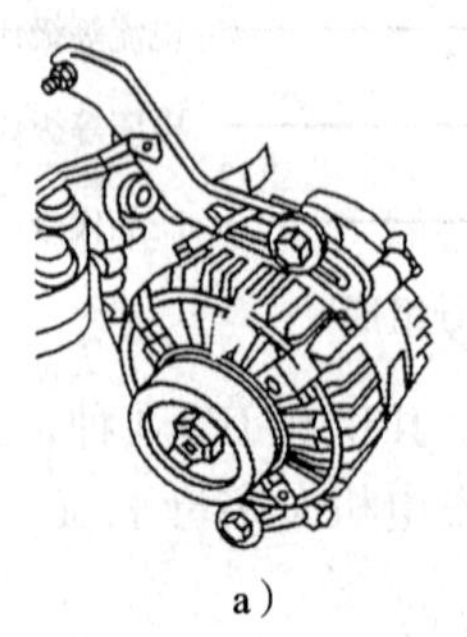

a）

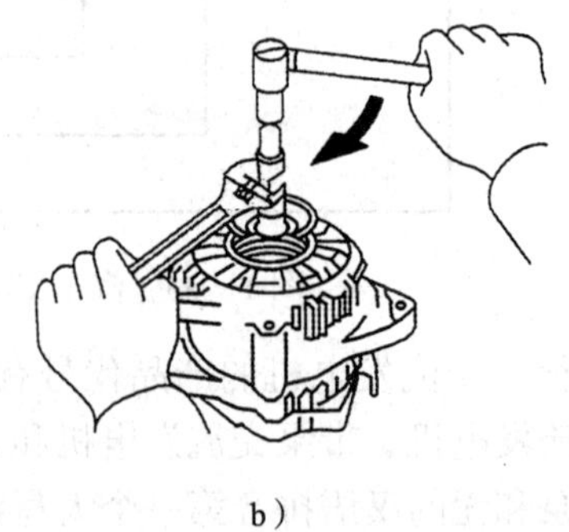

b）

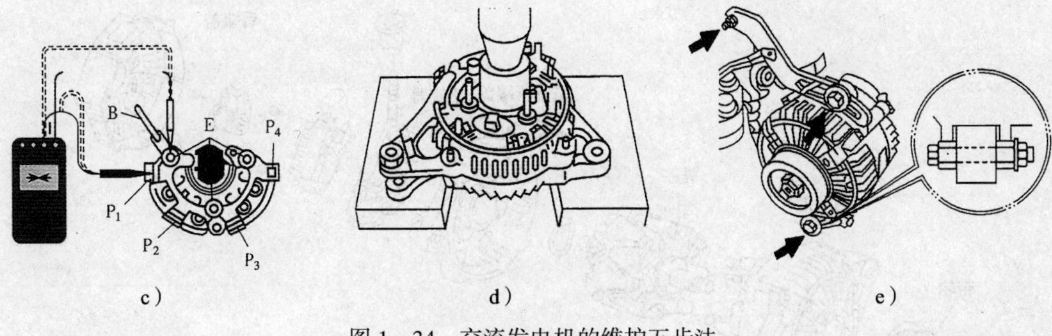

图 1—34　交流发电机的维护五步法

a）拆卸　b）分解　c）检查　d）组装　e）安装

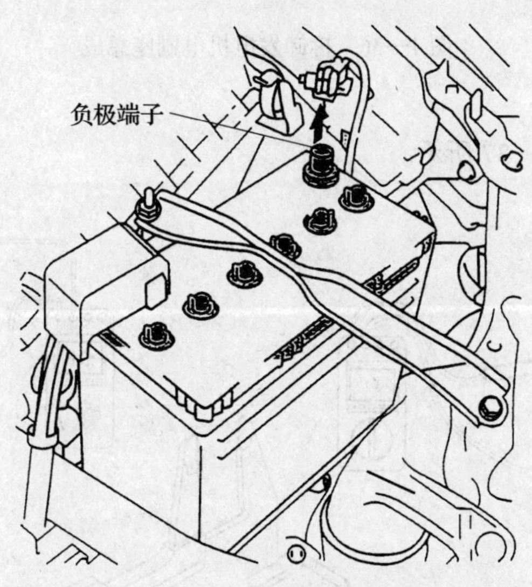

图 1—35　脱开蓄电池负极

（2）脱开发电机电缆和连接器。拆卸发电机电缆螺母，断开电缆，拆卸连接器。

技术提示

发电机电缆是直接从蓄电池上引出的，在端子上有一个防短路罩壳。断开连接器的爪子，握住连接器，再断开连接器。

（3）拆卸发电机的步骤：取下传动带；拆下发电机；拆下支架。

2. 分解

（1）如图 1—36 所示，拆卸发电机带轮。

（2）拆卸发电机电刷座总成。拆卸发电机端子绝缘体，拆卸电刷座，拆卸后端盖。

（3）拆卸发电机调节器总成。

（4）拆卸整流器。

（5）拆卸发电机转子总成。拆卸驱动端盖，拆卸转子，拆卸整流器端盖。

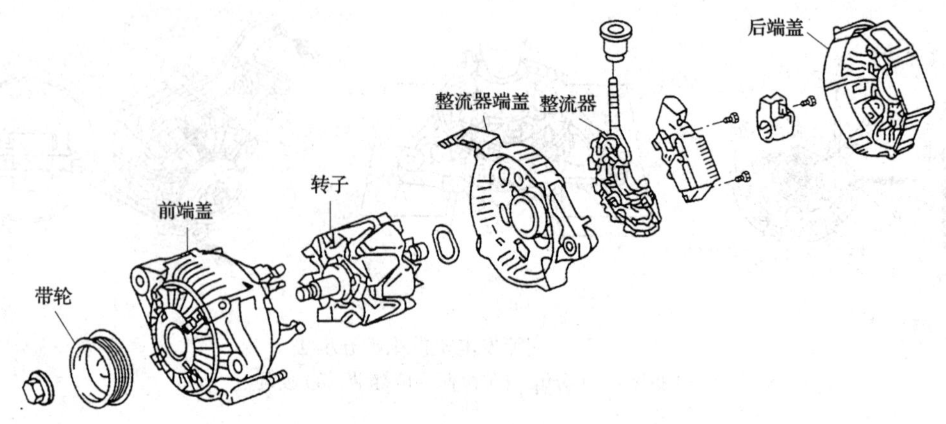

图 1—36　拆卸发电机电刷座总成

3．检查

主要检查项目如图 1—37 所示。

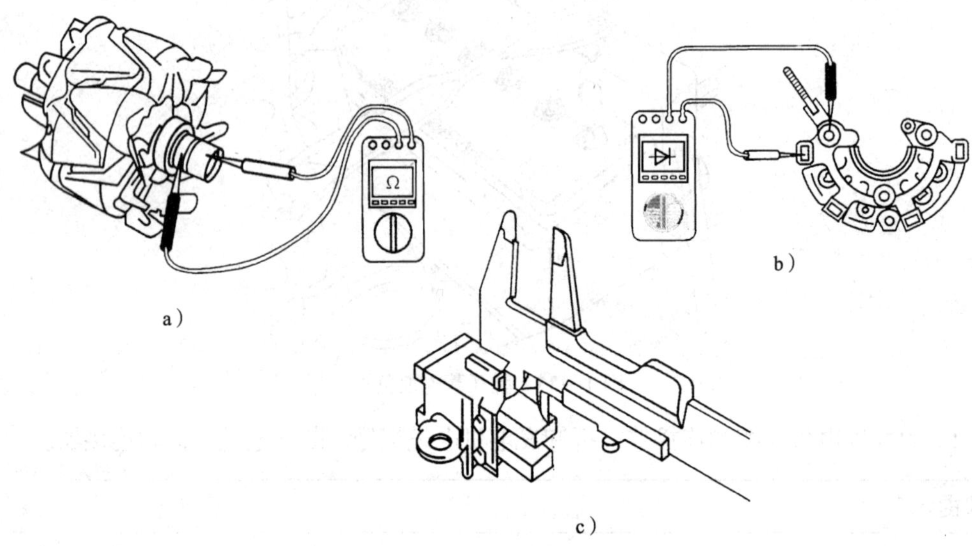

图 1—37　检查发电机

a）检查发电机转子总成　b）检查整流器　c）检查发电机电刷

（1）检查发电机转子总成。目视检查如图 1—38 所示。

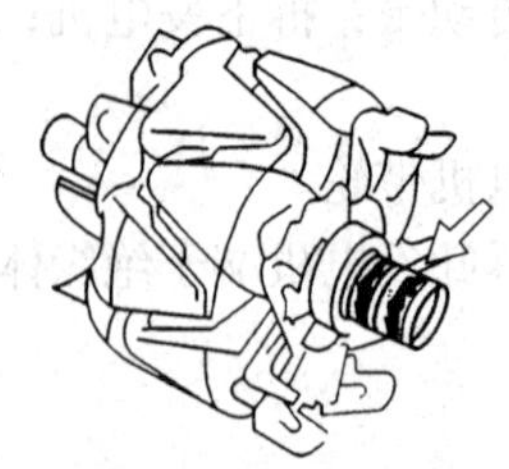

图 1—38　检查发电机转子总成

1）检查滑环变脏或烧蚀的程度。

技术提示

旋转时滑环和电刷接触使电流产生。电流产生的火花会产生污物和烧蚀，污物和烧蚀会影响电流，使发电机的性能降低。

2）用布料和毛刷清洁滑环和转子。如果污物和烧蚀明显，更换转子总成。

3）用万用表检查滑环之间是否导通，如图 1—39 所示。

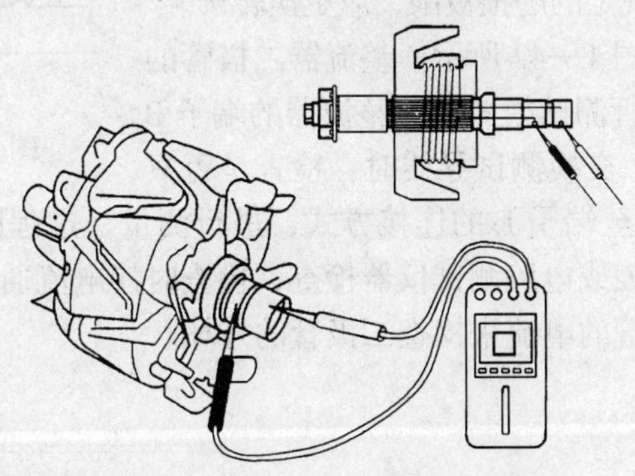

图 1—39　检查滑环之间是否导通

技术提示

转子是一个旋转的电磁体，内部有一个线圈，线圈的两端都连接到滑环上；检查滑环之间是否导通，可以探测线圈内部是否断路。如果发现在绝缘或导通方面存在问题，更换转子。

4）检查滑环和转子之间的绝缘，用万用表检查，如图 1—40 所示。

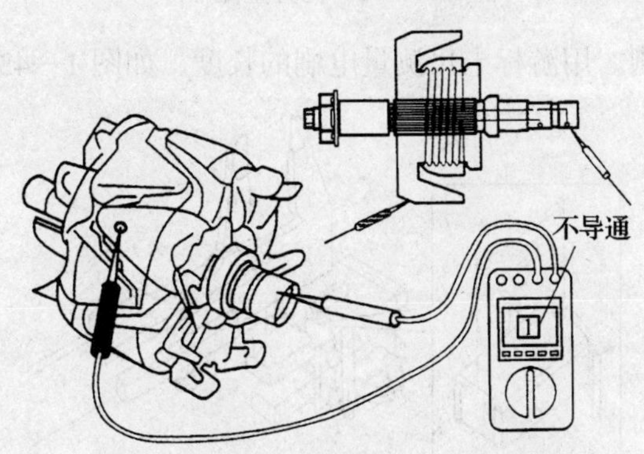

图 1—40　检查滑环和转子之间的绝缘

技术提示

检查滑环和转子之间的绝缘可以用来检查线圈内是否存在短路。如果发现在绝缘或者导通方面存在问题，应更换转子。

测量滑环，用游标卡尺测量滑环的外径，如图 1—41 所示。当滑环的外径小于规定值时，滑环和电刷之间接触不足，有可能影响电流环流的平稳，可能降低发电机的发电能力。如果测量值超过规定的磨损极限，应更换转子。

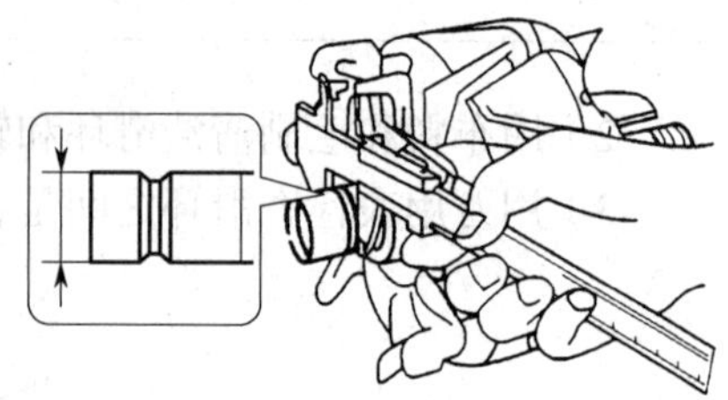

图 1—41　测量滑环的外径

（2）检查整流器，如图 1—42 所示。整流器二极管的检查：使用万用表的二极管测试模式；在整流器的端子 B 和端子 P_1 到 P_4 之间测量，交换测试导线时，检查是否只能单向导通；改变端子 B 至端子 E 的连接方式，进行测量，过程同上。由于二极管是单向导通电流，因此可用万用表或电路测试仪器检查，检查时使电流通过测试仪器的内部电池到达二极管，根据流过二极管的电流来检查二极管的好坏。

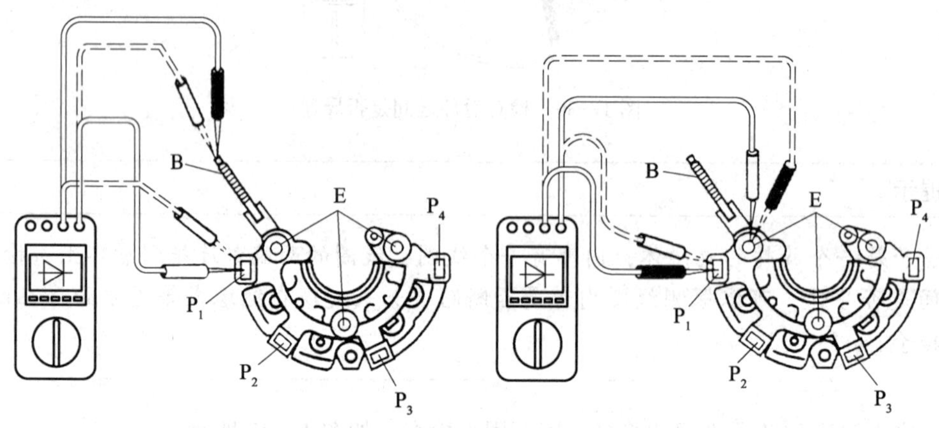

图 1—42　检查整流器

（3）检查发电机电刷。用游标卡尺测量电刷的长度，如图 1—43 所示。

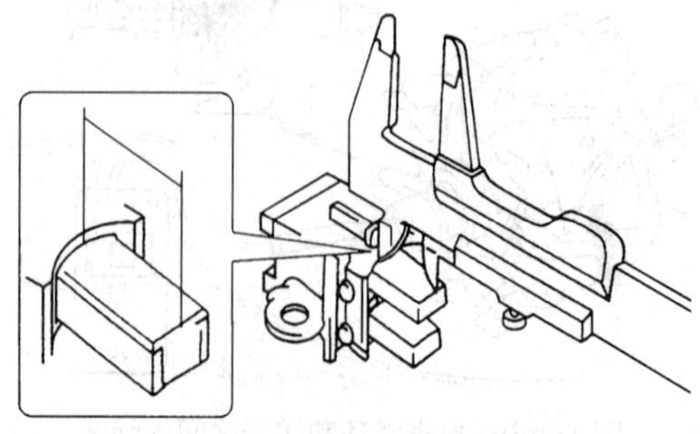

图 1—43　测量电刷的长度

4. 组装

（1）安装发电机转子总成，如图 1—44 所示。

（2）安装整流器端盖，如图 1—45 所示，用压力机将整流器端盖压到驱动端盖内。

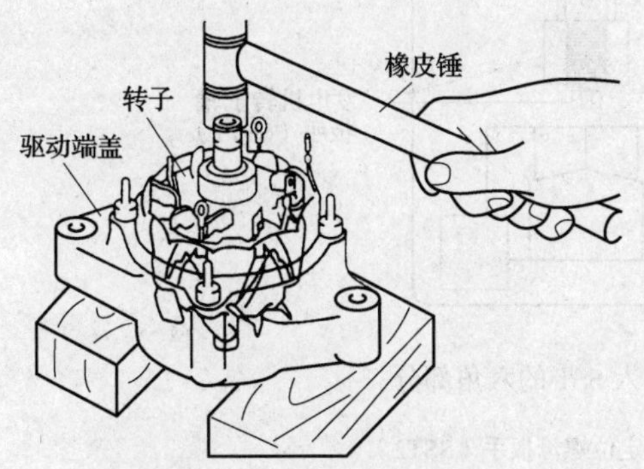

图 1—44　安装发电机转子总成

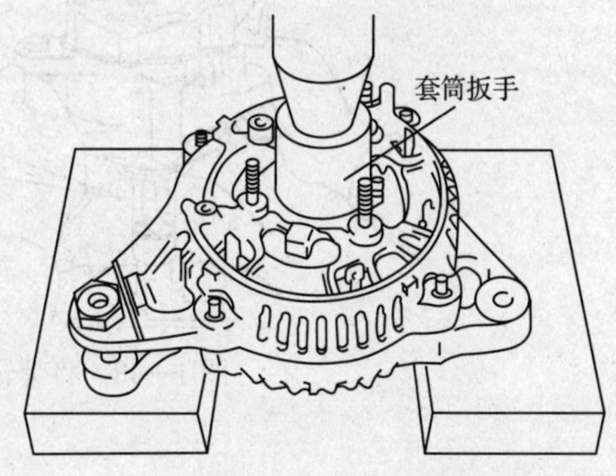

图 1—45　安装整流器端盖

（3）安装发电机电刷座总成，如图 1—46 所示。将电刷压入电刷座，将电刷座安装在机座内，目视检查电刷是否能接触滑环。

（4）安装发电机带轮。如图 1—47 至图 1—50 所示。

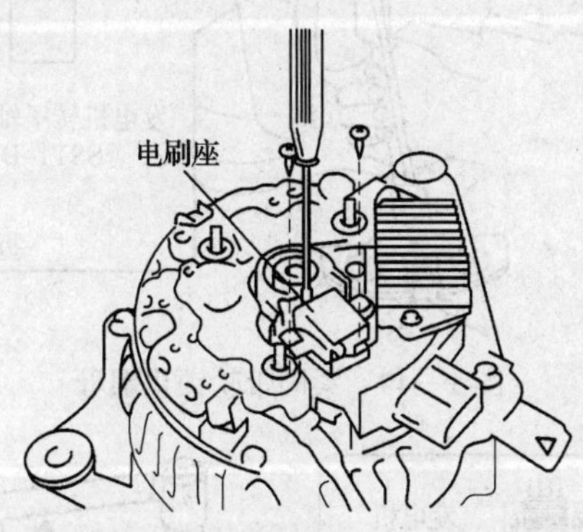

图 1—46　安装发电机电刷座总成

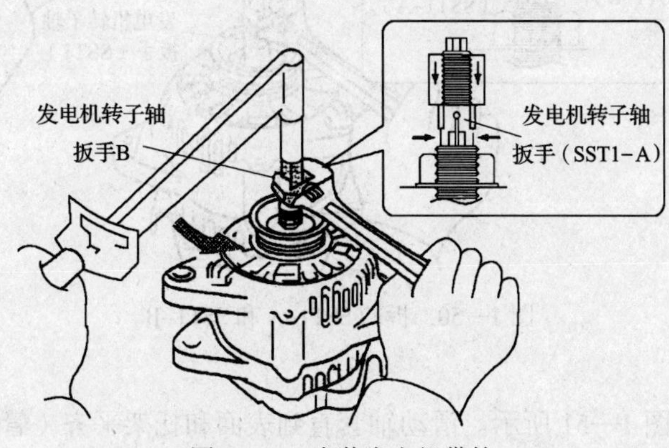

图 1—47　安装发电机带轮

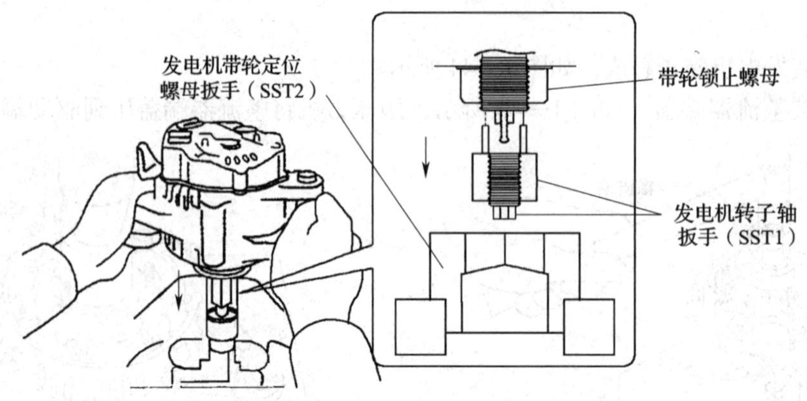

图 1—48　将带轮锁止螺母装入 SST 的六角部分

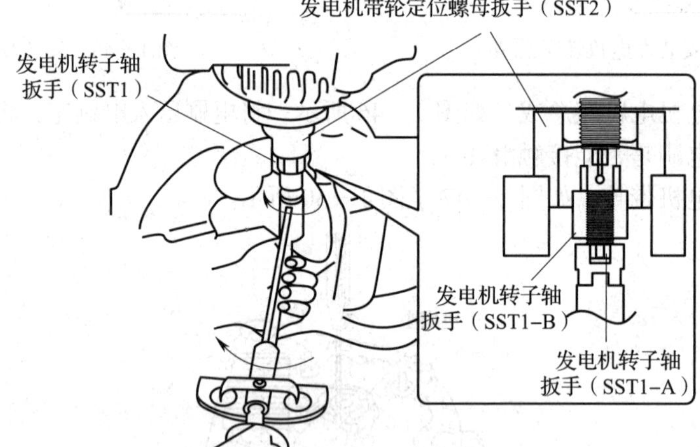

图 1—49　紧固带轮锁止螺母

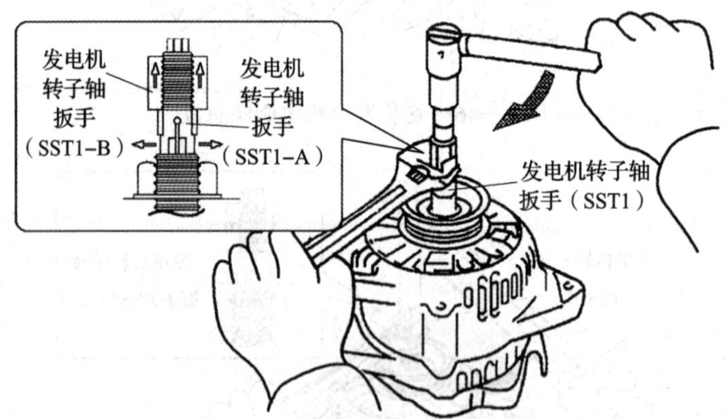

图 1—50　拆卸 SST1-A 和 SST1-B

5．安装

发电机的安装如图 1—51 所示。滑动轴套直到表面和托架平齐（管接头一端）；初步安装发电机，贯穿安装螺栓 A；初步安装螺栓 B；安装传动带；用锤子的手柄等物移动发电机来调整带的张紧度；拧紧安装螺栓 A 和螺栓 B，以牢固地安装发电机。连接发电机电缆和连接器，连接蓄电池负极。

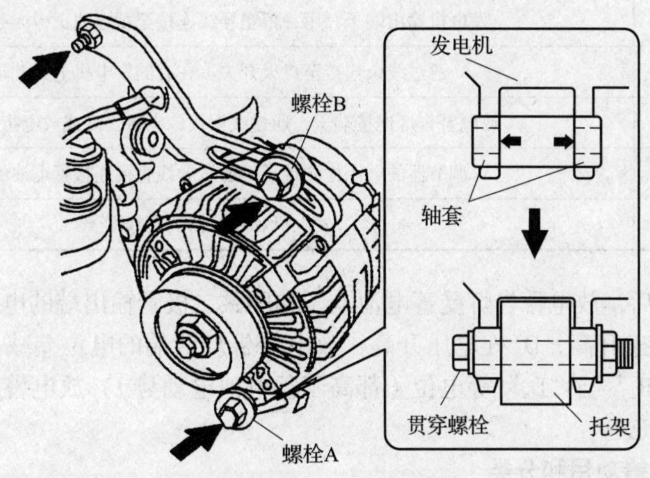

图 1—51　安装发电机

第四节　汽车电源系统电路检测

汽车电源系统包括：蓄电池、交流发电机、调节器、电流表、放电警告灯等。其电路原理如图 1—52 所示。

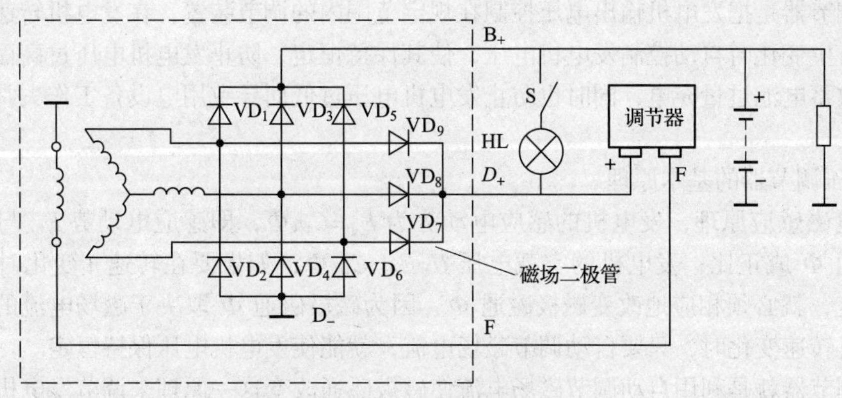

图 1—52　电源系统电路原理图

带有集成电路调节器的整体式交流发电机的接线端子通常用“B_+”（+B、BATT）、IG、L、S（R）和 E（“−”）等符号表示，这些符号通常在发电机端盖上标出，其代表的含义见表 1—7。

接通点火开关，电流从蓄电池“+”极→点火开关→放电警告灯 HL→调节器火线接线柱“+”→磁场接线柱 F→发电机励磁绕组→搭铁→蓄电池“−”极构成回路。放电警告灯亮，表示不充电。

表 1—7　集成电路整体式发电机接线端子符号及含义

端子符号	含　义
B+（+B、BATT）	发电机输出端子，用一根粗导线连接至蓄电池正极或起动机上
IG	通过线束连接至点火开关，在有的发电机上无此端子
L	放电警告灯连接端子，通过线束接放电警告灯或放电指示继电器
S（R）	调节器的电压检测端子，通过导线直接连接蓄电池的正极
E（“-”）	发电机和调节器的搭铁端子

当发动机起动后，放电警告灯受蓄电池电压和励磁二极管输出端的电压“D_+”的差值所控制。随发电机转速升高，D_+处电压升高，放电警告灯两端的电位差减小，灯就会自动变暗或熄灭。此后“B_+”与“D_+”等电位（都高于蓄电池电动势），放电警告灯一直熄灭，表示发电机对蓄电池充电。

一、电压调节器功用和分类

发电机在汽车上是按固定的传动比驱动旋转的，其转速 n 随发动机转速在很大范围内变化。根据电磁感应原理，交流发电机发出的电压随发电机速度和负载（输出电流）而变化。由于发动机的转速不断变化，交流发电机转速很难保持不变。因此，为了使发电机能提供固定不变的电压，必须采用电压调节器来控制电压。一般充电系统使用发电机的电压调节器来保持充电系统的电压稳定。

1. 电压调节器的作用

电压调节器是把发电机输出电压控制在规定范围内的调节装置，在发电机转速和发电机上的负载发生变化时自动控制发电机电压，使其保持恒定，防止发电机电压过高而烧坏用电设备和导致蓄电池过量充电，同时也防止发电机电压过低而导致用电设备工作失常和蓄电池充电不足。

2. 电压调节器的基本原理

根据电磁感应原理，发电机的感应电动势为 $E_\Phi=C_1n\Phi$，即感应电动势 E_Φ 与发电机转速 n 和磁通 Φ 成正比；发电机的空载电压 $U=E_\Phi=C_1n\Phi$，如果要在转速 n 变化时维持发电机电压恒定，就必须相应地改变磁极磁通 Φ。因为磁极磁通 Φ 取决于磁场电流的大小，所以在发电机转速变化时，只要自动调节磁场电流，就能使发电机电压保持恒定。

电压调节器就是利用自动调节磁场电流使磁极磁通改变这一原理来调节发电机电压的。

在一个电路中调节电流的方法一般有三种：一是改变电路中的电压；二是改变电路中的电阻；三是控制电路的通与断。电压调节器采用的是后两种方法。电磁振动式电压调节器调节磁场电流的方法是通过触点开闭、通过改变磁场电路的电阻来调节磁场电流；电子式电压调节器调节磁场电流的方法是利用功率管的开关特性，使磁场电流接通与切断来调节磁场电流。

电压调节器除了要具有调节磁场电流的功能外，还必须要有感知发电机电压变化的装置，也就是说先要感知发电机电压的变化，根据这个变化再决定怎么调节磁场电流。在电磁振动式电压调节器中，感知发电机电压变化的组件是电磁线圈。在电子式电压调节器中感知发电机电压变化的组件是稳压管。

3. 电子式电压调节器的基本工作原理

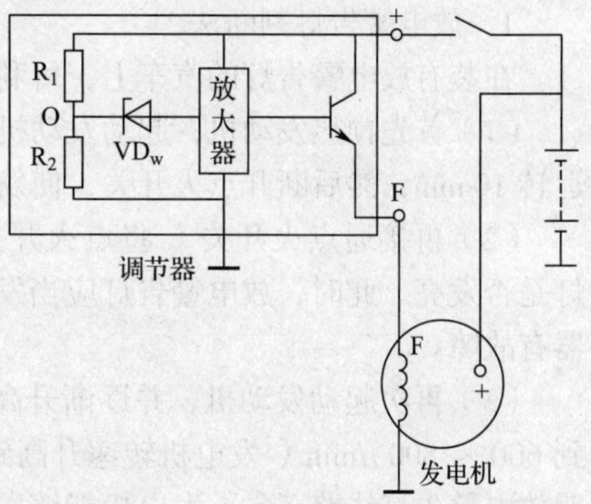

图 1—53　电子式电压调节器的基本原理示意图

电子式电压调节器的工作原理如图 1—53 所示。调节器的“+”接线柱接点火开关，F 接线柱接发电机励磁绕组，“+”和 F 之间为三极管的集电极与发射极之间形成的开关电路，“+”极与“−”极之间有由电阻 R_1、R_2 组成的分压电路，其 O 点电压正比于发电机电压，O 点与放大器之间接有稳压管 VD_W，用来感受电压，其工作过程如下：

在发电机电压较低的情况下，分压器中间 O 点电压也较低，此时稳压管处于截止状态，此状态经放大器放大，给三极管的基极一个高电位信号，使三极管导通，励磁电流可以通过三极管流入发电机励磁绕组，使发电机电压上升。当电压上升到调节器电压调整值时，O 点电压升高至稳压管的击穿电压，稳压管被击穿。此信号经放大器放大后给三极管一个低电压信号，使三极管截止，切断了励磁电流，发电机无励磁电流，电压便下降，这样又使三极管导通，如此反复，使发电机的电压稳定在一定范围内。

从上述调节器的结构和工作情况看，电子调节器共有三个接线柱，即：“+”、F、“−”，在接线时不能接错。需要注意的是电子调节器的接线方式根据发电机和调节器的形式而有所不同，虽然调节器的接头标注都一样，但接法完全不同，如图 1—54 所示为发电机和调节器的两种接线方式。

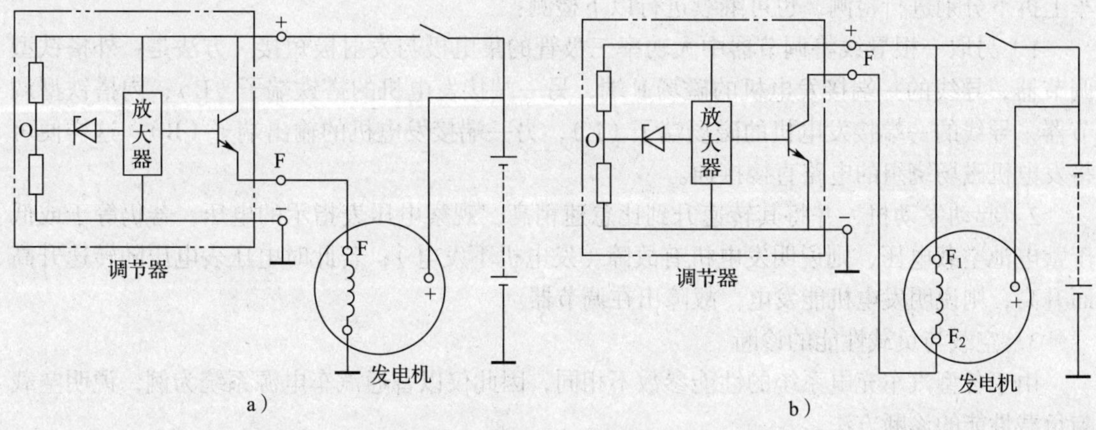

图 1—54　发电机和调节器的两种接线方式
a）内搭铁式　b）外搭铁式

图 1—54a 为磁场线圈内搭铁式，调节器装在发电机与点火开关之间，发电机励磁绕组有一端搭铁。图 1—54b 为外搭铁式，调节器装在发电机励磁绕组与搭铁之间，发电机励磁绕组无搭铁端，调节器控制励磁绕组搭铁。这两种形式的发电机与调节器不能互换，否则将

会造成发电机电压失调或不发电。

二、电源系统故障诊断的基本方法

1．放电警告灯判断法

在装有放电警告灯的汽车上，可利用放电警告灯来诊断充电系统有无故障。

（1）首先预热发动机，起动发动机后，使其怠速或将发电机转速控制在 1 200 r/min 左右运转 10 min，然后断开点火开关，使发动机停止运转。

（2）再接通点火开关（将点火开关转到“ON”位，并不起动发动机），观察放电警告灯是否发亮。此时，放电警告灯应当发亮，如果不亮，说明放电警告灯线路或充电指示控制器有故障。

（3）再次起动发动机，并逐渐升高发动机转速（逐渐开大节气门），当发动机转速升高到 600 ~ 800 r/min（发电机转速升高到 1 200 ~ 2 000 r/min）时，放电警告灯自动熄灭，说明放电警告灯线路正常，发电机能够发电。此时，调节器工作是否正常还需用电压表或万用表进行检测诊断。

2．用万用表（电压表）诊断法

（1）将万用表拨到直流电压 DC 挡，正极接发电机输出端子（B），负极搭铁。

（2）记下此时电压表指示的电压，该电压即为蓄电池的空载电压，正常值为 12.0 ~ 12.6 V。

（3）起动发动机，使其转速升高，当发动机转速升到高于怠速转速（600 ~ 800 r/min）时，电压表指示的电压应高于蓄电池的空载电压，并随转速升高而稳定在某一调节电压值。

若电压表指示的电压高于调节器的调节电压，且随发电机转速升高而升高，则说明发电机能发电，调节器有故障；若电压表指示的电压随发电机转速升高而保持蓄电池空载电压值不变或低于蓄电池空载电压值，则说明发电机或调节器有故障，此时可将发电机和调节器从车上拆下分别进行检测，也可继续进行以下检测：

1）另取一根导线将调节器中大功率三极管的集电极与发射极短接。方法是：外搭铁型调节器，导线的一端接发电机的磁场 F 端，另一端接发电机的搭铁端子（E）；内搭铁型调节器，导线的一端接发电机的磁场端子（F），另一端接发电机的输出端子（B），这样便可将发电机磁场绕组的电路直接接通。

2）起动发动机，并将其转速升到比怠速稍高，观察电压表指示的电压，若仍等于或低于蓄电池空载电压，则说明发电机有故障（发电机不发电）；若此时电压表电压随转速升高而升高，则说明发电机能发电，故障出在调节器。

3．空载与负载性能的诊断

由于各型汽车充电系统的性能参数不相同，因此仅以普通汽车电源系统为例，说明空载与负载性能的诊断方法。

（1）空载性能诊断。将电压表的正、负极分别与蓄电池的正、负极相接，将钳形直流电流表的检测夹夹到发电机输出端子（B）的引出导线上，如图 1—55 所示。

起动发动机，并将其转速升高到 2 000 r/min 运行，此时电压表指示的电压（调节电压）应为 13.9 ~ 15.1 V（25℃），电流表读数应小于 10 A。调节电压过高或过低应检修或更换调节器；电流过大说明蓄电池充电不足或有故障，应补充充电或更换蓄电池。

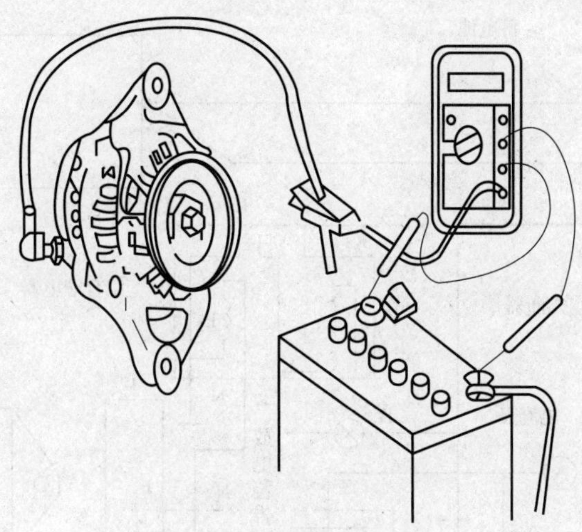

图 1—55　检测充电系统性能

（2）负载性能诊断。检测仪器的连接同空载性能诊断；起动发动机并使其转速达到 2 000 r/min 运行；接通前照灯和暖风电动机（夏季接通空调器），此时调节器电压也应为 13.9 ~ 15.1 V，电流表读数应大于 30 A。若小于 30 A，则说明发电机功率不足，应拆下检修或更换发电机。

三、典型电源系统电路

1. 商用车 CA1091 型汽车电源系统电路

CA1091 型汽车电源系统电路由 JF152D 或 JF1522A 型交流发电机与 JFT106（或 JFT124）型晶体管电压调节器或 FT111 型触点式电压调节器和 6-QA-100 型干荷电蓄电池组成，由电流表和放电警告灯来显示蓄电池充、放电状况，放电警告灯利用中性点电压，通过起动组合继电器控制，电路如图 1—56 所示。

K_2 为保护继电器常闭触点，除对起动机具有防止误起动外，还用来控制放电警告灯亮、灭；L_2 为保护继电器电压线圈，承受发电机中性点电压。

放电警告灯电路为：蓄电池“+”极→起动机电源接线柱→ 30 A 熔断器→电流表→点火开关→放电警告灯→组合继电器 L 接线柱→常闭触点 K_2 →搭铁→蓄电池“–”极。

发电机磁场绕组电路为：蓄电池“+”极→起动机电源接线柱→ 30 A 熔断器→电流表→点火开关→ 5 A 熔断器→发电机 F_2 接线柱→磁场绕组→发电机 F_1 接线柱→调节器 F 接线柱→搭铁→蓄电池“–”极（F_1 与 F_2 两接线柱上的导线可以互换）。

四、发电机的正确使用和维修

1. 交流发电机的正确使用

交流发电机的结构简单，维护方便。若正确使用，则不仅故障少而且寿命长；若使用不当，则会很快损坏。因此，在使用和维护中应特别注意以下几点：

（1）汽车交流发电机均为负极搭铁，蓄电池搭铁极性必须与此相同，否则，蓄电池将使整流二极管立即烧坏。

（2）发电机运转时，不能用试火花的方法检查发电机是否发电，否则容易损坏二极管。

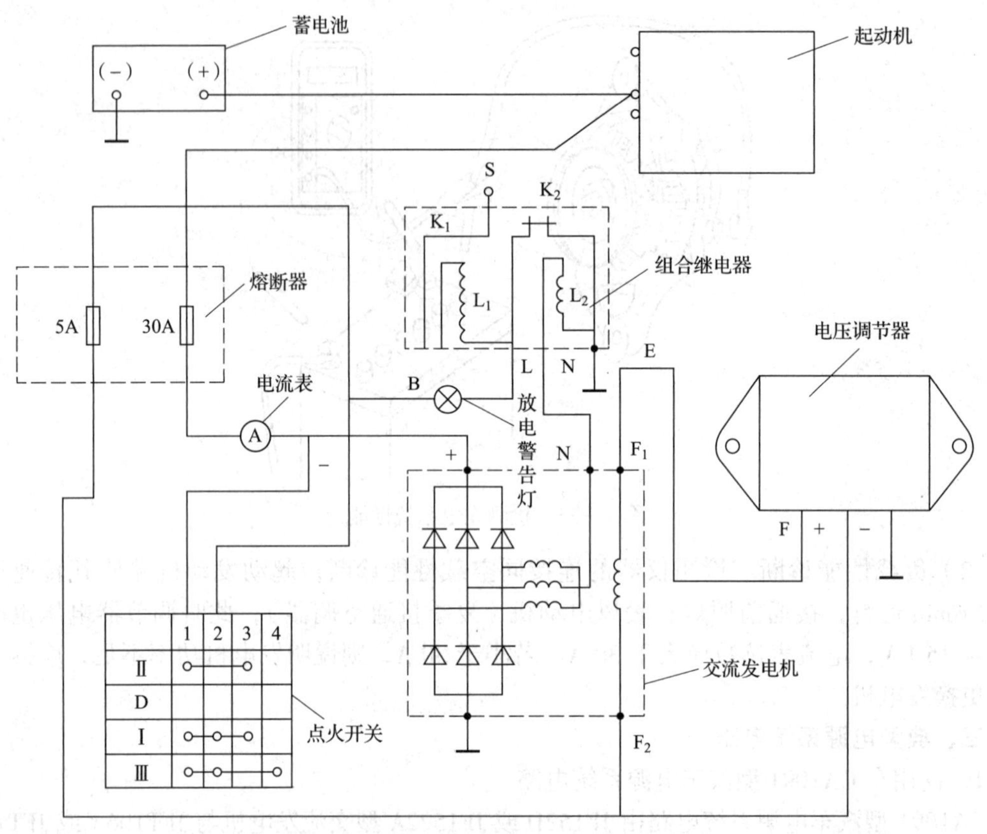

图 1—56 CA1091 型汽车电源电路

（3）一旦发现发电机不发电或充电电流很小，就应及时找出故障并予以排除，不应再长期继续运转。因为一只二极管短路，发电机就不能正常输出电压，并会导致其他二极管或定子绕组被烧坏。

（4）发动机熄火时，应将点火开关断开，否则蓄电池将长期经磁场绕组和调节器放电。

（5）发电机与蓄电池之间的导线要连接可靠，如突然断开，将会产生过电压，易损坏电子元器件。

2. 调节器的正确使用

调节器在使用中应注意以下几点：

（1）调节器与发电机的电压等级必须一致，否则电源系统不能正常工作。

（2）调节器与发电机的搭铁形式必须一致，交流发电机的磁场电流在调节器中的流动方向如图 1—57 所示。

由图可见，对于外搭铁型发电机与外搭铁型的调节器，磁场电流是由调节器的磁场端子（F）流入，经内部的大功率三极管（NPN 型三极管）后从调节器的搭铁（“–”）端子流出，再回到电源负极。对于内搭铁型发电机和内搭铁型调节器，磁场电流则是由调节器“+”端子流入，经内部的大功率三极管（PNP 型）后，从调节器 F 端子流出，再经发电机磁场绕组搭铁回到电源负极。由此可见，内搭铁型调节器只能与内搭铁型发电机配用；外搭铁型调

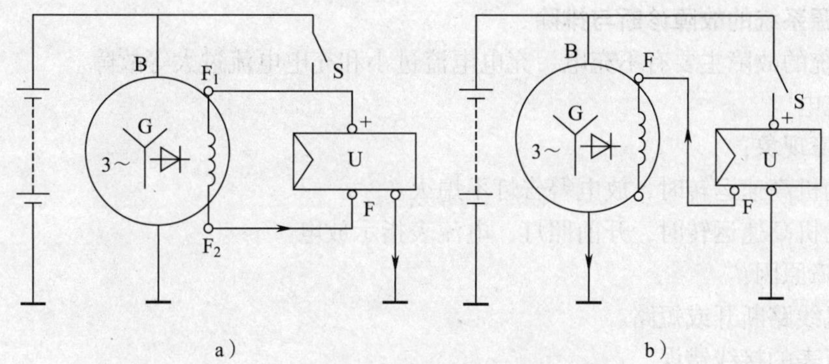

图 1—57　磁场电流的流向

a）外搭铁发电机与调节器　b）内搭铁发电机与调节器

节器只能与外搭铁型发电机配用，否则发电机无磁场电流而不能输出电压，蓄电池使用寿命会大大缩短。当调节器与发电机的搭铁形式不匹配而又急需使用时，只能通过改变发电机磁场绕组的搭铁形式，使发电机与调节器搭铁形式一致后方可配合使用。

（3）交流发电机的功率不得超过调节器设计时所能配用的交流发电机的功率。因为交流发电机的功率越大，磁场电流越大（如 14V750W 交流发电机，其磁场电流为 3 ～ 4 A，14V1000W 交流发电机，其磁场电流为 4 ～ 5 A）。磁场电流越大，对调节器中控制磁场电流的大功率管（三极管、复合管或达林顿管）的技术要求就越高，成本也越高。大功率发电机的调节器配小功率发电机虽然可用，但成本较高，不经济。而小功率发电机的调节器则不能与大功率发电机配用，一方面，调节器会因超负荷工作而使用寿命大为缩短；另一方面，控制磁场电流三极管的管压降增大，磁场电流最大值减小，发电机的空载转速和额定负载转速都将增加，不仅会降低交流发电机的输出性能，而且还会影响充电系统正常工作。

（4）线路连接必须正确。目前，国家对调节器的接线位置及方式等尚无统一规定。各公司（厂家）生产的调节器的接线位置各有不同，使用时必须根据使用说明书给出的接线图或有关说明正确连接充电系统线路，否则充电系统不能正常工作，甚至会损坏调节器和发电机等电器部件。例如，当调节器正、负极接反时，由调节器电路可知，此时任何一种电子调节器控制磁场电流的大功率三极管的发射结均为反偏，极易被击穿损坏，此外用作过压保护的稳压管相当于一只普通二极管并正向导通，极易被通过的大电流烧坏，故接线时要特别注意。内搭铁型调节器的磁场与负极接反或外搭铁型调节器的磁场与正极接反时，蓄电池电压在接通电源（或点火）开关后，全部加在大功率管的集电极与发射极，调节器亦容易被击穿损坏。

（5）调节器必须受点火（或电源）开关控制。一旦接通电源，调节器中控制磁场电流的大功率管在发电机输出电压低于蓄电池充电电压时就始终导通。如果调节器不受开关控制，那么汽车停驶时，该功率管也始终导通工作，夜间停驶也是如此，且此时功率管工作负荷接近最大，这不但会使电子调节器使用寿命大为缩短，而且还会导致蓄电池亏电。试验证明，当电子调节器不受开关控制而直接与蓄电池连通时，使用 5 ～ 7 天蓄电池就不能起动发动机了，调节器的使用寿命也只有 100 天左右。

（6）汽车停驶时，应将点火（或电源）开关断开。

五、电源系统的故障诊断与排除

电源系统的故障主要有不充电、充电电流过小和充电电流过大等故障。

1. 不充电

（1）故障现象：

1）发动机高速运转时，放电警告灯不熄灭。

2）发动机高速运转时，开前照灯，电流表指示放电。

（2）故障原因：

1）充电线路断开或短路。

2）电流表的接线错误。

3）发电机故障。

4）调节器调整不当或有故障。

5）传动带过松或脱落。

（3）故障诊断与排除：

1）检查发电机传动带的状况。检查发电机传动带的松紧度，用手指压下传动带的中部，若压下量过大，说明发电机传动带过松，应调整；检查发电机传动带是否打滑。

2）检查充电线路各导线和接头有无断裂或松脱，同时检查发电机的接线是否正确。

3）打开点火开关但不起动发动机，用试灯将其一端接在发电机的磁场接线柱上，另一端搭铁，观察试灯。若试灯不亮，说明故障在调节器；若试灯亮，则拆下发电机电枢接线柱上的导线并悬空，用试灯将其一端接在发电机电枢接线柱上，另一端搭铁；若试灯不亮或灯光发暗，说明故障在发电机。

4）若发电机有故障，可用万用表测量各接线柱之间的电阻值，粗略判断故障所在。测量前，拆下发电机各接线柱上的导线，将万用表置于 R×1 挡测量各接线柱间的电阻值，其阻值应符合规定；若不符合规定，应对发电机进行拆检。

5）若调节器有故障，对于晶体管调节器，应更换；对于触点式调节器，检查低速触点有无烧蚀或污物。若有，应用砂纸或砂布条研磨或清洁；检查高速触点能否分离，若不能分离应修复。

2. 充电电流过小

（1）故障现象：

1）蓄电池在亏电情况下，发动机中速以上运转时，电流表指示充电电流过小。

2）蓄电池经常充电不足。

3）打开前照灯，灯光暗淡，按动电喇叭，声音小。

（2）判断步骤与方法：

1）外观检查。检查发电机传动带的松紧度，用手指按下传动带的中部，若压下量过大，说明发电机传动带过松，应调整；检查充电线路各导线接头是否接触不良或锈蚀污物。

2）拆下发电机“+”和 F 接线柱的导线，用试灯的两根接线分别触及“+”和 F 接线柱，起动发动机，并逐渐提高转速，同时观察试灯，若试灯亮度不变或变化很小，说明故障在发电机；若试灯随发动机转速增加而亮度增加，说明故障在调节器。

3）对于装有晶体管调节器的充电系统，可起动发动机，并使其略高于怠速运转，然后短接调节器的 F 与“-”接线柱，逐渐提高发动机转速，观察电流表，若电流表指示的充电电流增大，说明故障在调节器；若电流表指示无变化，说明故障在发电机。

若故障是在发电机，应进行解体检查；若故障是在调节器，对于晶体管调节器，应更换；对于触点式调节器，应拆下调节器盖进行检查，用手拉紧弹簧，起动发动机并以中速运转，若充电电流增大，说明调节器限额电压过低，应调整弹簧拉力；用旋具连接低速触点，若充电电流增大，说明低速触点烧蚀或污物，应研磨或清洁。

3. 充电电流过大

（1）故障现象：

1）在蓄电池不亏电的情况不，充电电流仍在 10 A 以上。

2）蓄电池电解液损耗过快。

3）分电器断路器触点经常烧蚀，各种灯泡经常烧坏。

（2）判断步骤与方法。充电电流过大一般都是调节器失调所致，所以在检查时，主要是对调节器进行检查。

1）对于装有晶体管调节器的充电系统，应检查发电机与调节器是否匹配，如果无匹配问题，则应更换调节器。

2）对于装有触点式调节器的充电系统，应调整弹簧弹力及衔铁间隙，使之符合要求。商用车电源系统常见故障部位如图 1—58 所示。

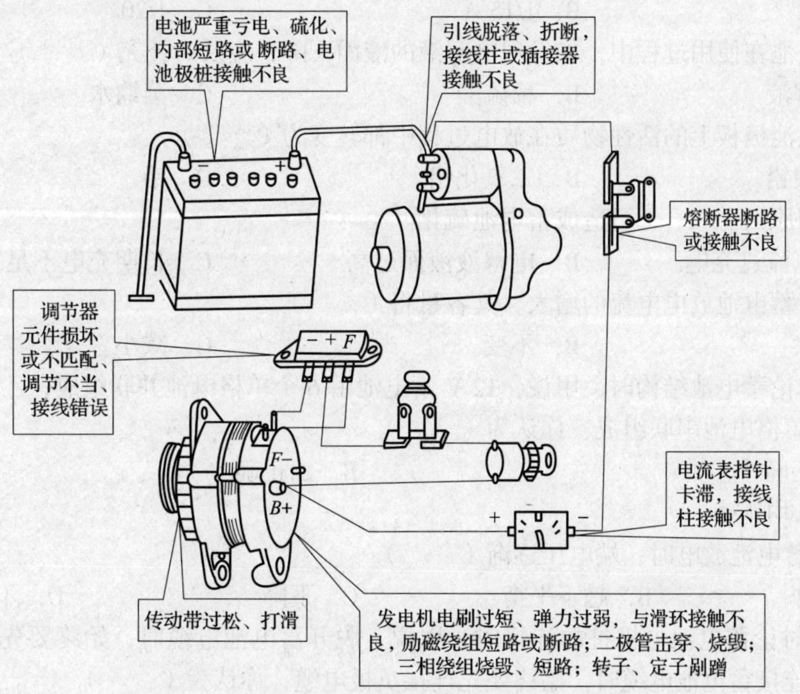

图 1—58　商用车电源系统常见故障部位示意图

复习思考题

一、思考题

1. 汽车电气设备主要由哪几部分组成？简述每个系统主要机件的功能。

2. 汽车电气设备有何特点？

3. 汽车蓄电池为什么会硫化？怎样才能避免和解决硫化？

4. 调节器为什么可以控制交流发电机的输出电压？

5. 交流发电机在使用过程中为什么要定期进行维护？

二、选择题

1. 蓄电池在放电过程中，其电解液的密度是（　　）。

A. 不断上升的　　B. 不断下降的　　C. 保持不变的

2. 蓄电池电解液的相对密度一般为（　　）。

A. 1.24 ~ 1.28　　B. 1.15 ~ 1.20　　C. 1.35 ~ 1.40

3. 蓄电池电解液的温度下降，会使其容量（　　）。

A. 增加　　B. 下降　　C. 不变

4. 蓄电池在补充充电过程中，第一阶段的充电电流应选取其额定容量的（　　）。

A. 1/10　　B. 1/15　　C. 1/20

5. 蓄电池在使用过程中，如发现电解液的液面下降，应及时补充（　　）。

A. 电解液　　B. 稀硫酸　　C. 蒸馏水

6. 蓄电池极板上的活性物质在放电过程中都转变为（　　）。

A. 硫酸铅　　B. 二氧化铅　　C. 铅

7. 下列原因（　　）可造成蓄电池硫化。

A. 大电流过充电　　B. 电解液液面过高　　C. 长期充电不足

8. 随着蓄电池放电电流的增大，其容量将（　　）。

A. 增大　　B. 不变　　C. 减小

9. 在讨论蓄电池结构时，甲说，12 V 蓄电池由 6 个单格电池并联组成；乙说，12 V 蓄电池由 6 个单格电池串联组成，你认为（　　）。

A. 甲正确　　B. 乙正确

C. 甲乙均正确

10. 铅蓄电池放电时，端电压逐渐（　　）。

A. 上升　　B. 趋于平衡　　C. 下降　　D. 不变

11. 在讨论蓄电池电极桩的连接时，甲说，脱开蓄电池电缆时，始终要先拆下负极电缆；乙说，连接蓄电池电缆时，始终要先连接负极电缆，你认为（　　）。

A. 甲正确　　B. 乙正确

C. 甲乙均正确

12．交流发电机中装在组件板上的二极管（　　）。

A．是正极管

B．是负极管

C．既可以是正极管也可以是负极管

13．发电机出现不发电故障，短接触点式调节器的“+”与 F 接线柱后，发电机开始发电，这说明故障出在（　　）。

A．发电机　　B．电流表　　C．调节器

14．交流发电机转子的作用是（　　）。

A．发出三相交流电动势

B．产生磁场

C．变交流为直流

15．发电机中性点输出的电压是发电机输出电压的（　　）。

A．1/2　　B．1/3　　C．1/4

16．交流发电机中产生磁场的装置是（　　）。

A．定子　　B．转子　　C．电枢　　D．整流器

17．发电机调节器是通过调整（　　）来调整发电机电压的。

A．发电机的转速　　B．发电机的励磁电流　　C．发电机的输出电流

18．外搭铁式电压调节器中的大功率三极管是接在调节器的（　　）。

A．“+”与“−”之间　　B．“+”与 F 之间　　C．F 与“−”之间

19．交流发电机所采用的励磁方法是（　　）。

A．自励　　B．他励　　C．先他励，后自励

三、判断题

1．在一个单格蓄电池中，负极板的片数总比正极板多一片。（　　）

2．将蓄电池的正、负极板各插入一片到电解液中，即可获得 12 V 的电动势。（　　）

3．在放电过程中，正负极板上的活性物质都转变为硫酸铅。（　　）

4．在放电过程中，蓄电池的放电电流越大，其容量就越大。（　　）

5．在定电压充电过程中，其充电电流也是定值。（　　）

6．免维护蓄电池在使用过程中不需补加蒸馏水。（　　）

7．蓄电池主要包括极板、隔板、电解液和外壳等。（　　）

8．蓄电池可以缓和电气系统中的冲击电压。（　　）

9．蓄电池正极板上的活性物质是二氧化铅，负极板上的活性物质是海绵状纯铅。（　　）

10．蓄电池极板硫化的原因主要是长期充电不足、电解液不足。（　　）

11．如果将蓄电池的极性接反，后果是有可能将发电机的磁场绕组烧毁。（　　）

12．为了防止冬天结冰，蓄电池电解液的密度越高越好。（　　）

13．电子调节器中稳压管被击穿时，其大功率三极管一定处于导通状态。（　　）

14．在三相桥式整流电路中，每个二极管导通的时间占整个周期的 1/2。（　　）

15．内搭铁电子调节器和外搭铁调节器可以互换使用。（ ）
16．交流发电机的励磁方法为：先他励，后自励。（ ）
17．交流发电机的定子绕组通常为星形接法，整流器为三相桥式整流电路。（ ）
18．通过检查发电机的励磁电路和发电机本身，查不出不充电故障的具体部位。（ ）
19．交流发电机硅整流器中的正极管的负极为发电机的正极。（ ）
20．交流发电机中性点 N 的输出电压为发电机电压的一半。（ ）

第二章　商用车起动系检修

学习目标

1. 掌握常规起动机及减速起动机的组成、结构、工作原理。
2. 能正确拆装起动机，会检测起动机各个零部件。
3. 掌握起动系统的基本控制电路及工作原理。
4. 掌握其他起动系统的控制电路，正确阐述其工作过程。

第一节　起动系组成

汽车发动机由静止到运动必须有外力的作用，这个外力来源于汽车的起动机。目前汽车上的起动机动力源多来自电能，即起动机主要由电动机组成。电力起动具有操作简便、起动迅速的特点，并具有重复起动的能力，可以实现远距离控制，因此在现代汽车上广泛采用。

一、商用车起动系的功用和组成

起动系是商用车电气设备的重要组成部分，它的功能是当把点火开关旋至起动挡时，电动机产生转矩并开始转动，同时电磁开关把传动机构中的驱动齿轮推出，使其与发动机的飞轮齿圈啮合，这样就把电动机的转矩通过传动机构传递给飞轮，使发动机起动。如图 2—1 所示，起动系统主要由起动机、蓄电池、传动机构、控制电路等组成。

二、商用车起动机的分类

目前商用车常见的起动机主要有以下三种。

1．电磁控制强制啮合式起动机（常规起动机）

磁极一般采用电磁铁，传动机构中一般只是由简单的驱动齿轮、单向离合器和拨叉等组成，无特殊结构和装置。

2．永磁起动机

电动机的磁极用永磁材料制成，取消了磁场线圈，可以使结构简化，体积小、质量小。

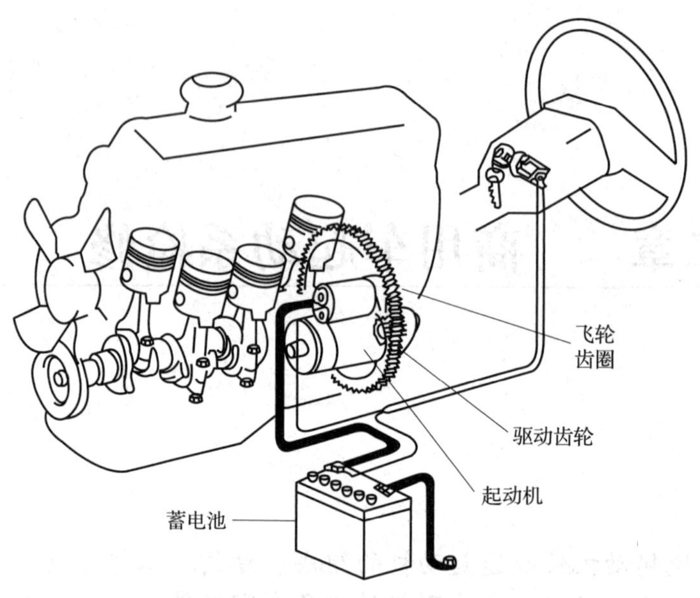

图 2—1　商用车起动系统

3．减速起动机

采用高速、小型、低力矩电动机，在传动机构中设有减速装置。质量和体积比普通起动机可减小 30% ~ 35%，但结构和工艺比较复杂。

三、常规起动机的组成、结构和工作原理

常规起动机一般由直流串励式电动机、传动机构和控制装置（也称电磁开关）三部分组成，如图 2—2 所示。

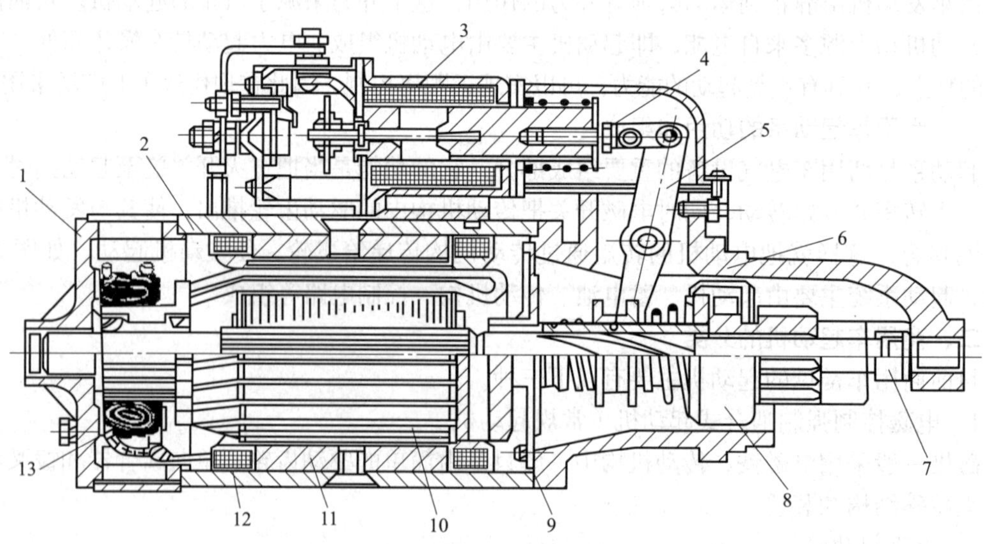

图 2—2　常规起动机的基本结构

1—前端盖　2—机壳　3—电磁开关　4—调节螺钉　5—拨叉　6—后端盖　7—限位螺钉　8—单向离合器　9—中间轴承支承板　10—电枢　11—铁芯　12—磁场线圈　13—电刷

1．直流串励式电动机

直流电动机的作用是产生力矩，如图 2—3 所示，一般均采用直流串励式电动机。串励是指电枢绕组与磁场绕组串联。

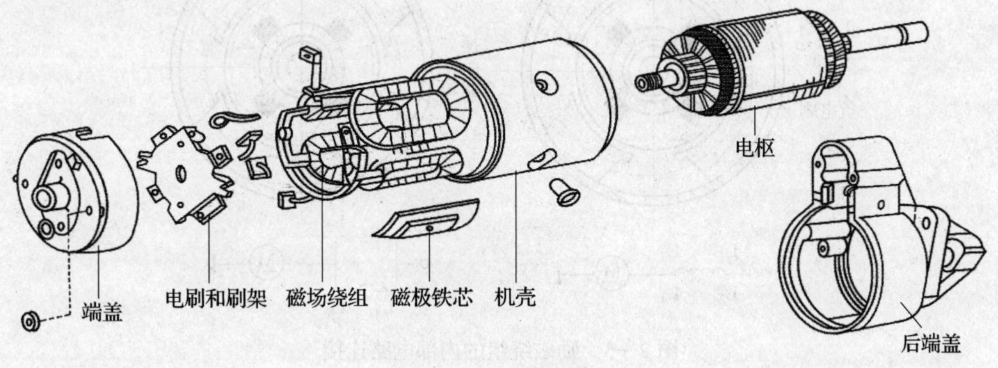

图 2—3　直流电动机

（1）磁极。磁极的作用是产生电枢转动时所需要的磁场，它由固定在机壳上的磁极铁芯和磁场绕组组成，如图 2—4 所示。图 2—5 所示为励磁绕组的内部电路连接方法，励磁绕组一端接在外壳的接线柱上，另一端与两个非搭铁电刷相连。

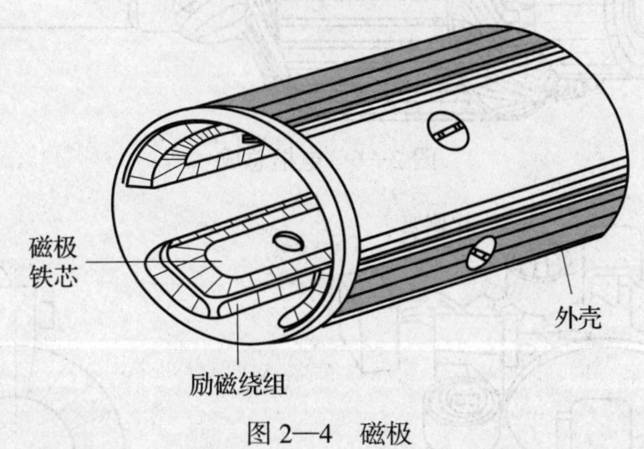

图 2—4　磁极

（2）电枢。如图 2—6 所示为电枢总成，由外圆带槽的硅钢片叠成的铁芯和电枢绕组组成，磁场绕组和电枢一般采用矩形断面的裸铜线绕制。换向器装在电枢轴上，它由许多换向片组成。换向片嵌装在轴套上，各换向片之间均用云母绝缘。

（3）电刷。电刷和换向器配合作用。它主要用来连接磁场绕组和电枢绕组的电路，并使电枢轴上的电磁力矩保持固定方向。

电刷装在端盖上的电刷架上，电刷弹簧使电刷与换向片之间具有适当的压力，以保持接触，如图 2—7 所示。

以四磁极电动机为例，其中两个电刷与机壳绝缘，电流通过这两个电刷进入电枢绕组，另外两个为搭铁电刷，通过电枢绕组的电流使这两个电刷搭铁。

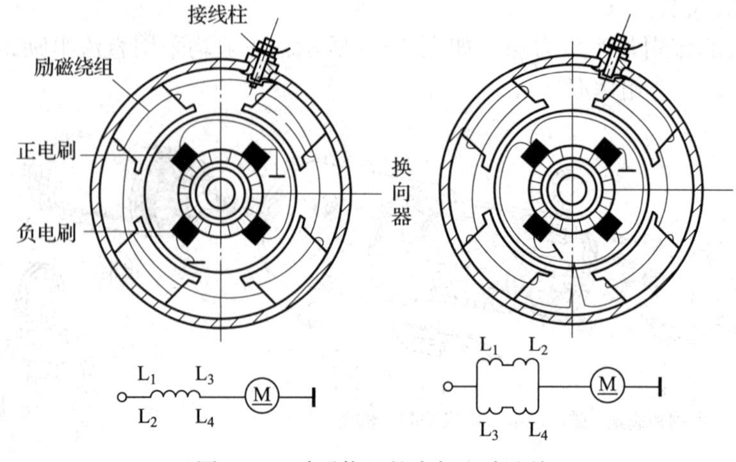

图 2—5　励磁绕组的内部电路连接

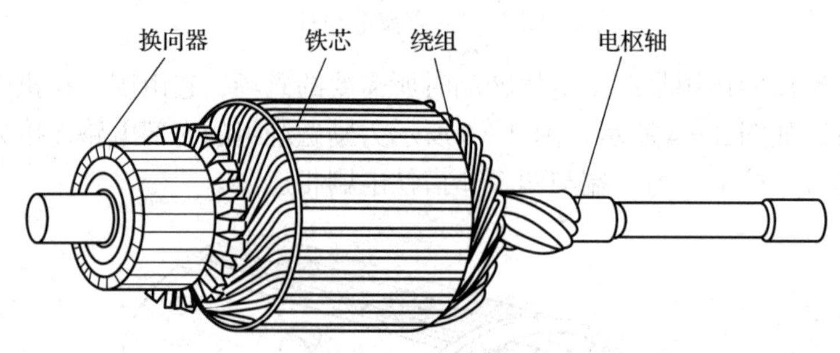

图 2—6　电枢总成

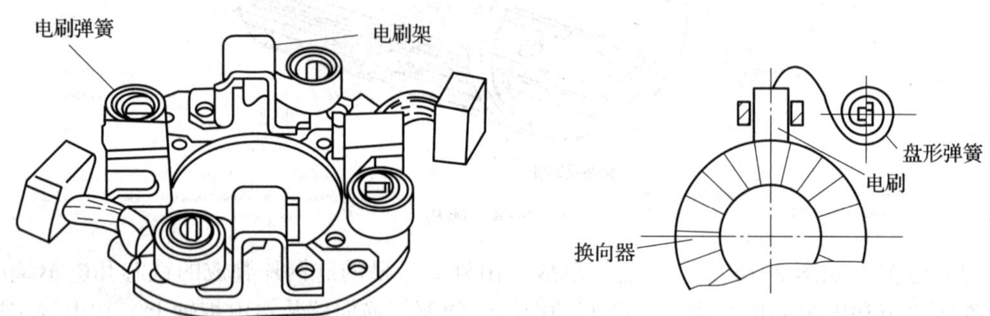

图 2—7　电刷及电刷架的组合

（4）机壳。机壳是电动机的磁极和电枢的安装机体，其中一端有 4 个检查窗口，便于进行电刷和换向器的维护，同时起动机的电磁开关也安装在机壳上，其上有一绝缘接线端，是电动机电流的引入线。

（5）直流电动机的工作原理。直流电动机的基本工作原理是：通电的导体在磁场中会受电磁力的作用，电磁力的方向遵循左手定则，如图 2—8 所示，两片换向片分别与环状线圈的两端连接，电刷一端与两片换向器片相接触，另一端分别接蓄电池的正极和负极。在环状线圈中，电流的方向交替变化。用左手定则判断可知，环状线圈在电磁力矩作用下按顺时针方向连续转动，这样在电源连续对电动机供电时，其线圈就不停地按同一方向转动。为了增大输出力矩并使运转均匀，实际的电动机中电枢采用多匝线圈。随线圈匝数的增多，换向片的数量也要增多。

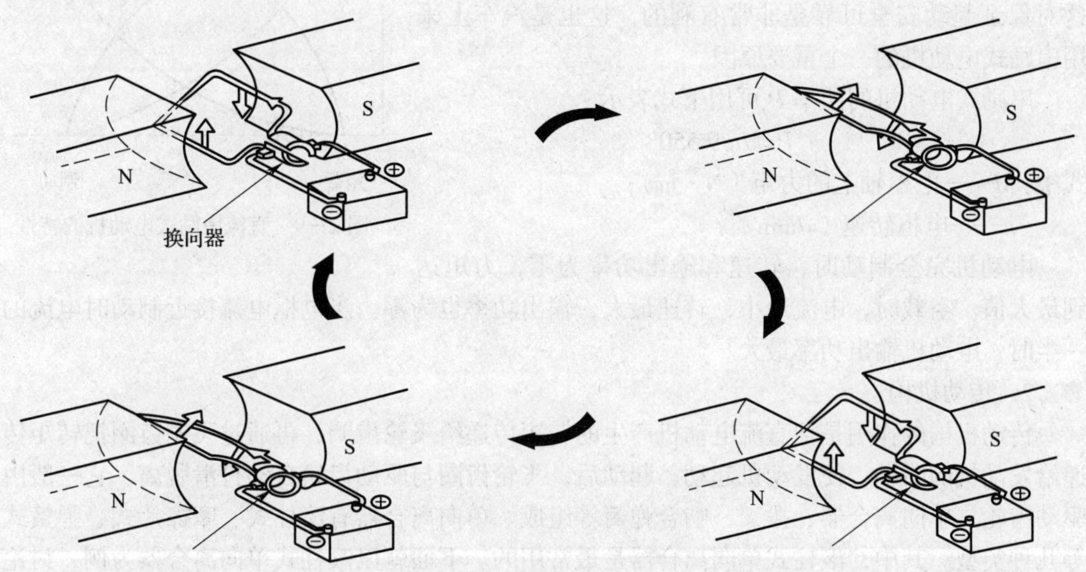

图 2—8　直流电动机的原理图

（6）直流电动机的工作特性。直流电动机工作时有以下特性：电动机中电流越大，电动机产生的转矩就越大；电动机的转速越高，电枢线圈中产生的反电动势就越大，电流随之下降。电动机在初始起动期间和稳定起动期间各项指标的比较如表 2—1 所示。

表 2—1　　电动机在初始起动期间和稳定起动期间各项指标的比较

阶段 项目	初始起动期间	稳定起动期间
电动机速度	较低	较高
电动机电流	较大	较小
电动机产生的转矩	较大	较小
电枢中的反向电动势	较小	较大

如图 2—9 所示为直流串励式电动机的特性曲线，其中曲线 M、n 和 P 分别代表力矩特性、转速特性和功率特性。

结合表 2—1 和图 2—9 可知，在起动机起动的瞬间，电枢转速为零，电枢电流达到最大值，力矩也相应达到最大值、使发动机的起动变得容易，这是汽车起动机采用串励式电动机的主要原因。

串励式电动机输出力矩较大时，电枢电流也大，电动机转速随电流的增加而急剧下降；

反之，输出力矩较小时，电动机转速又随电枢电流的减小而很快上升。

串励式电动机具有轻载转速高，重载转速低的特性，这对保证起动安全可靠是非常有利的，这也是汽车上采用串励式电动机的一个重要原因。

串励式电动机的功率 P 可用下式表示：

$$P=Mn/9\ 550$$

式中：M——电枢轴上的力矩（N·m）；

n——电枢转速（r/min）。

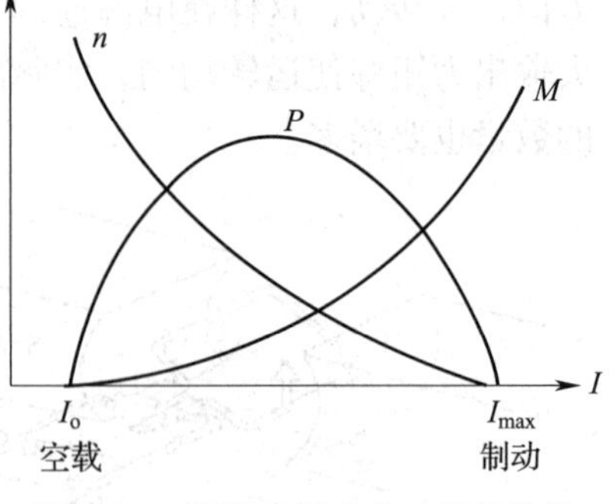

图 2—9　直流串励式电动机的特性

电动机完全制动时，转速和输出功率为零，力矩达到最大值。空载时，电流最小，转速最大，输出功率也为零。当电枢电流接近制动时电流的一半时，电动机输出功率最大。

2. 传动机构

传动机构的作用是把直流电动机产生的转矩传递给飞轮齿圈，再通过飞轮齿圈把转矩传递给发动机的曲轴，使发动机起动；起动后，飞轮齿圈与驱动齿轮自动打滑脱离。它一般由驱动齿轮、单向离合器、拨叉、啮合弹簧等组成。单向离合器有滚柱式、摩擦片式、弹簧式等几种类型。其中，滚柱式单向离合器是最常用的。下面就以滚柱式单向离合器为例，讨论其结构和工作原理。

（1）滚柱式单向离合器的构造。如图 2—10 所示，滚柱式单向离合器的驱动齿轮与外壳制成一体，外壳内装有十字块和 4 套滚柱以及压帽和弹簧。十字块与花键套筒固定连接，壳底与外壳相互扣合密封。

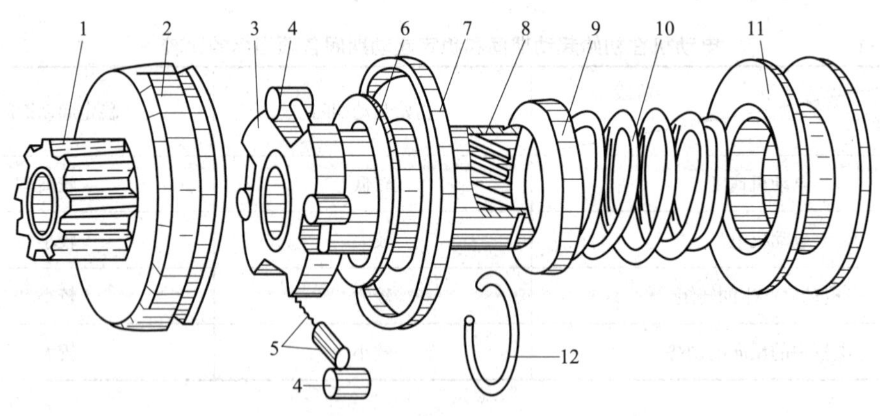

图 2—10　滚柱式单向离合器

1—驱动齿轮　2—外壳　3—十字块　4—滚柱　5—压帽和弹簧　6—垫圈　7—护盖　8—花键套筒　9—弹簧座　10—啮合弹簧　11—拨环　12—卡簧

花键套筒的外面装有啮合弹簧及弹簧座，末端安装拨环和卡簧。整个离合器总成套装在电动机轴的花键部位上，可做轴向移动和随轴转动。在外壳与十字块之间形成 4 个宽窄不等的楔形槽，槽内分别装有一套滚柱、压帽和弹簧。滚柱的直径略大于楔形槽窄端，略小于楔形槽的宽端。

（2）工作过程。滚柱式单向离合器受力分析如图 2—11 所示。当起动机电枢旋转时，转矩经套筒带动十字块旋转，滚柱滚入楔形槽窄端，将十字块与外壳卡紧，使十字块与外壳之间能传递力矩，如图 2—11a 所示。发动机起动以后，飞轮齿圈会带动驱动齿轮旋转。当转速超过电枢转速时，滚柱滚入宽端打滑，这样发动机的力矩就不会传递至起动机，起到保护起动机的作用，如图 2—11b 所示。

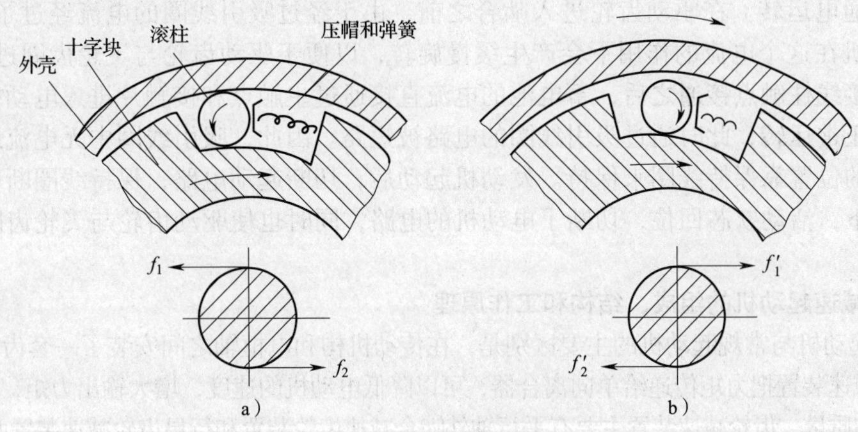

图 2—11　滚柱的受力及作用示意图

a）起动时　b）起动后

3. 控制装置

电磁控制装置在起动机上称为电磁开关，它的作用是控制驱动齿轮与飞轮齿圈的啮合与分离，并控制电动机电路的接通与切断。在现代汽车上，起动机均采用电磁式控制电路，电磁式控制装置是利用电磁开关的电磁力操纵拨叉，使驱动齿轮与飞轮啮合或分离。

（1）电磁控制装置的组成。如图 2—12 所示，电磁开关主要由吸引线圈、保持线圈、复位弹簧、活动铁芯、接触片等组成。其中，端子 C 接点火开关，端子 30 直接接电源。

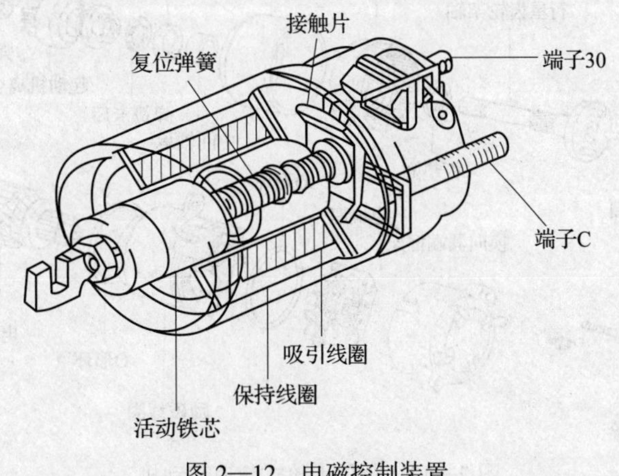

图 2—12　电磁控制装置

（2）基本工作过程。电磁控制装置主要的工作过程见起动系统控制电路图 2—46 所示。当点火开关接通后，保持线圈的电流经起动机端子 50 进入，经线圈后直接搭铁，吸引线圈的电流也经起动机端子 50 进入，但通过线圈后未直接搭铁，而是进入电动机的励磁线圈和电枢后再搭铁。两线圈通电后产生较强的电磁力，克服复位弹簧弹力使活动铁芯移动，一方面通过拨叉带动驱动齿轮移向飞轮齿圈并与之啮合，另一方面推动接触片移向端子 50 和端子 C 的触点，在驱动齿轮与飞轮齿圈进入啮合后，接触片将两个主触点接通，使电动机通电运转。在驱动齿轮进入啮合之前，由于经过吸引线圈的电流经过了电动机，所以电动机在这个电流的作用下会产生缓慢旋转，以便于驱动齿轮与飞轮齿圈进入啮合。在两个主接线柱触点接通之后，蓄电池的电流直接通过主触点和接触片进入电动机，使电动机进入正常运转，此时通过吸引线圈的电路被短路。因此，吸引线圈中无电流通过，主触点接通的位置靠保持线圈来保持。发动机起动后，切断起动电路，保持线圈断电，在弹簧的作用下，活动铁芯回位，切断了电动机的电路，同时也使驱动齿轮与飞轮齿圈脱离啮合。

四、减速起动机的组成、结构和工作原理

减速起动机与常规起动机的主要区别是，在传动机构和电枢轴之间安装了一套齿轮减速装置，通过减速装置把力矩传递给单向离合器，可以降低电动机的速度，增大输出力矩，减小起动机的体积和质量。齿轮减速装置主要有平行轴外啮合减速齿轮装置和行星齿轮减速装置两种形式，本书主要讲述行星齿轮减速起动机。

行星齿轮减速起动机的结构如图 2—13 所示。

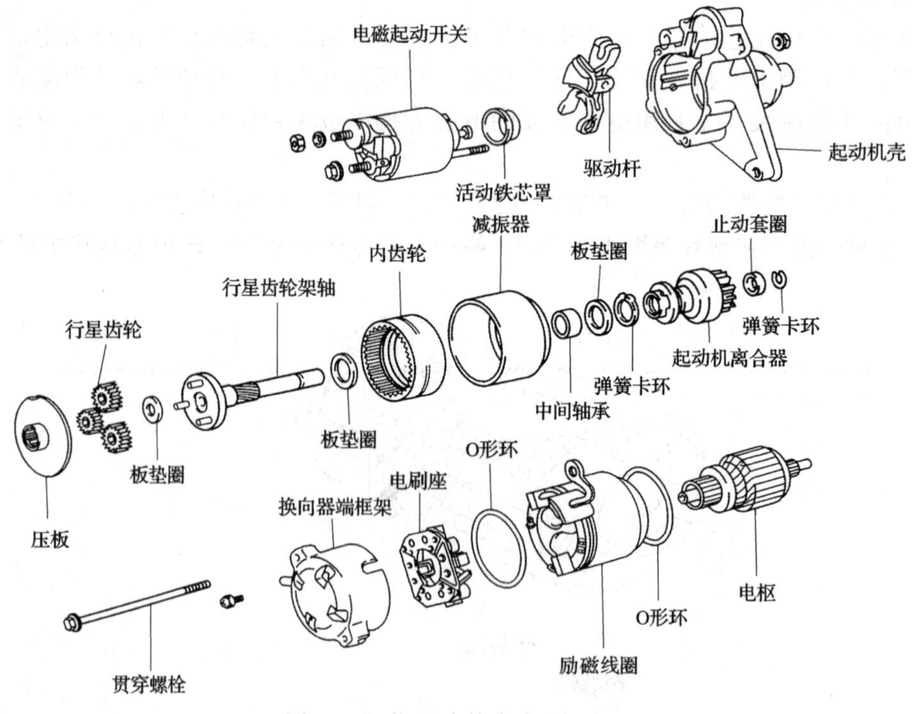

图 2—13　行星齿轮式减速起动机

（1）电动机。该电动机的结构有两类，一类与常规起动机类似，采用励磁线圈产生磁场，另一类采用永久磁铁磁场代替励磁绕组，减小了起动机的体积，提高了起动性能。

（2）传动机构及减速齿轮装置。起动机的传动机构采用滚柱式单向离合器，用拨叉拨动驱动齿轮使之移动。其结构与工作过程和传统式起动机类似。图 2—14 所示为拨叉的位置。

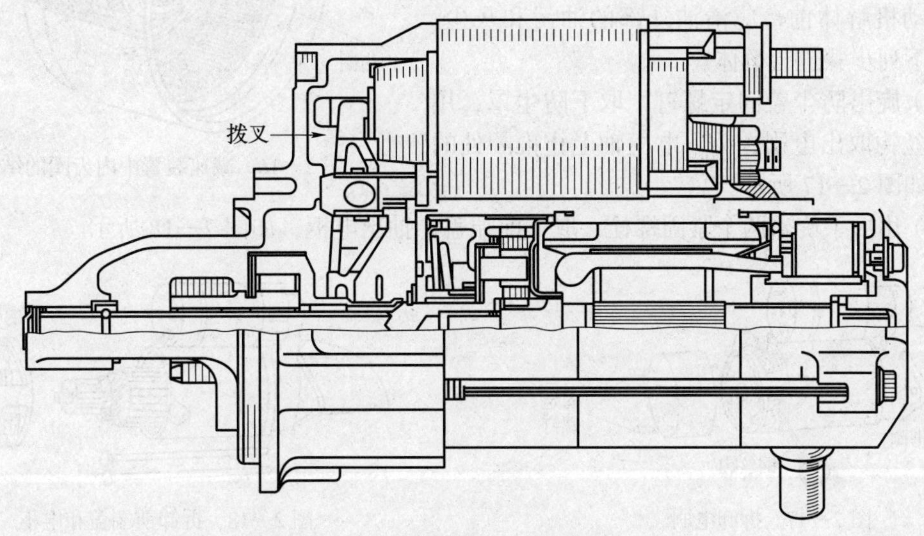

图 2—14　行星齿轮减速起动机的拨叉位置

行星齿轮减速装置中设有三个行星齿轮，一个太阳轮（电枢轴齿轮）及一个固定的内齿圈，其结构如图 2—15 所示。

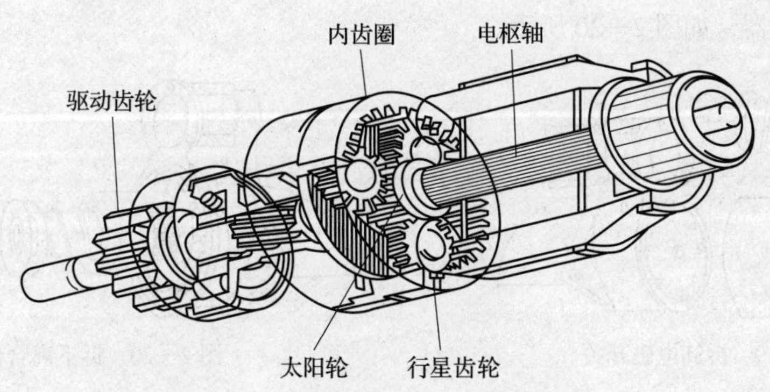

图 2—15　行星齿轮减速装置结构

内齿圈固定不动，行星齿轮支架是一个具有一定厚度的圆盘，圆盘和驱动齿轮轴制成一体。三个行星齿轮连同齿轮轴一起压装在圆盘上，行星齿轮在轴上可以边自转边公转。驱动齿轮轴一端制有螺旋键齿，与离合器传动导管内的螺旋键槽配合。

如图 2—16 所示，为了防止起动机中过大的扭力对齿轮造成损坏，弹簧垫圈把离合器片压紧在内齿圈上，当内齿圈受到过大的力矩时，离合器片和弹簧垫圈可以吸收过大的力矩。

该起动机的控制装置和常规起动机相似，此处不再作分析。

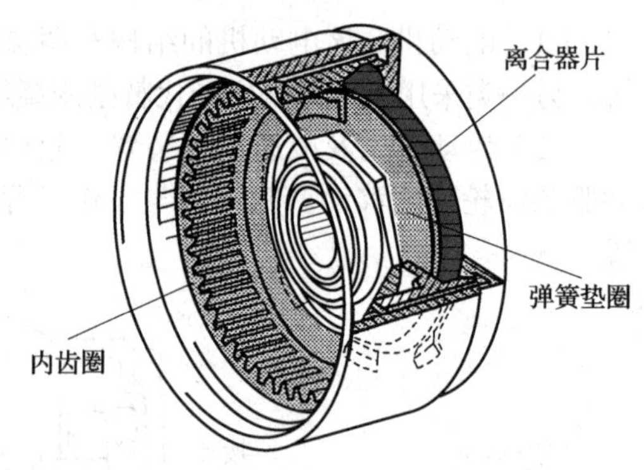

图 2—16　减速装置中内齿圈的结构

五、常规起动机的拆装

1. 起动机的分解

起动机解体前，应清洁外部的油污和灰尘，然后按下列步骤进行解体。

（1）旋出防尘盖固定螺钉，取下防尘罩，用专用钢丝钩取出电刷；拆下电枢轴上止推圈处的卡簧，如图 2—17 所示。

（2）用扳手旋出两个紧固螺栓，取下前端盖，抽出电枢，如图 2—18 所示。

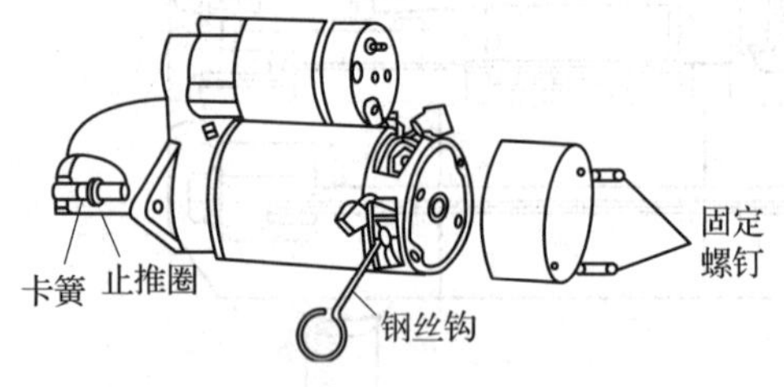

图 2—17　拆卸电刷

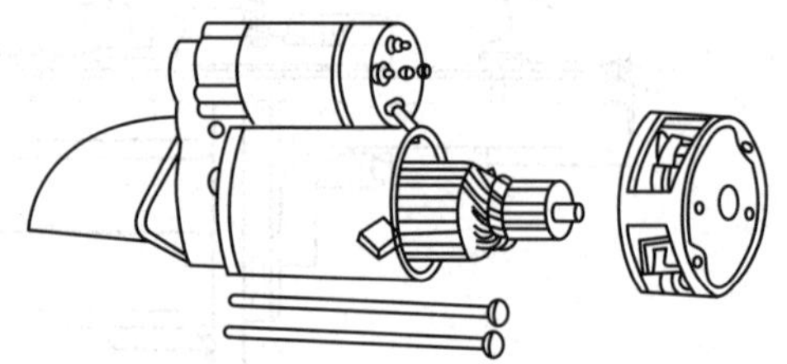
图 2—18　拆卸前端盖和电枢

（3）拆下电磁开关主接线柱与电动机接线柱之间的导电片；旋出后端盖上的电磁开关紧固螺钉，使电磁开关后端盖与中间壳体分离，如图 2—19 所示。

（4）从后端盖上旋下中间支承板紧固螺钉，取下中间支承板，旋出拨叉轴销螺钉，抽出拨叉，取出离合器，如图 2—20 所示。

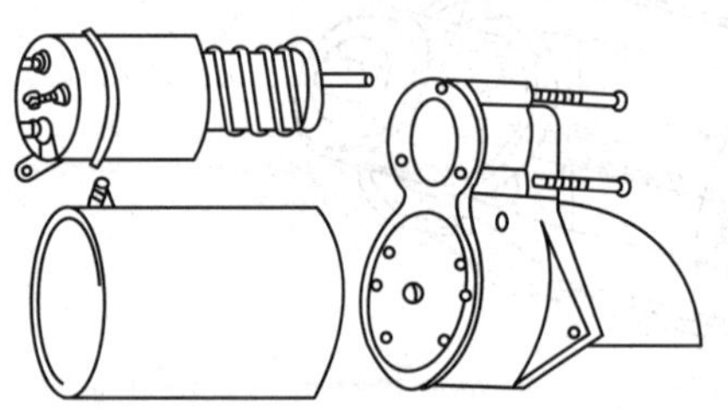
图 2—19　拆卸电磁开关

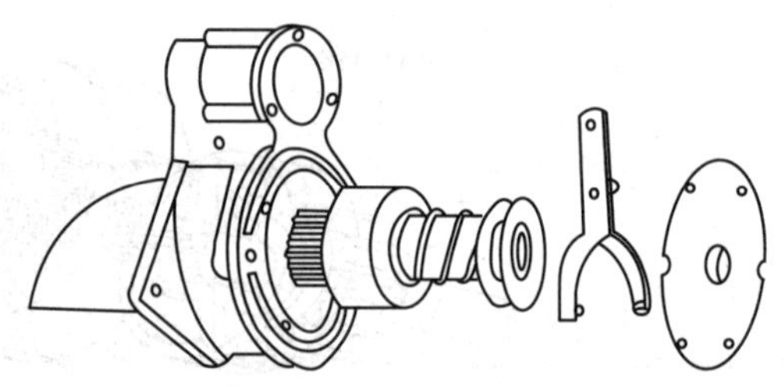
图 2—20　拆下离合器

（5）将已解体的机械部分浸入清洗液中清洗，电气部分用棉纱蘸少量汽油擦拭干净。必要时，可分解电磁开关，其步骤是：拆下电磁开关前端固定螺钉，取下前端盖；取下锁片、触盘、弹簧，抽出引铁；取下固定铁芯卡簧及固定铁芯，抽出铜套及吸引线圈和保持线圈。

2. 起动机的装复

起动机装复时按分解时的相反步骤进行。

装复的一般步骤是：先将离合器和移动拨叉装入后端盖内，再装中间轴承支承板，将电枢轴装入后端盖内，装上电动机外壳和前端盖，并用长螺栓连接，然后装电刷和防尘罩，装起动机开关。

3．起动机的检测

起动机的检测分为解体检测和不解体检测两种。解体检测随分解过程一同进行；不解体检测可以在拆卸之前或装复以后进行。

（1）起动机的不解体检测。在进行起动机的解体之前，最好进行不解体检测，通过不解体的性能检测大致可以找出故障。起动机组装完毕之后也应进行性能检测，以保证起动机正常运行。在进行以下的检测时，应尽快完成，以免烧坏电动机的线圈。

1）吸引线圈性能测试。先把励磁线圈的引线断开，按照图 2—21 所示的方法连接蓄电池与电磁起动开关。

2）保持线圈性能测试。接线方法如图 2—22 所示。在驱动齿轮移出之后从端子 C 上拆下导线。

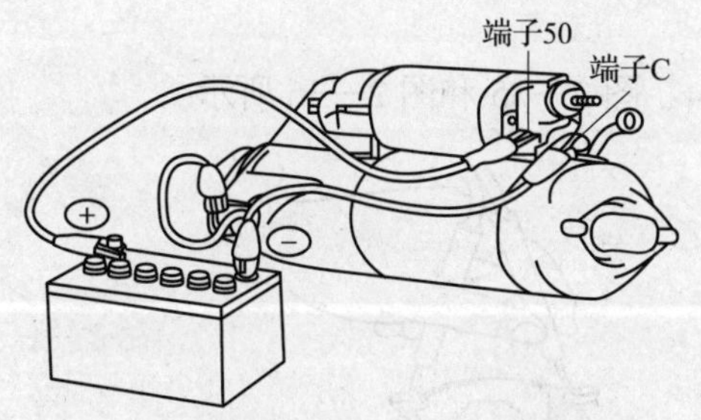

图 2—21　电磁开关吸引线圈功能试验

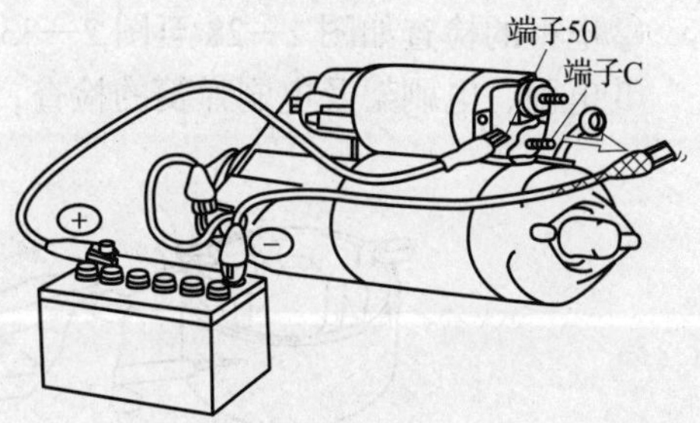

图 2—22　电磁开关保持线圈功能试验

3）驱动齿轮回位测试。测试方法如图 2—23 所示。

4）驱动齿轮间隙的检查。按照图 2—24 所示，连接蓄电池和电磁开关，并按照图 2—25 所示，进行驱动齿轮间隙的测量。

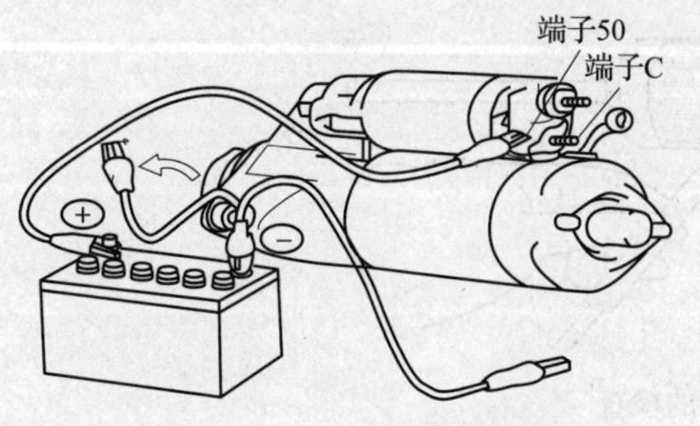

图 2—23　驱动齿轮回位测试

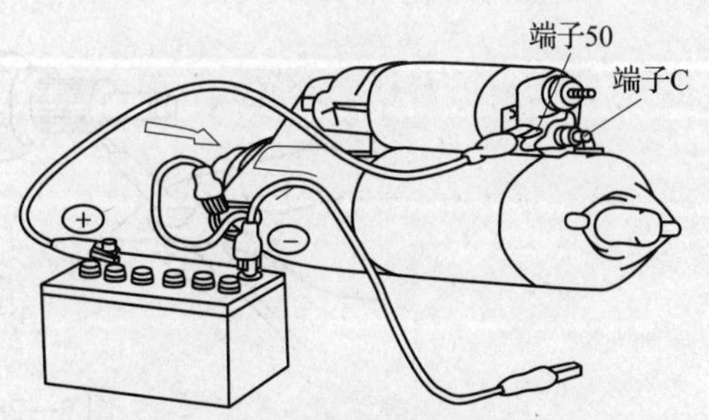

图 2—24　驱动齿轮间隙检查时的接线

5）空载检测。①固定起动机。②按照图 2—26 所示的方法连接导线。③检查时起动机应平稳运转，同时驱动齿轮应移出。④读取安培表的数值，应符合标准值。⑤断开端子 50 后，起动机应立即停止转动，同时驱动齿轮缩回。

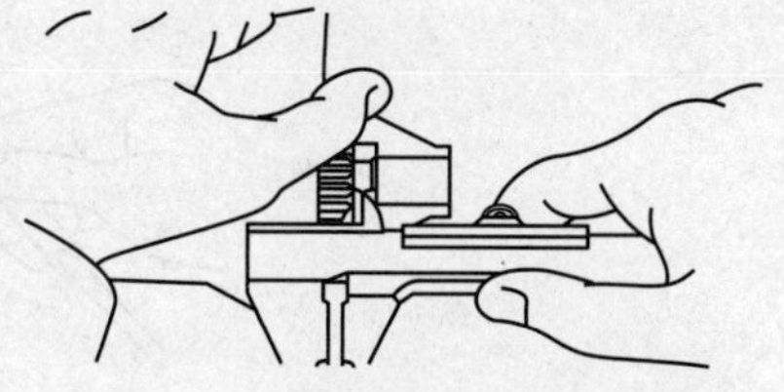

图 2—25　驱动齿轮间隙的测量

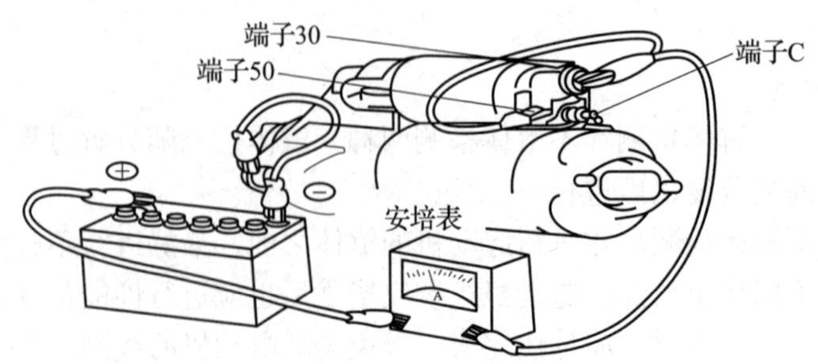

图 2—26　起动机的空载检测

（2）起动机的解体检测：

1）直流电动机的检查。

①磁场绕组的检查如图 2—27 所示。

②电枢的检查如图 2—28 至图 2—33 所示。

③电刷、电刷架及电刷弹簧的检查，如图 2—34、图 2—35 和图 2—36 所示。

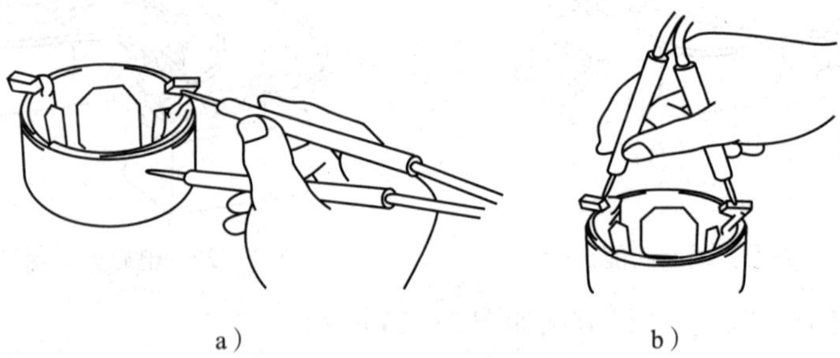

a）　　　　b）

图 2—27　磁场绕组及其外壳的检查

a）不导通　b）导通

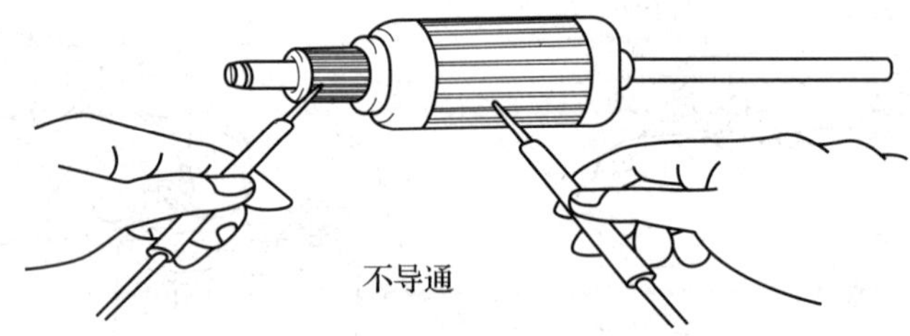

图 2—28　换向器的检查

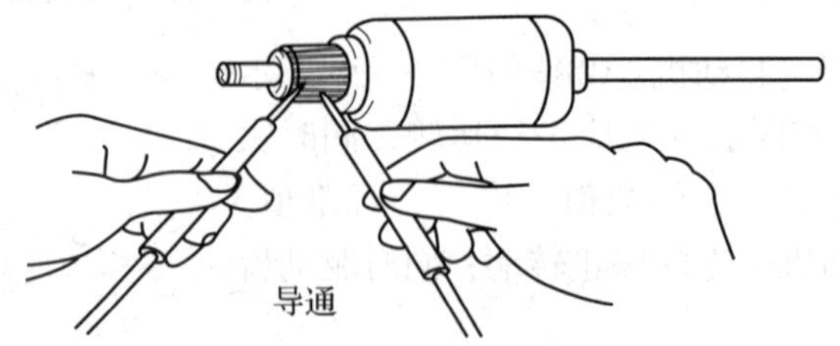

图 2—29　电枢绕组（换向片与换向片间）的检查

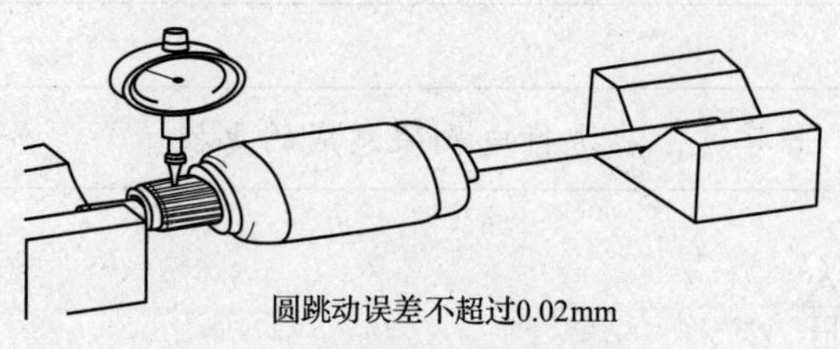

图 2—30　换向器圆跳动检查

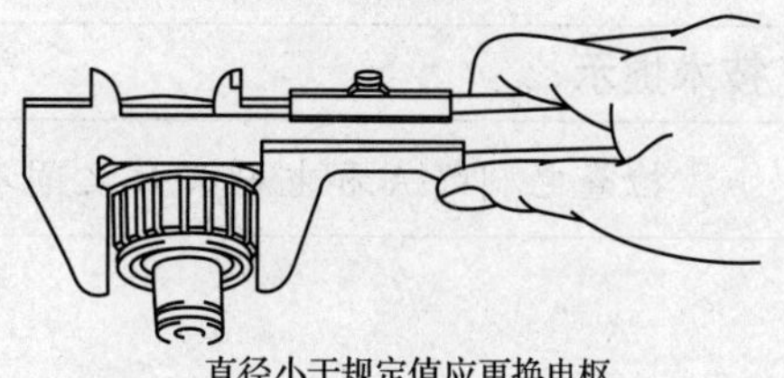

图 2—31　换向器最小直径的检查

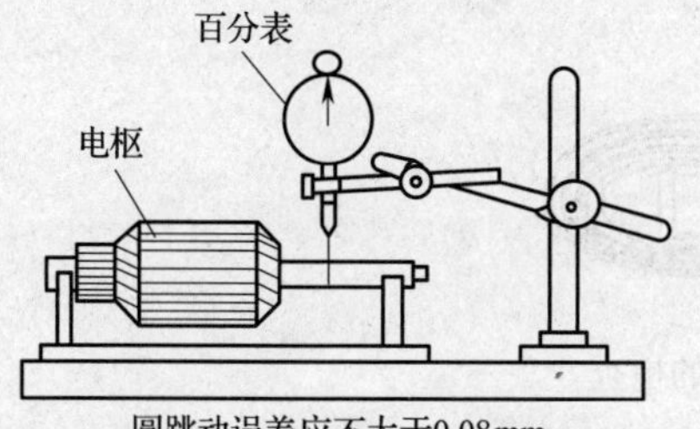

图 2—32　电枢轴跳动检查

图 2—33　接触器绝缘片的检查

技术提示

绝缘片应洁净，无异物，厚度为 0.5 ~ 0.8 mm，最大厚度为 0.2 mm，太厚应使用锉刀进行修整。

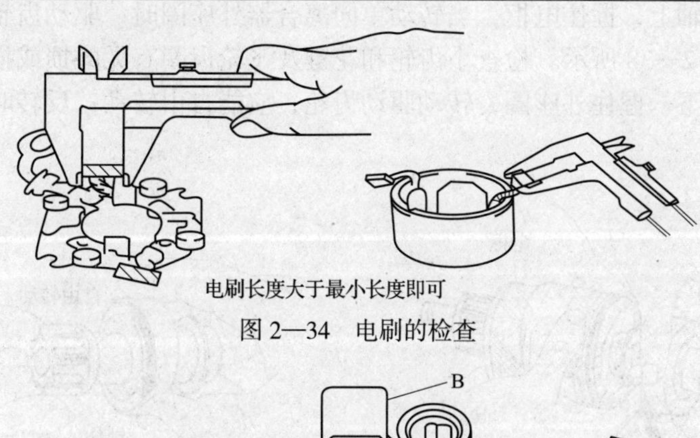

图 2—34　电刷的检查

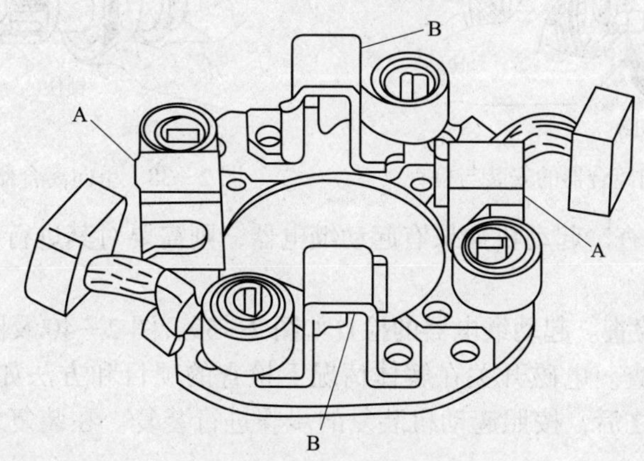

图 2—35　电刷架的检查

技术提示

检查电刷架 A 和电刷架 B 之间不应导通。若导通，应进行电刷架总成的更换。

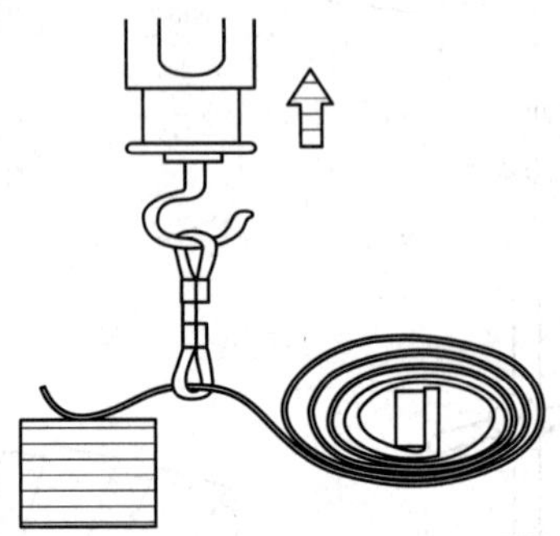

图 2—36　电刷弹簧的检查

技术提示

不同型号起动机的弹簧压力是不同的，若测得弹簧的张力不在规定的范围之内要更换电刷弹簧。

2）传动机构的检查。单向离合器的安装与检查如图 2—37 所示。将单向离合器及驱动齿轮总成装到电枢轴上，握住电枢，当转动单向离合器外座圈时，驱动齿轮总成应能沿电枢轴自动滑动，如图 2—38 所示。检查小齿轮和花键及飞轮齿圈有无磨损或损坏，在确保驱动齿轮无损坏的情况下，握住外座圈，转动驱动齿轮，应能自由转动；反转时应锁住，否则应更换单向离合器。

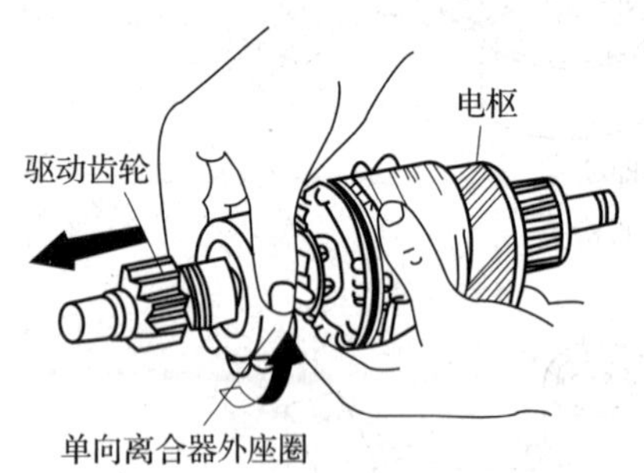

图 2—37　单向离合器的安装与检查

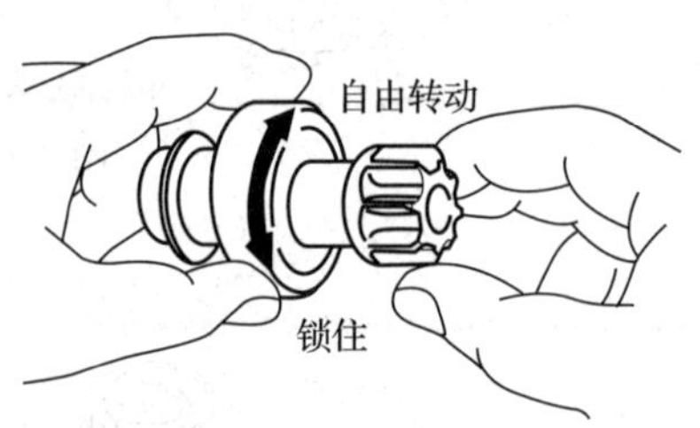

图 2—38　单向离合器的其他检查

3）电磁开关的检查。起动机如果有起动继电器，则需要对其进行检查。其检查项目和方法如下：

①起动继电器的检查。起动继电器的检查如图 2—39、图 2—40 及图 2—41 所示。

②电磁开关的检查。电磁开关在解体情况下检查的项目和方法如图 2—42 至图 2—45 所示。解体检查结束之后，按照起动机装复的步骤进行装复。在装复之后，应进行性能测试。

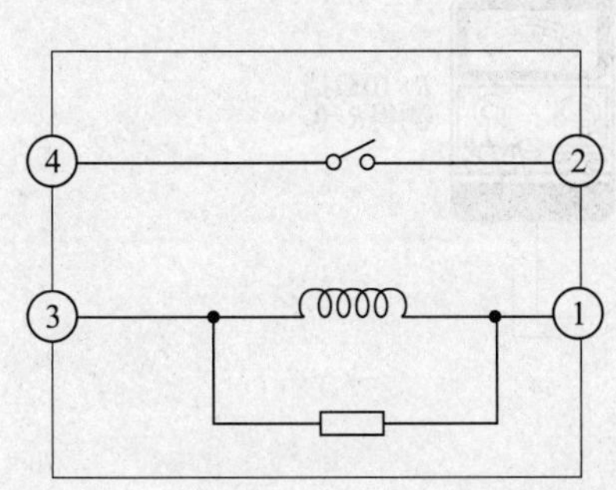

图 2—39　起动继电器内部电路

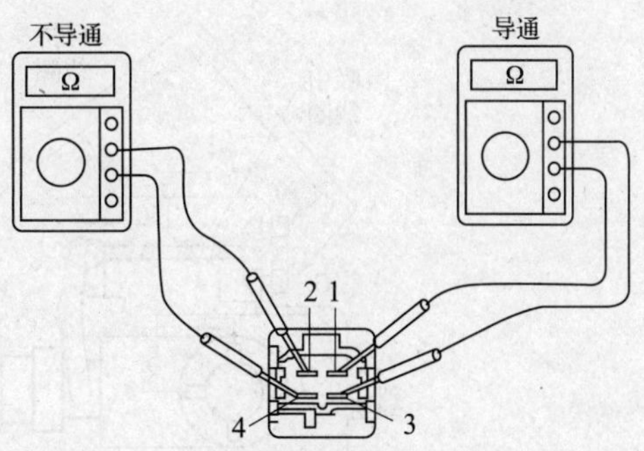

图 2—40　起动继电器线圈和开关的检查

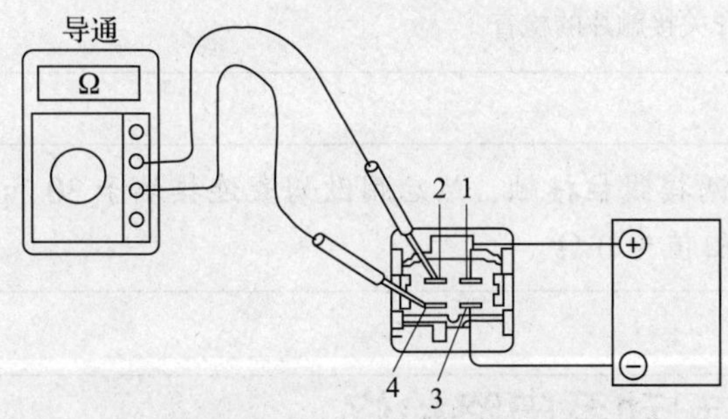

图 2—41　起动继电器工作情况的检查

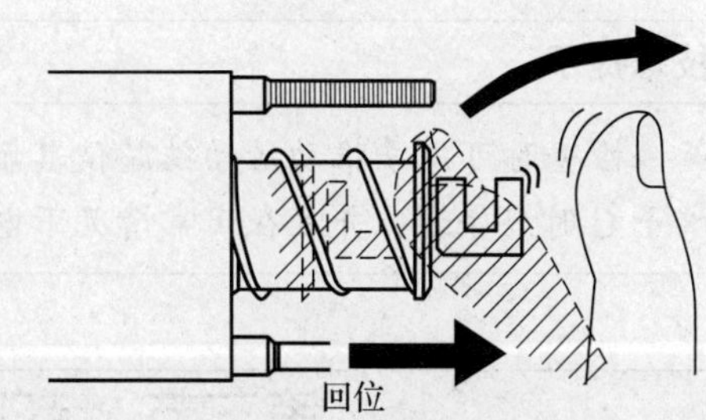

图 2—42　活动铁芯的检查

技术提示

推入活动铁芯，然后松开，活动铁芯应能迅速回位。

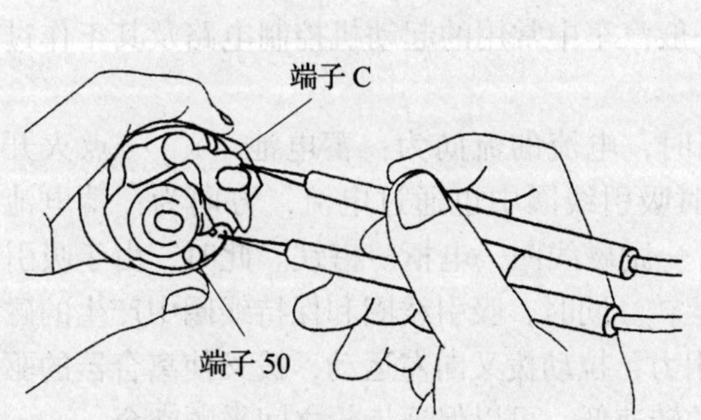

图 2—43　吸引线圈的断路检查

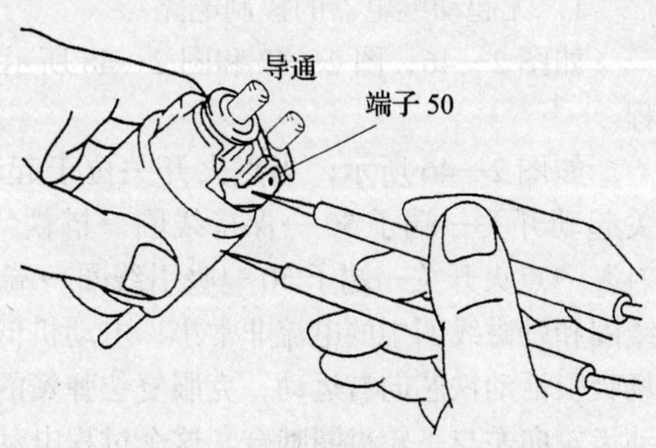

图 2—44　保持线圈的断路检查

技术提示

用欧姆表连接端子 50 和端子 C（或搭铁）时，应导通，并且电阻的阻值应在标准范围内；可以进行不解体检查。

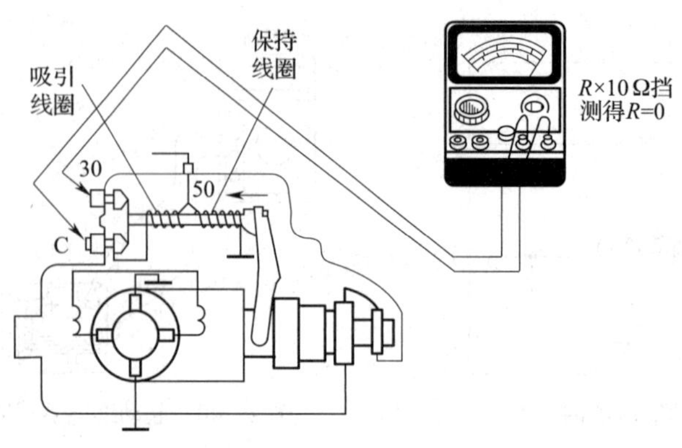

图 2—45　电磁开关接触片的检查

技术提示

检查时可用手推动活动铁芯使其触盘与两接线柱接触，然后用欧姆表连接端子 30 和端子 C 时应导通，并且在正常情况下电阻的阻值为 0 Ω。

第二节　商用车起动系电路检修

一、普通起动系控制电路

起动系的控制电路指除起动机本身电路以外的起动系电路。起动系的控制电路随车型的不同而有所不同，大体上可以分为无起动继电器的控制电路、带起动继电器的控制电路。

1. 无起动继电器的控制电路

如图 2—46、图 2—47 和图 2—48 所示为一般汽车中常用的起动机控制电路及其工作过程。

如图 2—46 所示，当点火开关位于起动挡时，电流的流向为：蓄电池“+”→点火开关起动开关→端子 50→保持线圈→搭铁，同时吸引线圈中也通过电流，方向为：蓄电池“+”→点火开关→端子 50→吸引线圈→端子 C→励磁线圈→电枢→搭铁。此时，由于吸引线圈和励磁线圈中的电流非常小，电动机低速运转。同时，吸引线圈和保持线圈中产生的磁场吸引活动铁芯向右运动，克服复位弹簧的作用力，拉动拨叉向左运动，拨叉使离合器的驱动齿轮向左与飞轮齿圈啮合。这个过程电动机的转速低，可以保证齿轮之间平顺啮合。

当驱动齿轮和飞轮齿圈完全啮合以后（如图 2—47 所示），与活动铁芯连在一起的接触片向右运动，与端子 30 及端子 C 接触，从而接通了主开关，通过起动机的电流增大，电动机的转速升高。而电枢轴上的花键使驱动齿轮和飞轮齿圈更加牢固地啮合。此时，吸引线圈两端的电压相等，所以无电流通过。保持线圈产生的磁场力使活动铁芯保持在原位不动，此时的电流方向分别为：蓄电池“+”→点火开关起动开关→端子 50→保持线圈→搭铁；蓄电池“+”→端子 30 接触片→端子 C→励磁线圈→电枢绕组→搭铁。

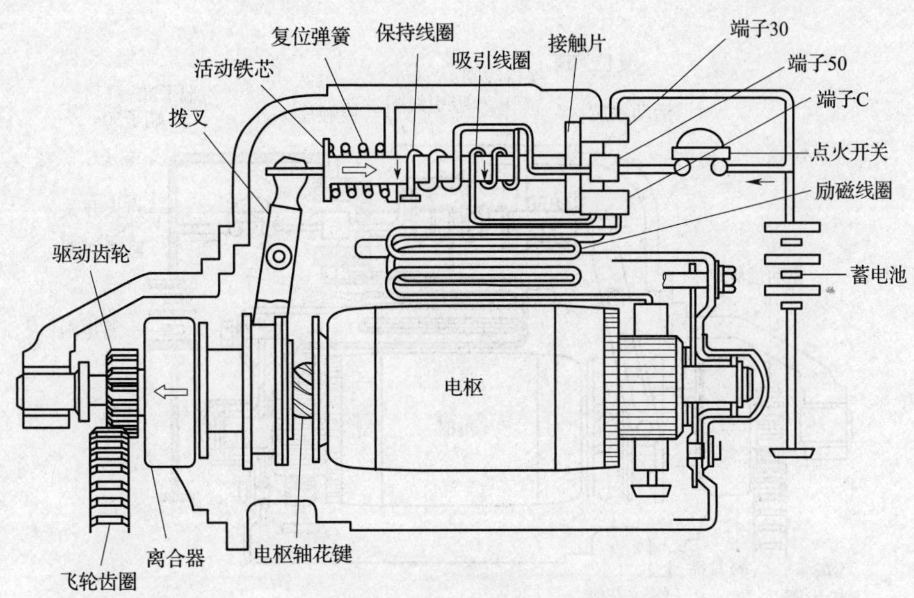

图 2—46　点火开关接通时的起动电路

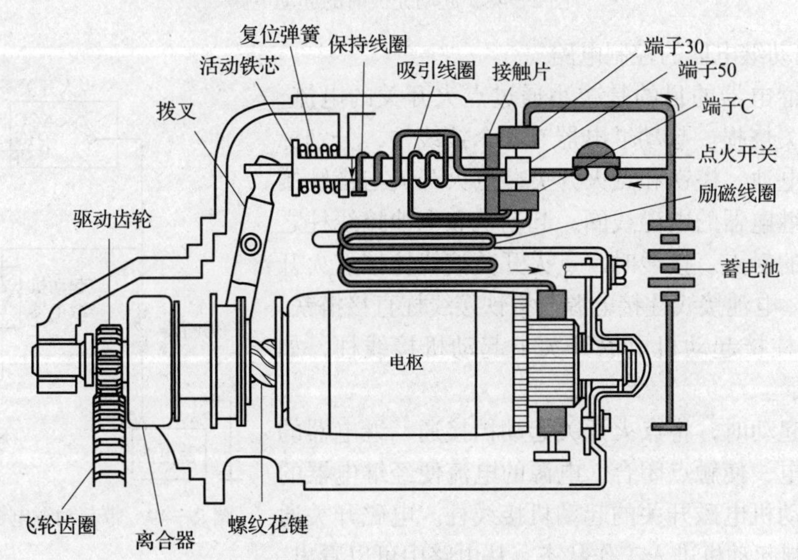

图 2—47　驱动齿轮和飞轮齿圈啮合时的起动电路

发动机起动以后，点火开关会从“START”挡回到“ON”挡，这就切断了端子 50 上的电压。这时，接触片和端子 30 及端子 C 仍保持接触。如图 2—48 所示，电路中的电流为：蓄电池“+”→端子 30→接触片→端子 C→吸引线圈→保持线圈→搭铁。

同时，电流还经过端子 C 励磁线圈→电枢→搭铁。由于此时吸引线圈和保持线圈的电流方向相反，产生的磁场力相互抵消，在复位弹簧的作用下，活动铁芯向左运动，使得驱动齿轮与飞轮齿圈脱离，同时，接触片和两个端子断开，切断电动机中的电流，整个起动过程结束。

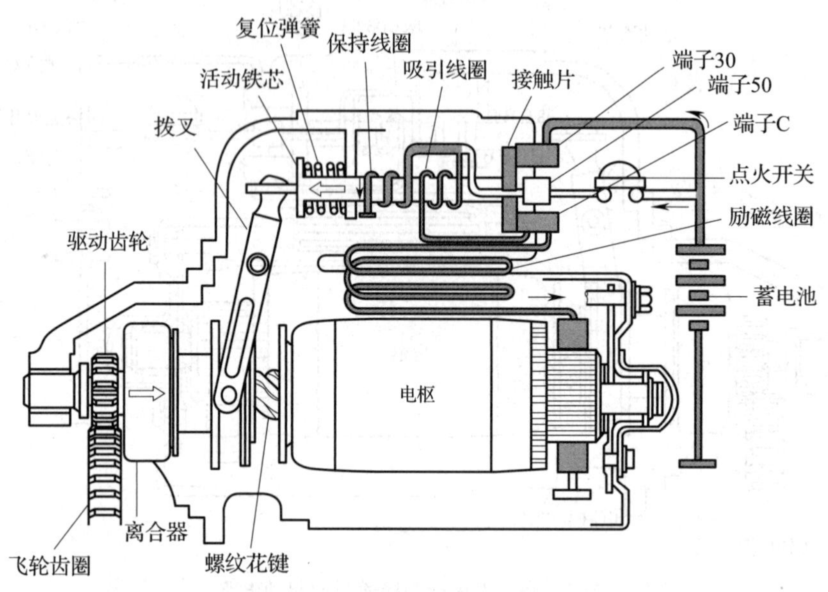

图 2—48　起动完成时的起动电路

2．带起动继电器的控制电路

装起动继电器的目的是减小通过点火开关的电流，防止点火开关烧损。起动继电器有 4 个接线柱，分别标有起动机、电池、搭铁和点火开关，点火开关与搭铁接线柱之间是继电器的电磁线圈，起动机和电池接线柱之间是继电器的触点。接线时，点火开关接线柱接点火开关的起动挡，电池接线柱接电源，搭铁接线柱直接搭铁，起动机接线柱接起动机电磁开关上起动机接线柱，如图 2—49 所示。

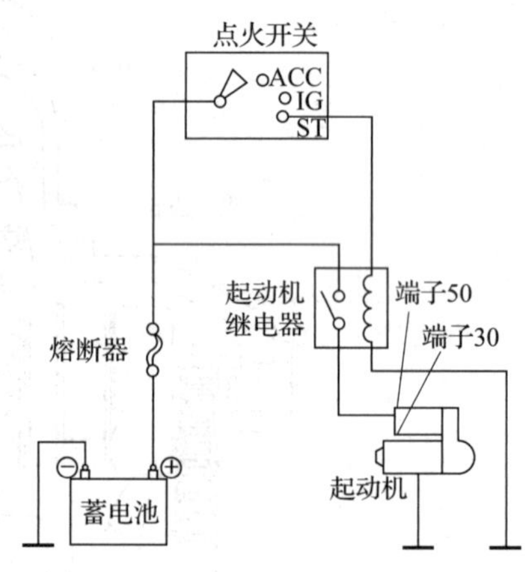

图 2—49　带起动继电器的控制电路

发动机起动时，将点火开关起动挡接通，继电器的电磁线圈通电，使触点闭合，电源的电流便经继电器的触点通往起动机电磁开关的起动机接线柱。电磁开关通电后，便控制起动机进入工作状态。从电路中可以看出，起动期间流经点火开关起动挡和继电器线圈的电流较小，大电流经过继电器开关流入起动机，保护了点火开关。起动过程的工作原理如前所述，此处不再重复。

3．陕汽重卡康明斯车型的起动电路

如图 2—50 所示为陕汽重卡康明斯车型的起动电路原理图。陕汽重卡起动系统电路包括起动机、蓄电池、起动继电器、起动保护继电器、钥匙开关、电源总开关等部件。

图 2—51 所示为起动保护继电器 K62 和起动继电器熔断器 F163 在电器板 A100 的位置图。

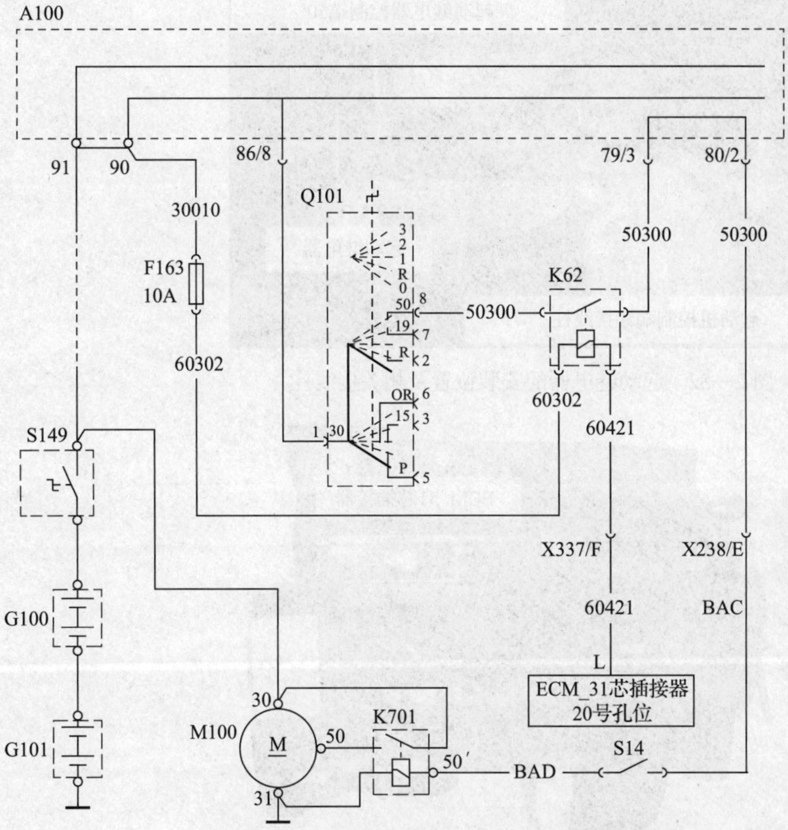

A100—电器装置板
ECM—（发动机）电控模块
F163—起动保护继电器熔断器
G100—蓄电池
G101—蓄电池
K62—起动保护继电器
K701—起动继电器
M100—起动机
Q101—钥匙开关
S14—空挡开关
S149—电源总开关
X238—35孔插接器
X337—35孔插接器（ECM）

图 2—50　陕汽重卡康明斯车型的起动电路原理图

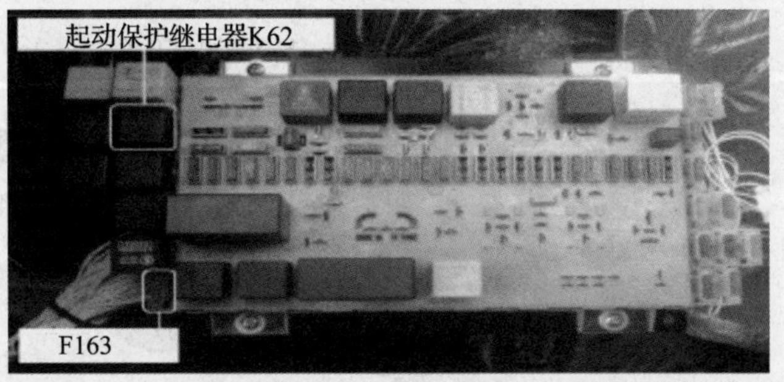

图 2—51　起动保护继电器 K62 和起动继电器熔断器 F163

如图 2—52 所示为陕汽重卡康明斯车型起动继电器的安装位置及相关接线柱的位置图。

如图 2—53 所示为起动保护回路中 ECM_31 芯插接器在发动机左侧的位置。

如图 2—54 所示，陕汽重卡康明斯车型起动机的搭铁与常规起动机不同，其搭铁靠的不是自身的壳体，而是专门引出了搭铁端接线柱。如果此端不连接，会导致起动机不起动。起动机的 30 接线柱在起动机上方的起动机电磁开关上，31 接线柱在起动电动机后端盖处，接线时注意勿将线束位置接错。

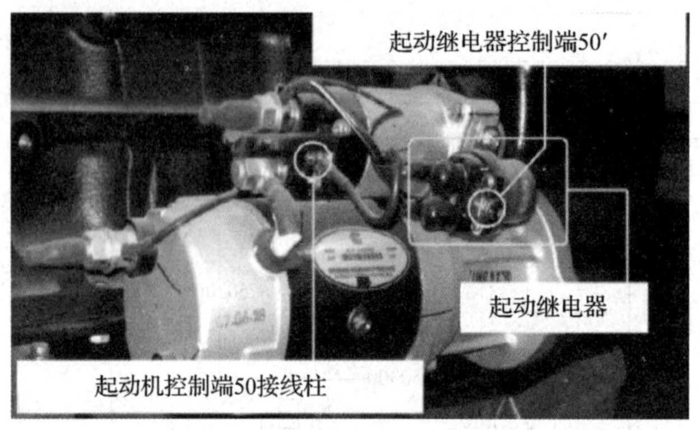

图 2—52　起动继电器的安装位置及相关接线柱

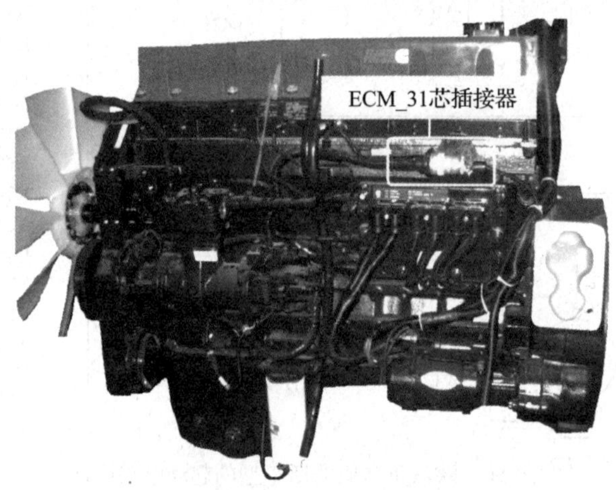

图 2—53　起动保护回路

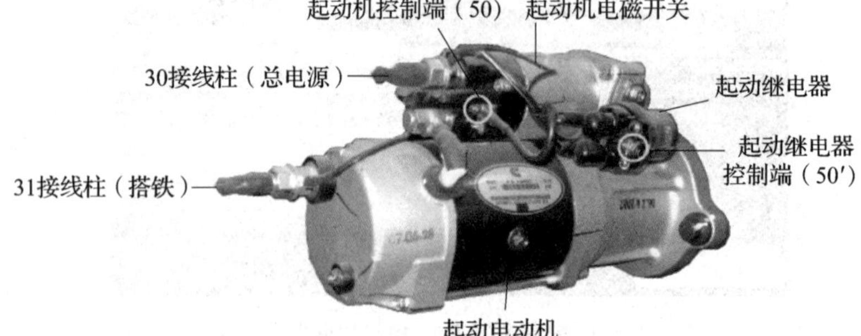

图 2—54　起动接线柱位置

二、起动系常见故障及其检修

以一般汽车起动系为例，分析起动系的故障（电路如图 2—46 所示）。其他汽车起动系统的诊断思路和方法大致相同。

1. 起动机不转

（1）故障现象。将点火开关旋至起动挡时起动机驱动齿轮不向外伸出，起动机不转。

（2）诊断思路与方法。此种故障可能由蓄电池及电路连接造成，也有可能由起动机本身造成，首先应进行区分，方法如下：用导线短接起动机电磁开关上的端子 30 和端子 C 两个接线柱。若起动机不转，说明电动机有故障，应解体检修；若起动机运转，说明电动机正常，故障在起动机本身以外的电路。

诊断流程如图 2—55 所示。

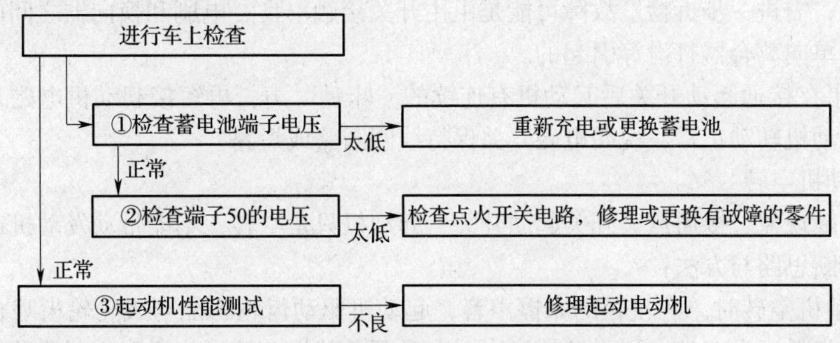

图 2—55　起动机不转故障诊断流程图

1）在车上检查蓄电池的状况和电源导线连接情况。可以按喇叭或开前照灯，若喇叭响声变小或前照灯灯光暗淡，说明蓄电池电量过低或电源导线接触不良。也可以在点火开关位于起动挡时测量蓄电池两端的电压，其电压不应低于 9.6 V。若蓄电池良好，应检查端子 50 的电压，若电压过低（低于 8 V），应对蓄电池的正极线、搭铁线、各接线柱及点火开关进行检查。若接线柱有污物或松脱，应清洁或紧固；若点火开关损坏，应进行修理和更换。

2）若故障仍然存在，说明故障在起动机本身。此时，应进行起动机的性能测试（吸引和保持线圈测试等）或解体测试进行故障诊断和排除。

2．起动机转动无力

（1）故障现象。将点火开关旋至起动挡，驱动齿轮发出“咔哒”声向外移出，但是起动机不转动或转动缓慢无力。

（2）诊断思路与方法。故障诊断思路与方法如图 2—56 所示。

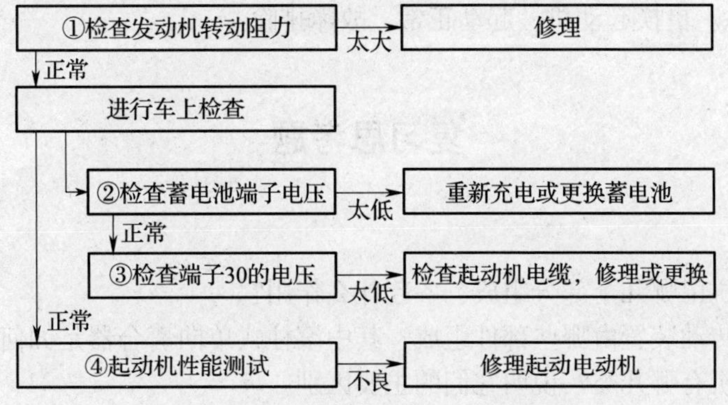

图 2—56　起动机运转无力故障诊断图

1）首先应检查蓄电池电量和电源导线的连接情况，确认蓄电池电量是否足够，线路连接是否良好。

2）若故障依然存在，要区分故障在起动机或发动机本身还是在端子 30 之前的电路，其方法是：短接起动机电磁开关的端子 30 和端子 C 两个接线柱。若短接后起动有力且运转正常，说明起动机电磁开关内主触点和接触盘接触不良；若短接后起动仍然无力，则可认为电动机有故障，需进一步拆检。故障可能是由主开关接触不良、电刷和换向器之间电阻过大或接触不良、单向离合器打滑等引起的。

3）如果在接通起动开关后起动机有连续的“咔哒”声，再短接起动机电磁开关的两个主接线柱起动机转动正常，说明电磁开关保持线圈断路或短路。

3. 起动机空转

（1）故障现象。接通点火开关起动开关，起动机只是空转，不能带动发动机运转。

（2）诊断思路与方法：

1）起动机空转时，有较轻的摩擦声音，起动机驱动齿轮不能与飞轮轮齿啮合而产生空转，即驱动齿轮还没有啮合到飞轮轮齿中，电磁开关就提前接通，说明主回路的接触盘行程过短，应拆下起动机，进行起动机接通时刻的调整。

2）起动机空转时，有严重的碰齿轮齿的声音，说明飞轮轮齿或起动机驱动齿轮严重磨损，应拆下起动机进一步检查，根据实际情况更换驱动齿轮或飞轮轮齿。

3）起动机空转时，速度较快但无碰齿声音，说明起动机单向离合器打滑，即驱动齿轮已经啮入飞轮轮齿中，但不能带动飞轮旋转，只是起动机电枢轴在空转，应更换单向离合器总成。

4. 陕汽德龙 X3000 起动电路故障举例

（1）故障现象。将点火开关旋至起动挡，起动机驱动齿轮不向外伸出，起动机不转。

（2）故障诊断。在车上检查蓄电池的状况和电源导线连接情况。按喇叭或开前照灯，结果正常，说明蓄电池电压正常；点火开关位于起动挡时，测量蓄电池两端的电压，电压正常。对蓄电池的正极线、搭铁线、各接线柱及点火开关进行检查，检测结果正常。说明故障在起动机本身，应进行起动机的性能测试（吸引和保持线圈测试等）或解体测试进行故障诊断。

（3）故障排除。更换起动机，起动正常，故障排除。

复习思考题

一、思考题

1. 常规起动机由哪几个部分组成？各起什么作用？

2. 起动机的传动装置由哪些部件组成？其中滚柱式单向离合器是如何工作的？

3. 减速起动机有哪几类？说明它们的主要区别。

4. 起动机的控制装置有哪些作用？简要说明其工作过程。

5. 一辆采用常规起动机的汽车出现不能起动的故障，故障现象是将点火开关旋至起动挡后，起动机发出“咔哒”的声音之后就不动了，请你结合所学的相关知识判断哪些原因可能导致此种故障?

二、选择题

1. 直流串励式起动机中的“串励”是指（　　）。

A. 吸引线圈和保持线圈串联连接

B. 励磁绕组和电枢绕组串联连接

C. 吸引线圈和电枢绕组串联连接

2. 下列不属于起动机控制装置作用的是（　　）。

A. 使活动铁芯移动，带动拨叉，使驱动齿轮和飞轮啮合或脱离

B. 使活动铁芯移动，带动接触盘，使起动机的两个主接线柱接触或分开

C. 产生电磁力，使起动机旋转

3. 永磁式起动机中用永久磁铁代替常规起动机的（　　）。

A. 电枢绕组　　B. 励磁绕组　　C. 电磁开关中的两个线圈

4. 在起动机的解体检测过程中，（　　）是电枢的不正常现象。

A. 换向器片和电枢轴之间绝缘

B. 换向器片和电枢铁芯之间绝缘

C. 各换向器片之间绝缘

5. 在（　　）中，采用直推的方式使驱动齿轮伸出和飞轮齿圈啮合。

A. 常规起动机　　B. 平行轴式减速起动机　　C. 行星齿轮式减速起动机

6. 减速起动机和常规起动机的主要区别在于（　　）不同。

A. 直流电动机　　B. 控制装置　　C. 传动机构

7. 在行星齿轮式减速起动机中，行星齿轮（　　）。

A. 只是围绕各自的中心轴线转动

B. 沿着内齿圈公转

C. 边自转边公转

8. 起动机空转的原因之一是（　　）。

A. 蓄电池亏电　　B. 单向离合器打滑　　C. 电刷过短

9. 引起起动机运转无力的原因是（　　）。

A. 蓄电池亏电　　B. 电磁开关中接触片烧蚀、变形

C. 换向器污物

10. 在判断起动机不能运转故障过程中，在车上短接电磁开关端子30和端子C时，起动机不运转，说明故障在（　　）。

A. 起动机的控制系统中　B. 起动机本身　　C. 不能进行区分

三、判断题

1. 减速起动机中的减速装置可以起到降速增矩的作用。（　　）

2. 常规起动机中，吸引线圈、励磁绕组及电枢绕组是串联连接。（　　）

3．起动机中的传动装置只能单向传递转矩。（　　）
4．用万用表检查电刷架时，两个正电刷架和外壳之间应该绝缘。（　　）
5．在永磁式起动机中，电枢是用永久磁铁制成的。（　　）
6．平行轴式起动机的驱动齿轮需要用拨叉使之伸出和退回。（　　）
7．起动机励磁线圈和起动机外壳之间是导通的。（　　）
8．起动系统主要包括起动机和控制电路两个部分。（　　）
9．用万用表检查电刷架时，两个正电刷架和外壳之间应该绝缘。（　　）
10．起动机电枢装配过紧可能会造成起动机运转无力。（　　）

第三章　商用车照明与信号系统检修

学习目标

1. 掌握商用车照明与信号系统的类型、功用与组成。
2. 能够正确识别各种灯光照明系统并进行检修。

第一节　商用车照明与信号系统组成

商用车照明与信号系统由照明灯、信号灯、操纵控制装置及其连线组成。

一、商用车照明与信号系统作用

商用车照明与信号系统的作用是：

（1）保证安全行驶，为车前路面提供充分而可靠的照明。

（2）为车辆维修及驾乘人员提供驾驶室、车厢内部照明。

（3）通过不同颜色的发光标志，显示汽车工作情况，并向其他车辆、行人传递信息。

（4）标示特种车辆的类别。

二、商用车照明系统

商用车照明系统为能见度较低时行驶提供照明，包括车内照明和车外照明两部分。如图 3—1 所示为常见商用车外部车灯。

图 3—1　常见商用车外部车灯

1．前照灯

前照灯俗称前大灯，装在商用车头部的两端，用于夜间或光线昏暗的路面上汽车行驶时的照明。有单侧远光灯与近光灯合为一体的双灯制（双大灯）和单侧远光灯与近光灯分置的四灯制（四个大灯）两种形式。

2．雾灯

雾灯用于霜雾、下雪、暴雨或雾霾等恶劣条件下改善道路照明情况，安装在车头和车尾，位置比前照灯稍低。装于车头的雾灯称为前雾灯，装于车尾的雾灯称为后雾灯。雾灯光为黄色或橙色（黄色光波较长，透雾性能好）。

3．倒车灯

倒车灯安装于车辆尾部，给驾驶人提供车辆后部照明，使其能在夜间倒车时看清车辆后面的情况，同时给后面的车辆提示信息。

点火开关接通后变速杆换到倒车挡时，倒车灯自动点亮。

4．牌照灯

牌照灯点亮时，可使牌照信息清晰。

5．仪表灯

仪表灯用于仪表盘照明，使驾驶人能看清仪表。尾灯亮时，仪表灯也同时亮。有些车辆还加装了灯光控制变阻器，用于调节仪表灯的亮度。

6．顶灯

顶灯用于车内乘客照明。车内顶灯通常位于驾驶室中部，使车内灯光均匀分布。

7．阅读灯

阅读灯用于车厢内乘客阅读时照明。

8．发动机舱内照明灯

发动机舱内照明灯用于发动机舱内照明。

三、商用车灯光信号系统

灯光信号系统用来向外界传送车辆的有关信息，发出提示和警告信号。灯光信号系统包括制动灯、转向灯（前、后）、示宽灯、尾灯（后灯）、倒车灯、报警信号灯等。

1．制动灯

制动灯安装在车辆尾部后组合灯内。制动灯亮是通知后面车辆本车正在制动，以避免追尾。

2．转向信号灯

转向信号灯安装在车辆两侧 4 个外角及前翼子板上，向前后左右车辆表明本车正在转弯或改换车道。转向信号灯以 60 ~ 120 次 / 分钟的频率闪烁。

3．危险警告灯

车辆紧急停车或驻车时，危险警告灯给前后左右车辆显示本车的位置。四角转向信号灯同时闪烁时，作危险警告灯使用。

4．示宽灯与尾灯

示宽灯、尾灯都是低强度灯，用于夜间给其他车辆指示车辆位置与宽度，位于前方的灯称为示宽灯（前小灯），位于后方的灯称为尾灯。

5．倒车灯

倒车灯提供倒车时照明并指示本车正在倒车。

四、商用车照明与信号灯光开启

大部分商用车前照灯、转向灯、雾灯等的开启是通过操作灯光组合开关实现的，本节以宇通客车为例来说明商用车常见照明与信号灯开启的操作方法。宇通客车的灯光组合开关如图3—2所示。该车的常见照明与信号灯开启操作如下。

a）

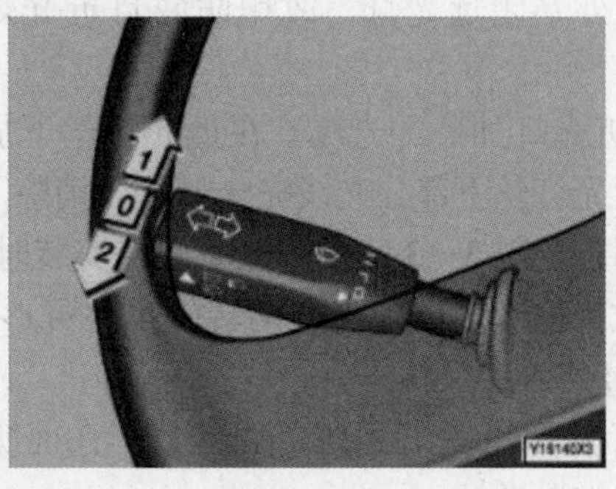

b）

图3—2　宇通客车灯光组合开关

a）远、近光灯操作方法　b）转向灯操作方法

1．远、近光灯开启

（1）将钥匙旋转到点火位置。

（2）打开灯光总开关至第二挡。

（3）向上轻抬组合开关至1位时，近光灯亮起（如图3—2a箭头所示）。向上轻抬组合开关至2位时，远光灯亮起（如图3—2a箭头所示）。向下按动组合开关从2位到0位时，远光灯关闭（如图3—2a箭头所示）。

2．转向灯开启

当开启左（右）转向灯时，仪表内的绿色指示灯也处于闪烁状态。向前轻推组合开关手柄至位置1，右转向灯持续闪烁（如图3—2b箭头所示）。向后轻推组合开关手柄至位置2，左转向灯持续闪烁（如图3—2b箭头所示）。当转向盘回复到正位时，开关手柄弹回0位置，转向灯自动熄灭。

第二节　商用车灯光照明系统检修

一、前照灯

1．前照灯概述

（1）前照灯的要求。由于汽车前照灯的照明效果对夜间行车安全影响很大，故世界各国多以法律的形式规定了前照灯的照明标准。

1）前照灯应能保证车前有明亮而均匀的照明，使驾驶人能够看清车前100 m内路面上的物体，现代高速汽车前照灯的照明距离应达到 200 ~ 250 m。

2）前照灯应具备防眩目功能，以避免夜间两车相会时双方驾驶人眩目而造成交通事故。

（2）防眩目措施。夜间两车相会时，前照灯强烈的灯光可造成迎面驾驶人眩目，容易引发交通事故。为避免事故发生，可采取如下措施：

1）利用交通法规强制约束。我国交通法规规定，夜间会车时，必须在距对面来车 150 m 以外互闭远光灯，改用防眩目近光灯；夜间城市道路上行驶，汽车必须使用近光灯。

2）近光灯加装配光屏。在近光灯丝下加装配光屏（遮光罩），当接通近光灯时，配光屏能将近光灯丝下部分光线完全遮住，消除了向上的反射光线，而接通远光灯丝时，配光屏不起作用，如图 3—3 所示。配光屏在安装时偏转一定的角度，形成一条明显的明暗截止线，防眩目效果好。根据配光屏偏转的角度可形成对称形、E 形非对称形和 Z 形非对称形光形，如图 3—4 所示。

3）自动变光控制系统。有些汽车在前照灯电路中采用了自动变光系统，会车时自动将远光灯改为近光灯。

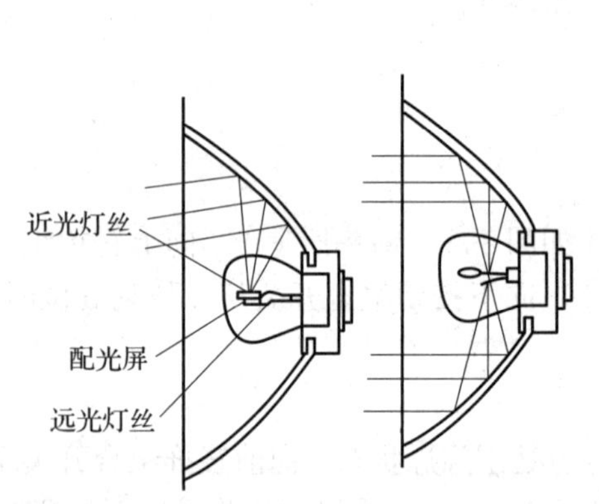

图 3—3　具有配光屏的双丝灯泡的工作情况

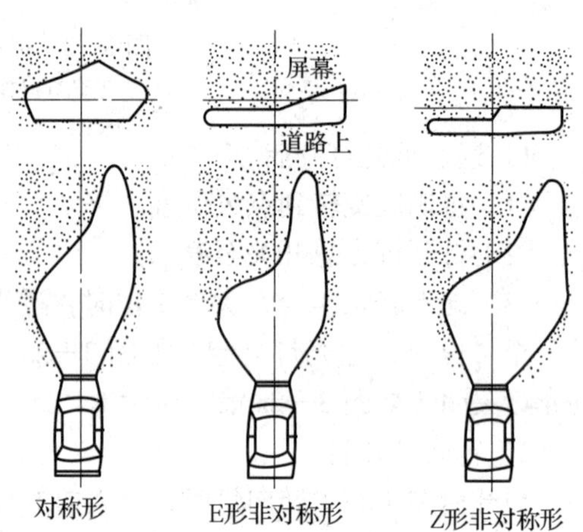

图 3—4　前照灯的配光光形

2．前照灯基本电路

灯光电路由灯光控制开关、变光开关、继电器、前照灯等组成。如图 3—5 所示电路图中涉及的灯光组合开关有 OFF、TAIL、HEAD 三个挡位。当灯光组合开关位于 OFF 挡时，所有灯关闭。当灯光组合开关位于 TAIL 挡时，小灯、尾灯、牌照灯、仪表灯点亮。当灯光组合开关位于 HEAD 挡时，前照灯及小灯、尾灯、牌照灯、仪表灯点亮，可实现远、近光转换。

（1）无前照灯继电器无变光继电器型前照灯系统。灯光组合开关转到 HEAD、LOW 位置时，近光灯点亮，如图 3—5 所示。当灯光组合开关转到 HEAD、HIGH 位置时，远光灯点亮，并且组合表上的大光指示灯点亮；灯光组合开关转到 FLASH 位置时，远光灯点亮（闪烁），松手则远光灯熄灭。

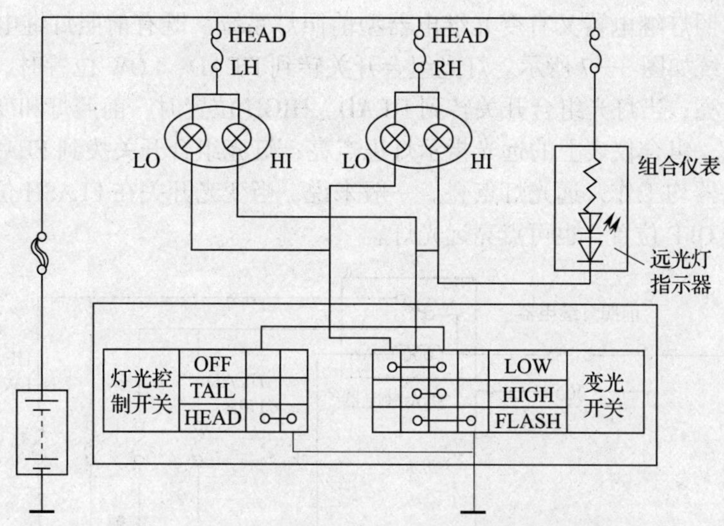

图 3—5　无前照灯继电器无变光继电器型前照灯系统

（2）有前照灯继电器无变光继电器型前照灯系统。有前照灯继电器但无变光继电器型前照灯系统如图 3—6 所示。灯光组合开关转到 HEAD、LOW 位置时，前照灯继电器触点闭合，近光灯点亮；当灯光组合开关转到 HEAD、HIGH 位置时，前照灯继电器触点闭合，远光灯点亮，远光指示灯点亮；灯光组合开关转到 FLASH 位置时，前照灯继电器触点闭合，远光灯点亮，远光指示灯点亮。

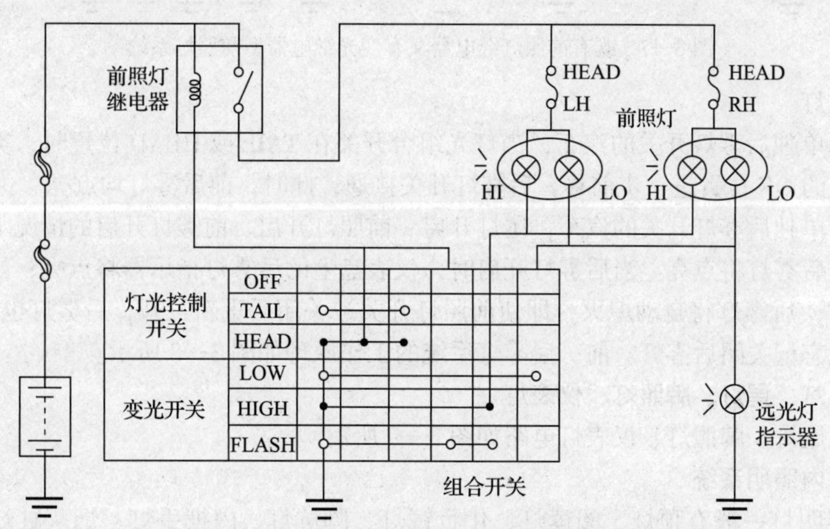

图 3—6　有前照灯继电器无变光继电器型前照灯系统

电流从近光灯流到远光指示灯时，形成了近光灯、远光指示灯串联的电路。这时，虽然电流也流过近光灯，但是由于近光灯的电阻和电流很小，近光灯并不点亮，只有远光指示灯亮。但在远光灯与近光灯分开的四灯制前照灯系统中，远光灯点亮的同时近光灯是同时被点亮的。

（3）既有前照灯继电器又有变光继电器型前照灯系统。既有前照灯继电器又有变光继电器型前照灯系统如图 3—7 所示。灯光组合开关转到 HEAD、LOW 位置时，前照灯继电器接通，近光灯点亮；当灯光组合开关转到 HEAD、HIGH 位置时，前照灯和变光继电器均工作，远光灯点亮，组合仪表上的远光指示灯也点亮；灯光组合开关拨到 FLASH 位置时，前照灯和变光继电器均工作，远光灯点亮。一般来说，当变光开关在 FLASH 位置时，即使灯光组合开关处于 OFF 位置，也可点亮远光灯。

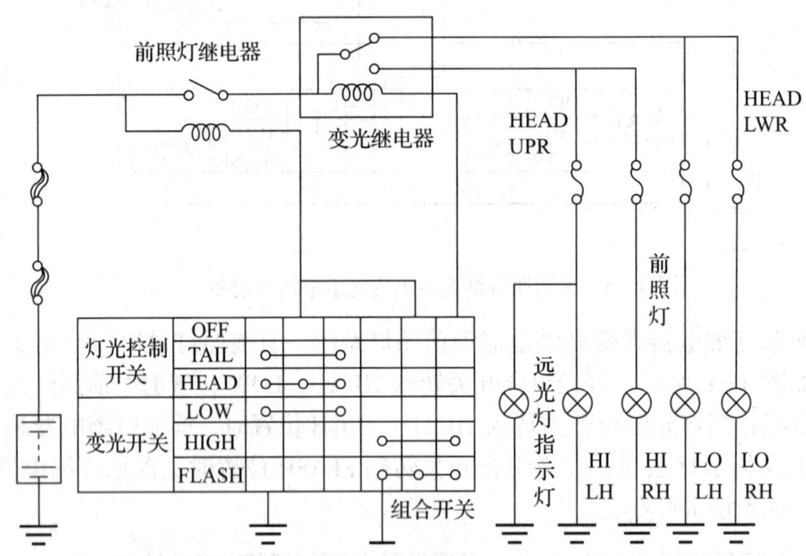

图 3—7　既有前照灯继电器又有变光继电器型前照灯系统

二、雾灯

对于无单独后雾灯开关的汽车，当灯光组合开关在 TAIL 或 HEAD 位置时，雾灯开关从前雾灯开关的 ON 位置进一步前移，后雾灯开关接通，此时，前后雾灯均点亮。

对于有单独后雾灯开关的汽车，尾灯开启、前照灯开启、前雾灯开启的情况下，按下后雾灯开关，后雾灯将点亮。当后雾灯开启时，仪表盘上的后雾灯指示器将点亮；当其他所有灯都关闭时，后雾灯将自动熄灭，即使前照灯开关被关闭后重新打开，后雾灯也不会点亮，防止驾驶人忘记关闭后雾灯。前、后雾灯系统的工作原理如图 3—8 所示。

三、小灯、尾灯、牌照灯、仪表灯

小灯、尾灯、牌照灯、仪表灯电路如图 3—9 所示。

四、车内照明系统

车内照明灯一般有顶灯、阅读灯、化妆镜灯、脚坑灯、内把手灯、烟灰缸灯、杂物箱灯、后备箱灯等。

普通汽车顶灯、阅读灯、后备箱照明灯电路如图 3—10 所示。顶灯开关处于 ON 位置时，顶灯常亮；顶灯开关处于 OFF 位置时，顶灯熄灭；顶灯开关处于 DOOR 位置时，任一车门开启时顶灯均亮，所有车门均关闭时顶灯熄灭。

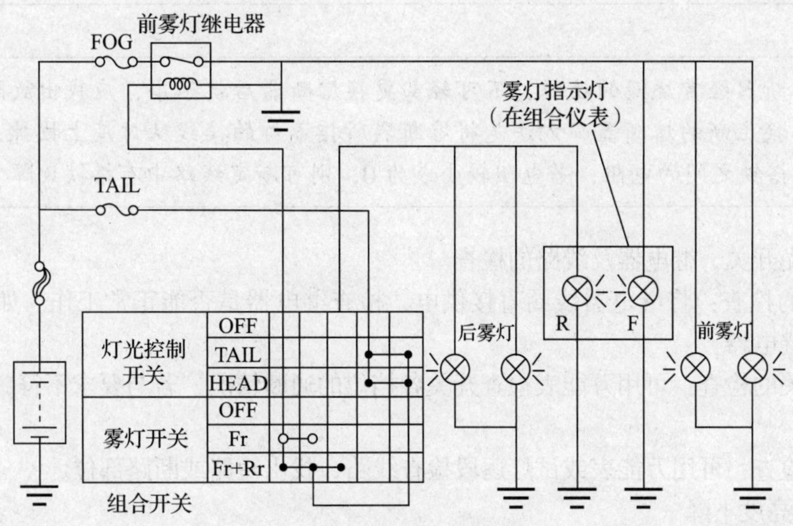

图 3—8　前、后雾灯系统电路

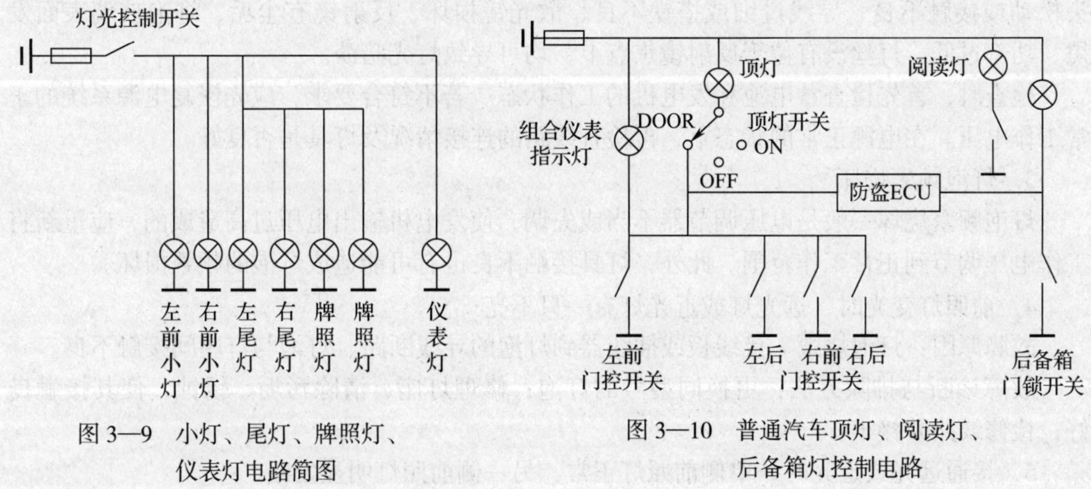

图 3—9　小灯、尾灯、牌照灯、仪表灯电路简图

图 3—10　普通汽车顶灯、阅读灯、后备箱灯控制电路

五、照明系统常见故障及其检修

汽车照明系统常见故障有灯光不亮、灯光亮度低、灯泡频繁烧坏等。

1．灯光不亮

引起灯光不亮的原因有灯泡损坏、熔断器熔断、灯光开关损坏、继电器损坏、线路短路使灯泡或熔断器损坏等。

（1）灯泡或熔断器损坏。如果 1 只灯不亮，一般为灯丝烧断。将灯泡拆下后检查，若灯泡损坏，则更换新灯泡。

如果几只灯都不亮，先按喇叭，如果喇叭不响，则可能是总熔断器熔断；如熔断器良好，则从开关开始，往灯泡方向逐一查找。

若同属 1 个熔断器的灯泡都不亮，则可能是共同熔断器熔断。

技术提示

对于熔断器经常烧毁的故障，不可轻易更换熔断器后就了事，应找出故障原因并排除后，再更换上新的熔断器。方法是将熔断器所接各灯的接线从灯座上拔掉，用万能表测量灯端与搭铁之间的电阻，若电阻较小或为0，则可断定线路中有搭铁故障。

（2）灯光开关、继电器及线路的检查。

继电器的检查：将继电器线圈直接供电，检查继电器是否能正常工作。如不能正常工作，应更换继电器。

灯光开关的检查：可用万能表检查开关各挡位的通断情况。若与要求不符，应更换灯光开关。

线路的检查：可用万能表或试灯逐段检查线路，找出短路或断路部位。

2. 灯光亮度下降

若灯光亮度不够，多为蓄电池电量不足或发电机及调节器故障所引起的。另外，导线接头松动或接触不良、导线过细或搭铁不良、散光镜损坏、反射镜有尘垢、灯泡玻璃表面发黑、功率过低、灯丝没有位于反射镜焦点上，均可导致灯光暗淡。

检查时，首先检查蓄电池和发电机的工作状态。若不符合要求，应先恢复电源系统的正常工作电压。在电源正常的状态下，再检查线路的连接情况及灯具是否良好。

3. 灯泡频繁烧坏

灯泡频繁烧坏一般是电压调节器不当或失调，使发电机输出电压过高造成的，应重新将工作电压调节到正常工作范围。此外，灯具接触不良也有可能造成灯泡的频繁损坏。

4. 前照灯变光时，远光灯或近光灯有一只不亮

故障原因：灯泡烧毁、接线板或插线器到灯泡的导线断路、灯泡与灯座间接触不良。

故障诊断与排除方法：更换同型号的灯泡；修理灯座、清除污垢、锈蚀，使其接触良好；检修线路并接牢。

5. 接通远光或近光时，单侧前照灯正常，另一侧前照灯明显发暗

故障原因（以右侧正常时为例）：左前照灯搭铁不良；左前照灯散光玻璃或反光镜上积有灰尘；左前照灯灯泡玻璃表面发黑；导线接头松动或锈蚀，使线路电阻增大。

故障诊断与排除方法：首先检修左前照灯搭铁部位，如果正常，拆开左前照灯进行清洁，否则更换同一型号的灯泡，最后检修线路，拧紧导线接头，清除锈蚀。

6. 前照灯远、近光不全

前照灯远、近光不全是指灯光开关在前照灯挡位时，只有远光亮，而近光灯不亮，或只有近光亮而远光不亮。导致灯光不全的原因有变光开关损坏，远、近光的一条导线断路，双丝灯泡中某灯丝烧断。

故障诊断与排除方法：检查开关情况，视需要进行更换；检查前照灯线路，必要时修复或更换；更换同一型号的灯泡。

第三节　汽车灯光信号系统检修

一、转向信号灯

转向灯开关和危险警告灯电路如图 3—17 所示，左右拨动转向开关，可接通转向灯电路。当按下危险警告灯开关时，左、右转向灯将同时闪烁。

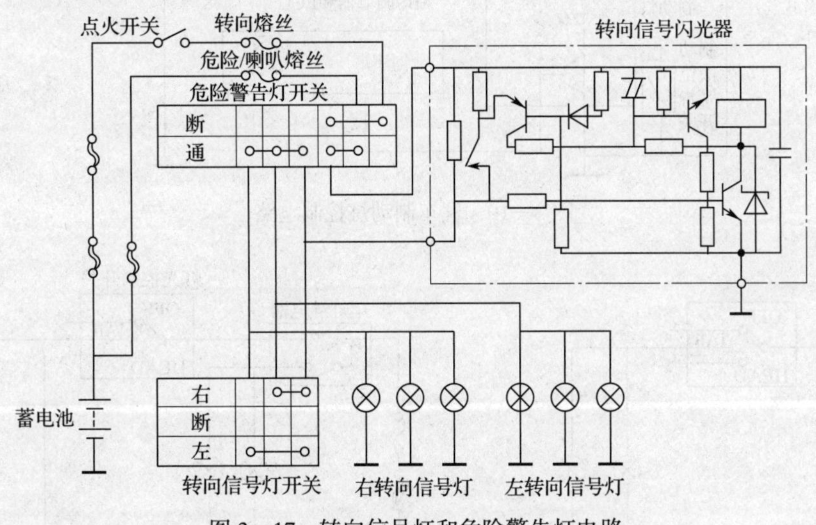

图 3—17　转向信号灯和危险警告灯电路

二、制动信号灯

制动信号灯由制动灯开关控制，其电路如图 3—18 所示。踩下制动踏板，制动灯开关接通，制动灯点亮，同时向防抱死制动系统电子控制单元（ABS ECU）及调节器、变速箱电子控制单元（ECT ECU）、挡位锁开关输送信号。

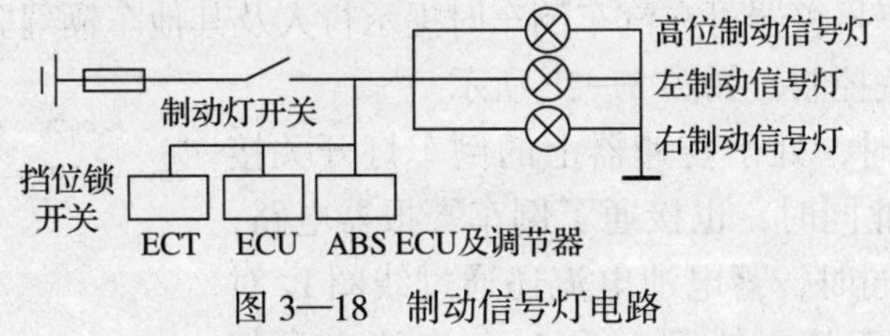

图 3—18　制动信号灯电路

三、驻车制动灯

驻车制动灯控制电路如图 3—19 所示。打开点火开关，当拉起驻车制动杆时，驻车制动灯立即点亮；完全释放驻车制动时，驻车制动灯熄灭。另外，驻车制动灯还受制动液液面高度的控制，制动储液罐制动液低于规定要求时驻车制动灯将点亮。

四、尾灯

直接连接型尾灯电路如图 3—20 所示，当灯光控制开关移动到 TAIL 位置时，尾灯点亮。 带尾灯继电器的尾灯电路如图 3—21 所示，当灯光控制开关移动到 TAIL 位置时，电流将尾灯继电器接通，继电器再接通尾灯电源，尾灯点亮。

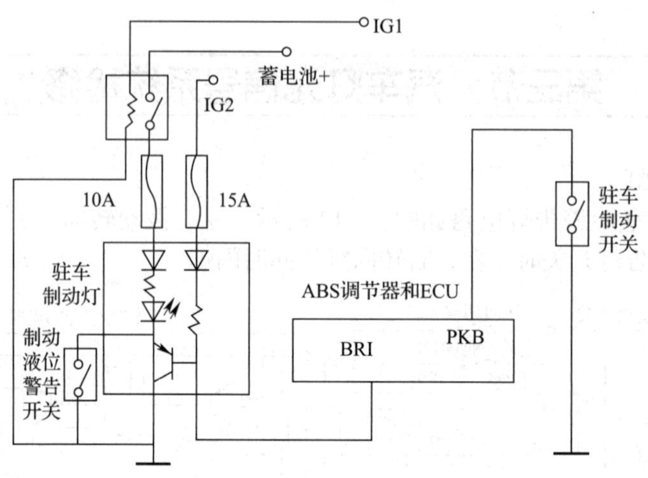

图 3—19　驻车制动灯控制电路

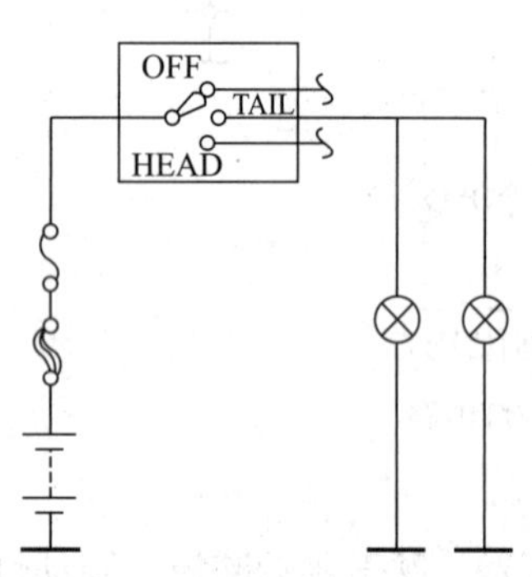

图 3—20　直接连接型尾灯电路

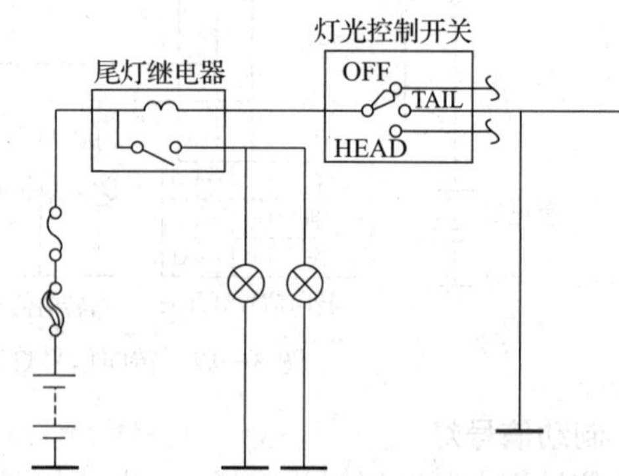

图 3—21　带继电器型尾灯电路

五、倒车信号灯

倒车信号灯及倒车报警器可在汽车倒车时提示行人及其他车辆驾驶人。倒车灯由装在变速器盖上的倒车灯开关控制，如图 3—22 所示。

汽车挂上倒车挡时，处于变速器上的倒车灯开关接通，倒车灯点亮。与此同时，也接通了倒车警报器电路，使警报器发出声响。同时，蓄电池电流还通过线圈 L_2 对电容器进行充电。由于流入线圈 L_1 和 L_2 的电流大小相等，方向相反，产生的电磁吸力互相抵消，使线圈不显磁性，继电器触点继续闭合。随着电容器两端的电压逐渐上升，使流入线圈 L_2 中的电流变小，即电磁吸力减小，但线圈 L_1 产生的电磁吸力不变，当 L_1 与 L_2 产生的吸力差大于触点的弹簧拉力时，触点被吸开，警报器电路被切断而停止发出声响。

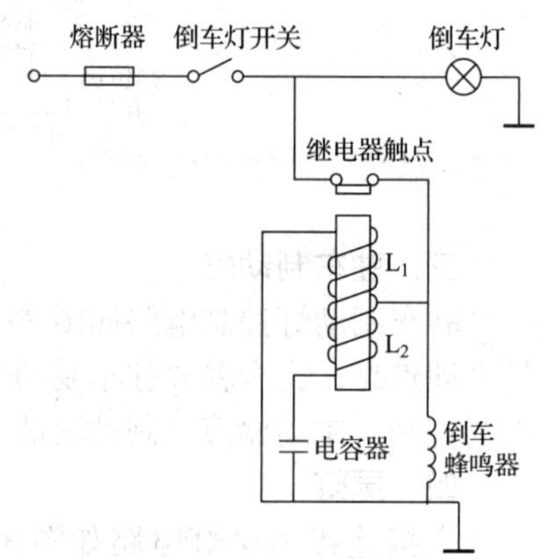

图 3—22　倒车信号灯电路

在继电器触点打开时，电容器又通过线圈 L_1 和 L_2 放电，使线圈产生磁力，触点仍继续打开。当电容器两端电压下降到一定值时，线圈磁力减弱，继电器触点又闭合，报警器通电发出声响，电容器又开始充电。如此反复，继电器触点不断开闭，倒车警报器发出断续的声响，以示倒车。

六、仪表报警灯

仪表报警灯安装在仪表盘上，有转向提示灯、导航警告灯、车门警报灯和各种信号指示灯。仪表报警灯多用 12 V 的 LED 发光二极管且不可更换。

七、典型商用车灯光信号系统电路

以解放九吨系列平头柴油载货汽车灯光信号系统电路为例，来介绍典型商用车灯光信号系统工作原理。

1．制动灯电路

解放九吨系列平头柴油载货汽车制动灯电路如图 3—23 所示。

（1）制动灯继电器控制电路：F_{12} 熔断器→制动灯继电器 4→制动灯继电器 2→前、后制动开关→搭铁。

（2）制动灯工作电路：F_{12} 熔断器→制动灯继电器 1→制动灯继电器 3→左、右组合后灯→搭铁。

2．倒车灯电路

解放九吨系列平头柴油载货汽车倒车灯电路如图 3—24 所示。倒车灯、倒车蜂鸣器工作电路：F_4 熔断器→倒车开关→倒车灯、倒车蜂鸣器→搭铁。

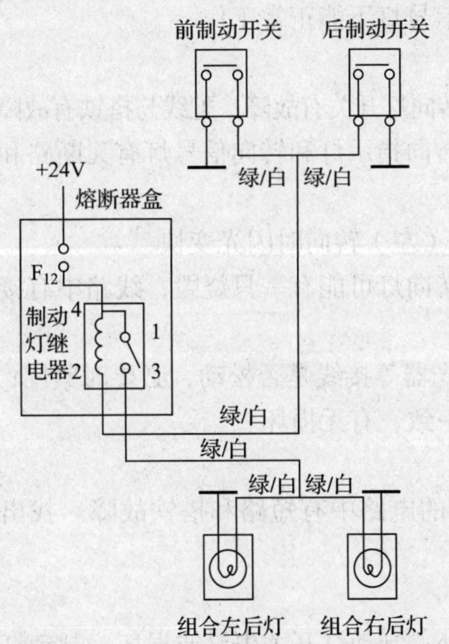

图 3—23　解放九吨系列平头柴油载货汽车制动灯电路

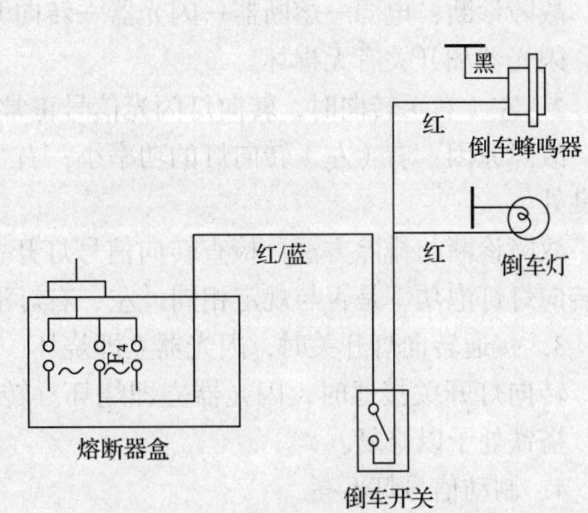

图 3—24　解放九吨系列平头柴油载货汽车倒车灯电路

3．转向灯电路

解放九吨系列平头柴油载货汽车转向灯电路如图 3—25 所示。

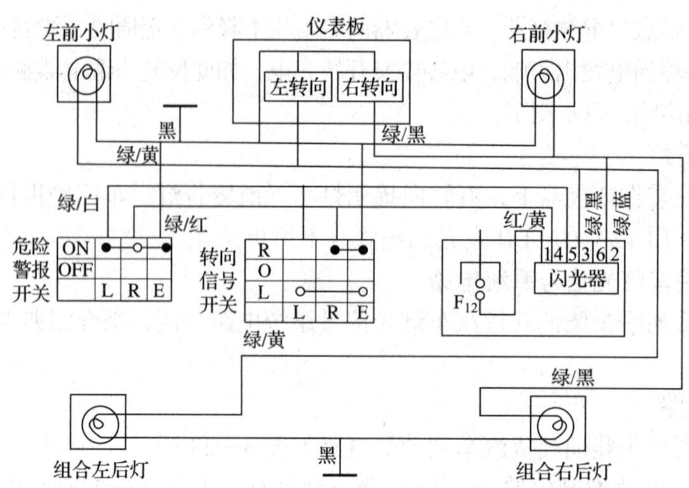

图 3—25　解放九吨系列平头柴油载货汽车转向灯电路

（1）左转向控制电路：F_{12} 熔断器→闪光器 5→危险警报开关、转向信号开关→搭铁。

（2）左转向工作电路：F_{12} 熔断器→闪光器 3→左转向指示灯、左前（后）转向灯→搭铁。

（3）右转向控制电路：F_{12} 熔断器→闪光器 4→危险警报开关、转向信号开关→搭铁。

（4）右转向工作电路：F_{12} 熔断器→闪光器 2→右转向指示灯、右前（后）转向灯→搭铁。

八、灯光信号系统常见故障及检修

商用车灯光信号系统常见的故障是信号灯不亮和信号灯不能正常工作。

1. 左右转向信号灯都不工作

故障原因：熔断器烧坏；转向闪光器失灵或损坏；转向灯开关有故障；配线与搭铁有故障。

故障诊断：电源—熔断器—闪光器—转向开关—转向指示灯和转向信号灯有无断路和短路，闪光器和开关有无损坏。

2. 左（右）转向时，转向灯闪光信号正常，而右（左）转向时闪光变快

故障原因：右（左）转向灯的功率小；右（左）转向灯可能有一只烧毁；线路中有接触不良处。

故障诊断与排除方法：检查转向信号灯开关、闪光器等接线是否松动，必要时紧固；检查转向灯灯泡功率是否与规定相同，左、右灯泡是否一致，有无损坏。

3. 接通转向灯开关时，闪光器立即烧坏

转向灯开关接通时，闪光器立即烧坏。转向灯间的电路中有短路和搭铁故障。找出短路、搭铁处予以修复。

4. 制动信号灯不亮

故障原因：灯泡灯丝、灯线烧断，线路中有断路处；制动灯开关失灵或损坏；制动灯搭铁不良。

故障诊断与排除方法：检查灯泡灯丝是否完好，如烧坏给予更换；检查搭铁是否良好，必要时重新搭铁；检查线路中有无断路，必要时更换断线；检查制动开关是否完好，如损坏则应更换。

5．危险报警灯不工作

故障原因：熔断器烧断、转向灯闪光器有故障、转向信号 / 危险警告灯开关有故障、配线或接地有故障。

故障诊断与排除方法：更换熔断器、检修闪光器、检查转向灯 / 危险报警灯开关，必要时给予更换。

复习思考题

一、思考题

1．简述汽车前照灯采用的防眩目措施有哪些。

2．转向信号灯的主要用途是什么？

3．哪几种灯属于信号灯？

4．汽车上闪光器的功用是什么？

二、选择题

1．能将反射光束扩展分配，使光形分布更适宜汽车照明的器件是（　　）。

A．反射镜　　B．配光屏　　C．配光镜

2．四灯制前照灯的内侧两灯一般使用（　　）。

A．双丝灯泡　　B．单丝灯泡　　C．二者都可

3．前照灯灯泡中的近光灯丝应安装在（　　）。

A．反光镜焦点处　　B．反光镜焦点的上方　　C．反光镜焦点的下方

4．不属于灯光照明系统的是（　　）。

A．前照灯　　B．倒车灯　　C．制动灯

5．控制转向灯闪光频率的是（　　）。

A．转向开关　　B．点火开关　　C．闪光器

6．转向信号灯的最佳闪光频率应为（　　）次 / 分钟。

A．40 ~ 60　　B．70 ~ 90

C．60 ~ 120　　D．20 ~ 40

三、判断题

1．制动灯亮是通知后面车辆本车正在制动，以避免后面车辆与其发生碰撞。（　　）

2．前照灯用于霜雾、下雪、暴雨或雾霾等恶劣条件下改善道路照明情况。（　　）

3．倒车灯用于倒车时照明并指示本车正在倒车。（　　）

4．配光屏在接通远光灯丝时，仍然起作用。（　　）

5．前照灯由反射镜、配光屏和灯泡三部分组成。（　　）

6．在调整光束位置时，对具有双丝灯泡的前照灯，应该以调整近光光束为主。（　　）

7．汽车信号系统有示宽灯、转向信号灯、后灯、制动灯和倒车灯等。（　　）

8．制动信号灯点亮，表明制动系统出现了故障。（　　）

第四章　商用车空调系统检修

学习目标

1. 掌握商用车空调系统的组成、结构和工作原理。
2. 掌握商用车暖风系统的组成、结构和工作原理。
3. 掌握商用车通风与空气净化系统的组成、结构和工作原理。
4. 掌握商用车自动空调系统的组成、结构和工作原理。

第一节　空调的作用、组成与类型

一、空调的作用

汽车空调就是人为地对车内空气的温度、湿度、流动速度和空气洁净度等进行全部或部分调节（将其控制在合适的范围内，从而创造一个舒适的环境）的整套系统。汽车空调具有制冷、供暖、通风、净化、去湿、除霜等功能，如图 4—1 所示。但汽车空调最重要的功能是调温（制冷与供暖）。

图 4—1　空调系统的主要功能

汽车在炎热的夏季行驶时，汽车发动机的余热、太阳的照射、室外的高温空气、乘客自身散发的热量等，使车内闷热难耐，使用空调制冷系统可将多余的热量排到车外，给车内提供一个适宜的环境。

寒冬季节车内寒冷，可通过暖风系统使车内温度升高，同时，可通过暖风系统除去车窗的霜雾。

二、空调系统的组成

汽车空调主要由制冷系统、供暖系统、通风系统、空气净化系统、操作与控制系统组成。

（1）制冷系统：对车内的空气或由外部进入车内的新鲜空气进行冷却，使车内空气变得凉爽舒适的系统。制冷系统还具有除湿功能。

（2）供暖系统：对车内的空气或由外部进入车内的新鲜空气进行加热，使车内空气变得温暖舒适的系统。供暖系统还具有除霜的功能。

（3）通风系统：把车外的新鲜空气或车内的空气吹向蒸发器再导入车内的装置。通过通风系统，既可调节车内空气的新鲜度，又可实现气流的流动，同时还能有效地防止风窗玻璃起雾。

（4）空气净化系统：除去车内空气中的尘埃、异味（臭味、烟气等）及有毒气体，使车内空气变得清洁。有的汽车还安装有紫外线消毒系统。

（5）操作与控制系统：包括驾驶室面板上的各种操作开关及计算机控制系统。操作开关包括空调 A/C 开关、鼓风机开关、出风模式开关、内外循环开关、调温开关、除霜开关。控制系统主要由控制单元（ECM）、传感器和执行元件组成。控制单元接收相关开关及传感器送来的指令与信息，经储存、比较、处理后，控制相关执行元件工作，实现目标要求。

将上述几部分全部或部分有机地结合在一起安装在汽车上，便组成了汽车空调系统。在一般的载货汽车上，通常只有制冷系统、暖风系统和通风系统；高级客车上，上述五大系统则比较完善。

三、汽车空调的类型

1．按控制功能分类

汽车空调按控制功能分为冷暖分开型、冷暖合一型和多功能型三种。

（1）冷暖分开型空调：制冷、供暖装置各自独立，有各自独立的配气系统。一般用在大、中型客上、载货汽车上。

（2）冷暖合一型空调：制冷、供暖合用一个鼓风机、一组风道、一套操纵机构的汽车空调系统。这种结构又分为制冷与供暖分别工作、制冷与供暖同时工作两种方式，多用于轿车上。

（3）多功能空调：集制冷、供暖、通风、净化、去湿、除霜等多功能于一体的空调系统。

2．按驱动方式分类

按驱动方式的不同，汽车空调分为非独立式空调和独立式空调两种。

（1）非独立式汽车空调：空调压缩机由汽车本身的发动机驱动，汽车空调制冷性能受到汽车发动机工况的影响较大，工作稳定性较差。尤其是低速行驶时制冷量不足，而在高速行驶时制冷量过剩，并且消耗功率较大，影响发动机的动力性。这种类型的空调系统一般用于制冷量相对较小的中、小型汽车上。

（2）独立式汽车空调：空调的压缩机由专用空调发动机（也称副发动机）驱动，汽车制冷性能不受汽车主发动机工况的影响，工作稳定，制冷量大，但由于加装了一台发动机，不仅成本增加，而且体积和重量增加。这种类型的汽车空调系统多用于大、中型客车上。

3．按空调自动化程度分类

汽车空调按自动化程度分为手动空调、半自动空调和自动空调三种。手动空调的鼓风机转速、内外气比例、调温门（出风温度高低）、模式门（哪里出风）等都由驾驶人直接控制与调节；自动空调的上述内容，由控制单元自动调节与控制。

电控空调是自动空调的升级，它在原自动空调的基础上增加了一些新功能。如可以达到显示数字化，冷、暖、通风一体化；由微机按照车内外环境所需，实现微调；通过微机实现空调运行与汽车运行的相互统一，极大地改善了制冷效果，提高了汽车的整体性能和舒适性。

第二节　商用车空调制冷原理

汽车制冷系统的作用是将车内的热量通过制冷剂在循环系统中转移到车外，实现车内降温，其工作情况如图 4—2 所示。制冷系统主要包括制冷循环系统和控制系统。目前各种车辆的制冷循环系统无多大区别，而控制系统差别较大。本节主要介绍制冷循环系统的工作原理与结构。

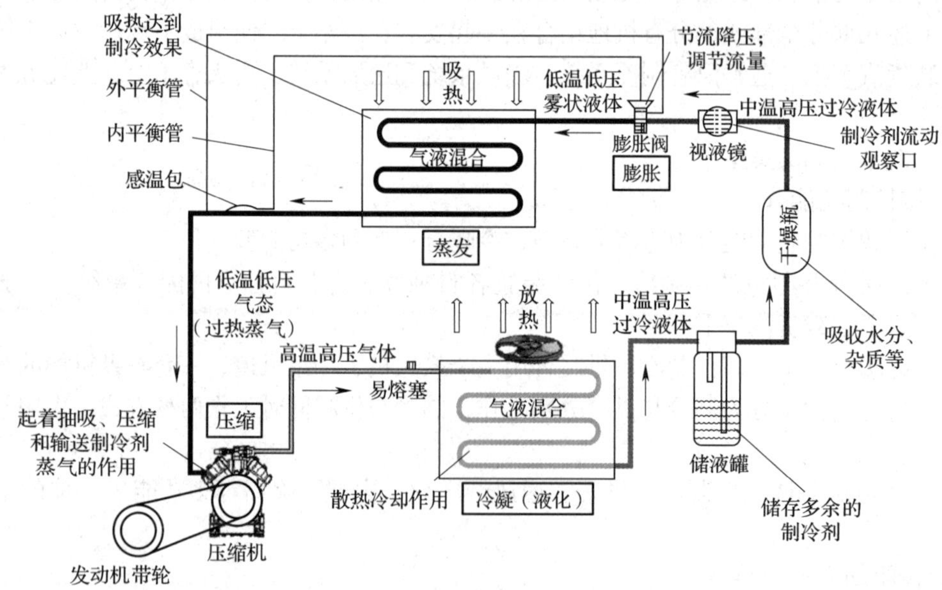

图 4—2　制冷系统的工作原理

一、空调制冷系统的基本组成与工作原理

制冷系统主要由压缩机、冷凝器、蒸发器、膨胀阀、干燥过滤器等组成，如图 4—3 所示。

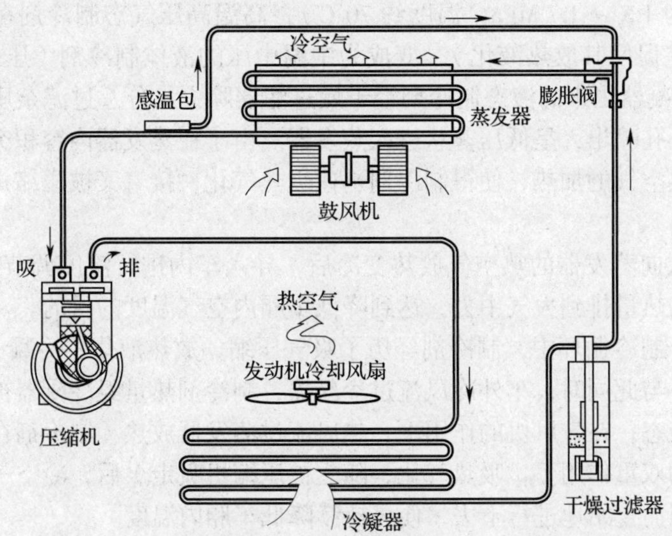

图 4—3　汽车空调制冷系统的基本组成

各部件之间采用铜管（或铝管）和高压橡胶管连接成一个密闭系统。高压管用于连接压缩机和冷凝器，中压管路（液体管路）用于连接冷凝器和蒸发器，回气管用于连接蒸发器与压缩机。

通常，把制冷系统分为高压系统和低压系统。高压系统由压缩机输出侧、高压管路、冷凝器、储液干燥过滤器、液体管路构成；低压系统由蒸发器、回气管路、压缩机输入侧、压缩机机油池等构成。压缩机是空调高、低压侧的分界点；膨胀阀（或孔管）是高、低压侧的另一个分界点。

汽车空调系统的制冷原理如图 4—4 所示。其工作过程如下：

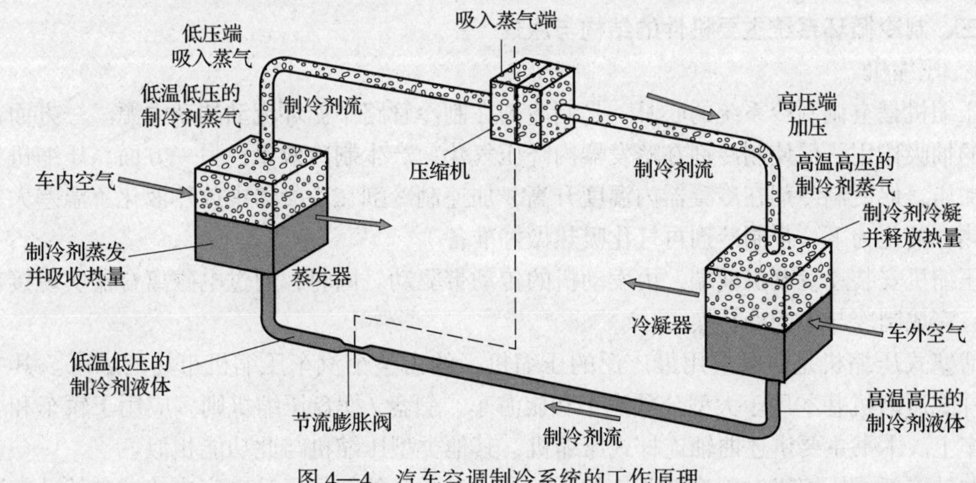

图 4—4　汽车空调制冷系统的工作原理

压缩机在发动机带动下运转时，将蒸发器内的低温低压的制冷剂蒸气吸出（此时，低压管路中压力为0.15 ~ 0.25 MPa，温度为0 ~ 5℃），并加压送入冷凝器内（高压管路中气态制冷剂的压力为1.5 ~ 1.7 MPa，温度约70℃），高温高压气态制冷剂在冷凝器中迅速放热液化（高的温差促使其放热液化），变成为中温中压的液体制冷剂（压力约1.5 MPa，温度约50℃）。从冷凝器出来的液态制冷剂经干燥过滤器除去水分、过滤杂质，滤去气态制冷剂，再从膨胀阀小孔喷出，呈低压雾状进入蒸发器。由于在蒸发器内容积突然变大、压力很低及蒸发器外部热空气的加热，使得制冷剂迅速吸热气化，接着又被压缩机吸出进行新一轮的制冷循环。

与此同时，吹向蒸发器的热空气放热变冷后，导入车内进行温度调节。如此周而复始，不断地将车厢内的热量排到大气中去，达到降低车厢内空气温度的目的。

可见，在一个制冷循环中，制冷剂经历了吸气压缩、放热液化（冷凝）、节流膨胀、吸热气化四个过程。与此同时，车外冷风流过冷凝器，制冷剂热量经冷凝器被排入大气，制冷剂也由气态变为液态；在鼓风机的作用下，热风流过蒸发器放热（制冷剂在蒸发器周围空气加热及内部低压的双重作用下，吸热气化，随之被压缩机吸走）后，冷空气被导入车内制冷降温。上述过程周而复始地进行下去，便可持续降低车厢内温度。

二、空调制冷系统的分类

按制冷剂节流气化元件不同，制冷系统有膨胀阀式、膨胀管式、蒸发压力调节阀式三种。但以前两种为主，蒸发压力调节阀式制冷系统仅用在少数轿车上，本书不作介绍。

膨胀管式制冷循环系统从制冷的工作来看，与膨胀阀式制冷循环系统无本质的区别，只不过将可调节流量的膨胀阀换成不可调节流量的膨胀管（制冷剂的流量是通过压缩机的电磁离合器周期性离合进行控制），而用温度开关或压力开关控制电磁离合器，来防止蒸发器结霜。为了防止液态的制冷剂进入压缩机而造成压缩机的损坏，这种循环系统将储液干燥罐安装在蒸发器的出口，并按照它所起的作用更名为集液器（气液分离器），同时进行气液分离，液体留在罐内，气体进入压缩机，其他部分的工作过程与膨胀阀式的制冷循环相同。

三、制冷循环系统主要机件的结构与原理

1. 压缩机

压缩机是空调制冷系统的心脏，是制冷剂在制冷管路中循环流动的动力源。一方面，压缩机的抽吸作用，促使制冷剂在蒸发器内降压气化，产生制冷效果；另一方面，压缩机将制冷剂加压，促使制冷剂在冷凝器内温度升高，加速制冷剂在冷凝器中放热液化（温差大更容易放热，液化为下一步制冷剂再气化吸热做好准备）。

压缩机安装在发动机前端，由发动机的传动带驱动。同时，通过电磁离合器实现接合与分离，完成制冷与不制冷转换。

活塞式压缩机是目前应用最广泛的压缩机，约占整个汽车压缩机市场的80%。其中曲轴连杆式压缩机基本用于大型公共汽车和旅游车，斜盘/摆盘压缩机则多应用于轿车和中小型客车上。本书主要讲述曲轴连杆式压缩机，其他类型压缩机与此功能相似。

曲轴连杆式压缩机对制冷剂蒸气的压缩是通过活塞的往复运动来完成的，它的动力通过

带轮从发动机输入。压缩机的工作过程由压缩、排气、膨胀、吸气等四个过程组成。工作原理是：活塞下行，缸内容积增大，压力减小，将制冷剂吸入气缸；当活塞上行时，缸内容积减小，压力增大，将制冷剂压出气缸，导入冷凝器。

2. 冷凝器

汽车空调系统中的冷凝器是一种由管子与散热片组合起来的热交换器，作用是放出高温、高压气态制冷剂携带的热量，使其凝结为高压液体。

汽车空调系统冷凝器均采用风冷式结构，结构形式有管片式、管带式和平流式三种，如图 4—5 所示。其冷凝原理是：让外界冷空气强制通过冷凝器的散热片，将高温的制冷剂蒸气的热量带走，使之成为液态制冷剂。制冷剂蒸气所放出的热量，被周围空气带走，排到大气中。

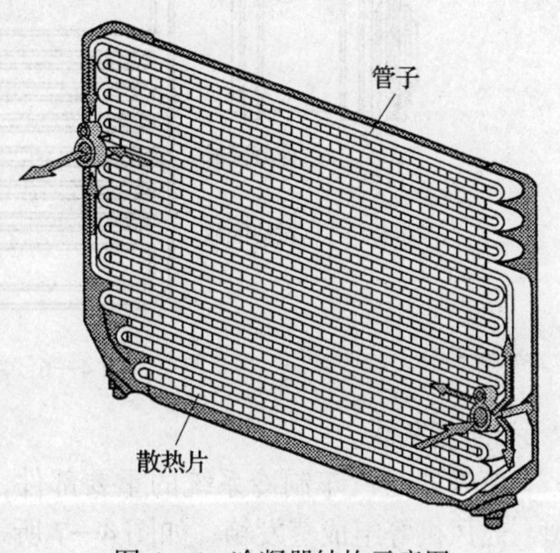

图 4—5　冷凝器结构示意图

由于冷凝器内压力远高于大气压力，故制冷剂的沸点也上升了不少。小型轿车的冷凝器一般安装在发动机水箱的前面，也有安装在水箱两侧的；冷凝器的入口在上方，出口在下方，不能装错，否则会引起制冷系统压力升高，导致冷凝器胀裂。为了促使冷凝器和制冷剂放热，要求冷凝器必须散热良好（内、外表面无尘物、油泥等），要求有足够的冷风吹向冷凝器（风扇风力足够、车速足够、外界温度不太高）。

经过长期使用后，冷凝器会产生阻塞现象。用手沿着制冷剂流动的方向触摸，当相邻两处存在明显温差时，说明冷凝器在该处有阻塞。当高压表指示高压端压力偏高、低压表指示低压端压力偏低时，也表明冷凝器有阻塞。

冷凝器的检修内容如下：

（1）检查冷凝器表面及冷凝器与发动机水箱之间（停机检查）是否有碎片、杂物、泥污，进行清理和用水清洗。冷凝器可用长毛刷蘸水轻轻刷洗，千万不要用蒸汽冲洗。

（2）检查冷凝器表面应无脱漆，以免锈蚀。

（3）检查冷凝器表面及管接头处（包括储液罐接头处）应无油迹。

（4）冷凝器翅片应无变形。如果局部弯曲则用尖嘴钳小心扳直，或用专用翅片梳子梳直；冷凝器管被石头等外力击打而弯、压扁、破损时应及时修理。

（5）导风罩应完好，冷凝器与水箱之间的距离不应超过 5 mm，否则空气在这中间循环会产生紊流。

部分汽车上安装有主、副冷凝器，如图 4—6 所示。这种冷凝器分为冷凝部分和过冷部分，同时还有一个起储液、干燥器作用的调节器。这种形式的冷凝器可改善冷却能力，但加注制冷剂时，需在气泡消失后再添加大约 100 g 的制冷剂，否则将会造成制冷能力不足，所以在这种系统的检查中，看不到气泡也不一定说明制冷剂充足。

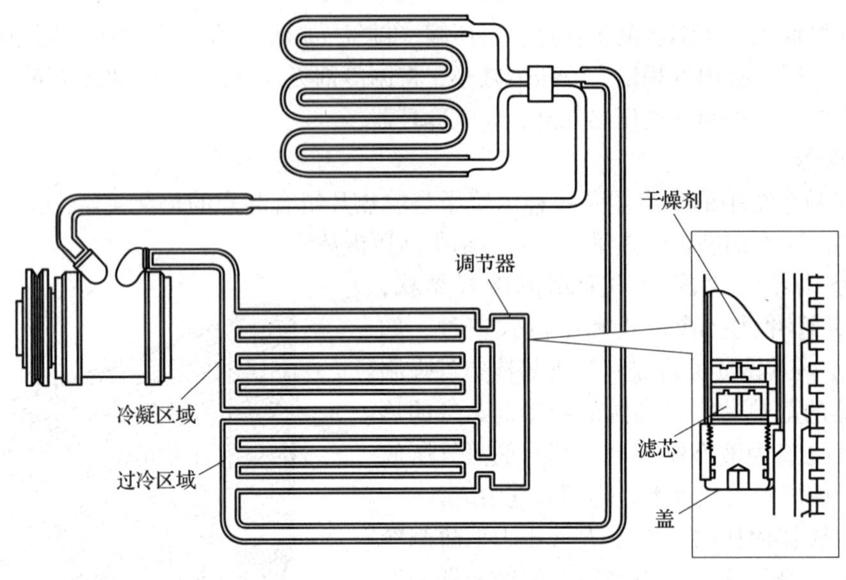

图 4—6　主、副冷凝器制冷系统

3．蒸发器

蒸发器是汽车制冷系统的重要部件，是整个空调系统产生制冷作用的中心，它与膨胀阀、鼓风机等组成蒸发箱，如图 4—7 所示。

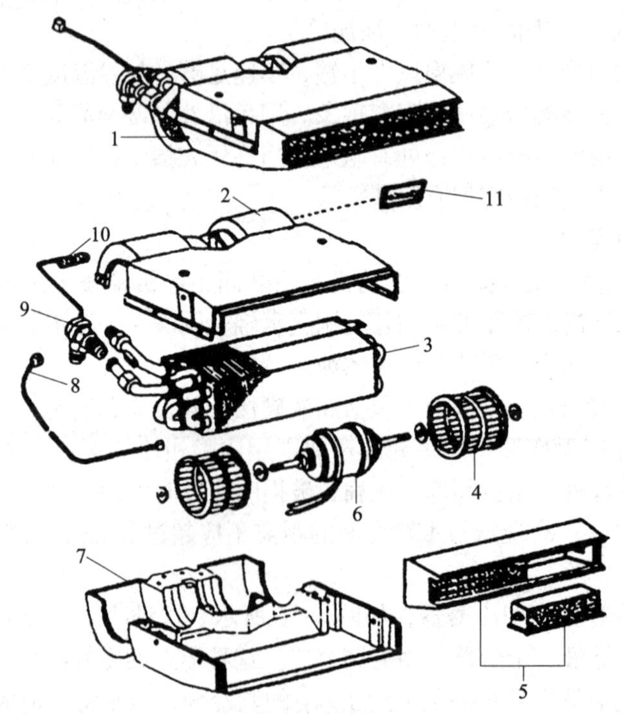

图 4—7　蒸发器总成

1—蒸发器组　2—上盖　3—蒸发器芯　4—鼓风机　5—出风口　6—直流电动机

7—下盖　8—热敏电阻　9—膨胀阀　10—感温包　11—调速电阻

蒸发器的原理如图 4—8 所示。在蒸发器里，热量是由乘客室内的空气传给液态制冷剂的。由于制冷剂进入蒸发器时是低温状态，它使蒸发器翅片变凉。这样，冷翅片周围的热空气就会向它放热。当热量作用于制冷剂，制冷剂会吸热沸腾，重新回到蒸发状态。当它沸腾时，会吸收大量的热量，结果车内热量减少、空气变凉。当制冷剂流出蒸发器时，它又回到低温低压的蒸气状态，然后再进入压缩机，进入下一轮循环。

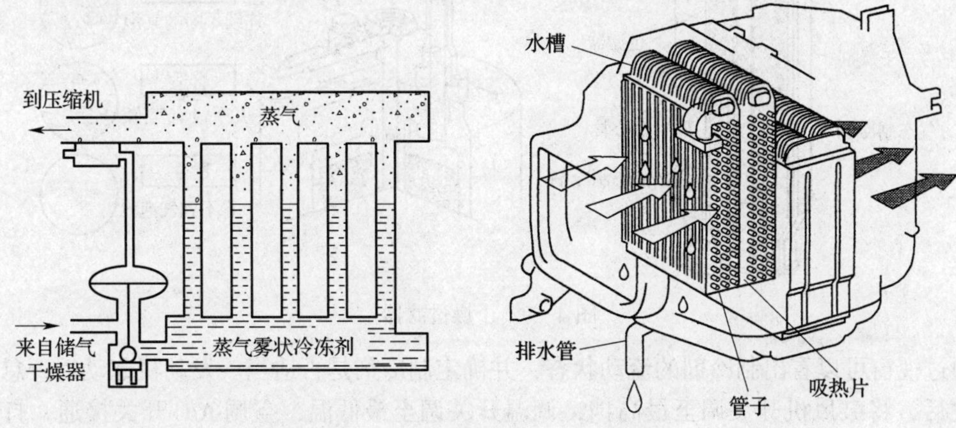

图 4—8　蒸发器的结构与工作原理

当空气流过蒸发器时，其中的水分在散热器上凝结成水滴之后通过排放口排出车外。

蒸发器结霜是指当蒸发器的温度低于 0℃时，流过蒸发器的空气中的水蒸气就会凝结成霜附在蒸发器表面，阻碍蒸发器与空气进行热交换，也阻碍空气经过蒸发器。为此，常用下列措施防止蒸发器结霜：恒温传感器控制压缩机（用于膨胀阀型制冷系统，结霜时关闭压缩机）、压力开关控制压缩机（用于膨胀节流管式制冷系统，压力过低时关闭压缩机）、EPR 阀直接控制制冷剂流量（变排量压缩机）。

4．储液干燥过滤器

（1）储液干燥过滤器的作用。储液干燥过滤器的作用有：储存多余的液态制冷剂、吸收系统中的水分、过滤制冷剂中的杂质、安全保护、观察分析制冷系统的故障。

由于制冷剂中含有水分、空调系统抽真空时不可能排净所含空气及其中的水分、维修时空气及水分也可能侵入管路，因此制冷管路中必然存有水分。而制冷剂的温度低于 0℃时，水分可能产生冰阻；水分还会与制冷剂产生化学反应，生成物对金属有强烈的腐蚀作用；因此，必须除去制冷系统中的水分，一般通过干燥剂去除。

常用干燥剂有硅胶型与分子筛型两种。硅胶型干燥剂，在干燥状态下呈蓝色，吸水后呈粉红色，可烘烤复原再用（但颜色不能复原，且不能用明火烤）；分子筛型干燥剂是白色球状的吸附剂，对含水量低、流速大的液态 / 气态均有极高的干燥能力，寿命长，可再生处理后重用。

由于维修时会带入杂质，水分与制冷剂、冷冻润滑油混合后腐蚀金属时也会产生杂质，而杂质会堵塞系统中的孔，增大压缩机磨损。所以，在干燥器中增设滤网，以滤去其中的杂质。

（2）干燥过滤器的工作情况。干燥过滤器的结构如图 4—9 所示。从冷凝器来的液态制冷剂进入干燥器内，经滤网和干燥剂除去杂质和水分后进入中心管，最后从出口流向膨胀阀。中心管插入底的目的是保证流出的制冷剂是纯液态的。

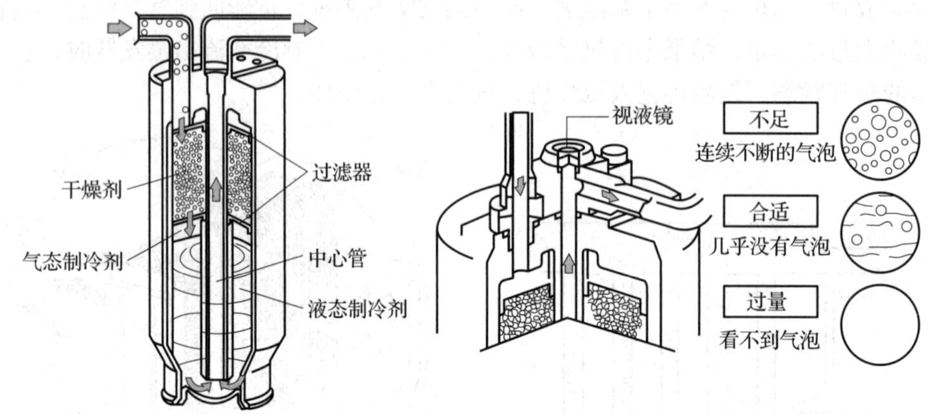

图 4—9　干燥过滤器

通过视窗可以看出制冷剂的流动状态，并确定制冷剂是否适当。发动机起动后，怠速运转。之后，将鼓风机开关调至最高挡，调温开关调至最低温，空调 A/C 开关接通，打开所有车门；逐渐升高发动机转速至 1 500 r/min 左右，观察视液镜。若有极少量气泡在液态制冷剂中，并随之消失，说明制冷剂合适；若有大量气泡并不消失，说明制冷剂太少；若电磁离合器吸合，但根本看不到气泡，则说明制冷剂太多；若电磁离合器未吸合，则需先查明离合器不工作原因，再观察视窗。

技术提示

干燥过滤器的进、出液管必须安装正确，否则不能保证流到膨胀阀的一定为液态制冷剂。为此，有的进、出液管粗细不一致，有的标有进、出方向。

5. 膨胀阀

膨胀阀又称节流阀，安装在蒸发器的入口处，通过节流孔开度的变化调节制冷剂的通道，使来自储液干燥器的高压液态制冷剂降压、降温，利于吸热；并控制进入蒸发器的液态制冷剂量，使之适应制冷负荷的变化。节流孔开度的变化是通过感温元件自动控制膨胀阀的开启来实现的。

6. 膨胀节流管

膨胀节流管的结构如图 4—10 所示。在一根工程塑料管的中间装置了一条节流用的铜管，铜管的内孔孔径为 $\phi 3$ mm ~ $\phi 5$ mm，塑料管两端装有金属过滤网。塑料外表面用 O 形橡胶圈密封。一端插进蒸发器，一端插进从冷凝器出来的橡胶管。由于孔管没有运动件，所以结构简单，不易损坏，只有滤网发生堵塞时需拆下来换一个即可。

7. 气液分离器

气液分离器又名积累器、吸气储液器、集液器、干燥罐。它安装在节流管式制冷系统的蒸发器与压缩机之间，起气液分离、干燥、过滤等作用。

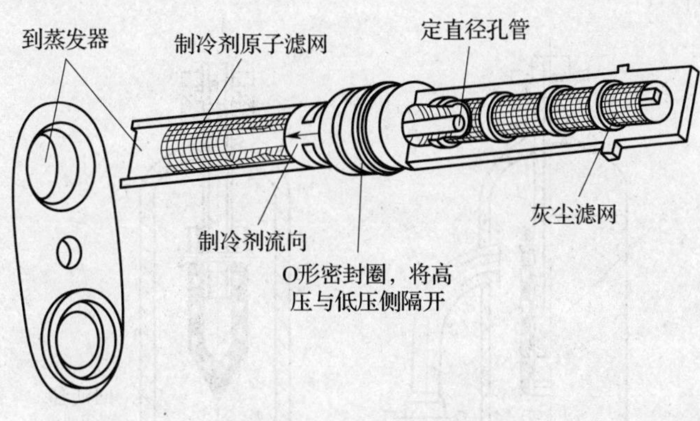

图 4—10　膨胀节流管

当使用膨胀节流管节流降压时，由于节流管孔口大小不能改变，故流入蒸发器的制冷剂流量不能被控制。压缩机高速运转时，进入蒸发器的制冷剂将过多，使制冷剂不能全部气化，液态制冷剂便进入压缩机，造成压缩机的“液击”损坏。因此，要使用气液分离器防止液态制冷剂进入压缩机。

气液分离器的结构如图 4—11 所示。汽车空调系统工作时，制冷剂从蒸发器出来后，从气液分离器的上部进入，液态制冷剂连同冷冻润滑油沉入底部，气态制冷剂则向上聚积并从上部出气管口进入出气管，被吸入压缩机。出气管最低转弯处有一装着特殊过滤材料的小孔，使少许冷冻润滑油能经小孔渗入出气管中，与气态制冷剂一同进入压缩机，而液态制冷剂则不能通过。

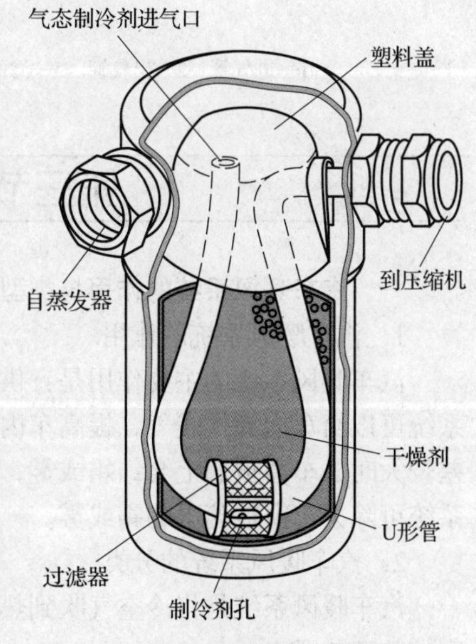

图 4—11　气液分离器

8．油分离器

汽车空调系统工作时，有一小部分冷冻润滑油因受高温的影响而气化，随制冷剂一起进入冷凝器和蒸发器中，在其管壁上形成一层附着油膜，使其热交换能力下降，降低制冷效率。特别是对冷冻润滑油量较大的螺杆式压缩机，影响更严重。因此，有些汽车空调系统在压缩机与冷凝器之间装有油分离器，其作用是将从压缩机出来的夹杂在制冷剂中的冷冻润滑油重新排回压缩机中。

油分离器主要由进气管、滤网、手动回油阀、浮球阀组及筒体组成，如图 4—12 所示。从压缩机排出的高压制冷剂气体进入油分离器时，由于体积增大、流动方向改变、滤网阻力等原因，流速突然降低，气态制冷剂中夹杂的冷冻润滑油便沉积到油气分离器的底部。当聚集的油量达到一定程度时，浮球浮起，阀门被打开，聚集的润滑油便被压回到压缩机的曲轴箱里去。油位下降后浮球下降，阀门复又关闭。

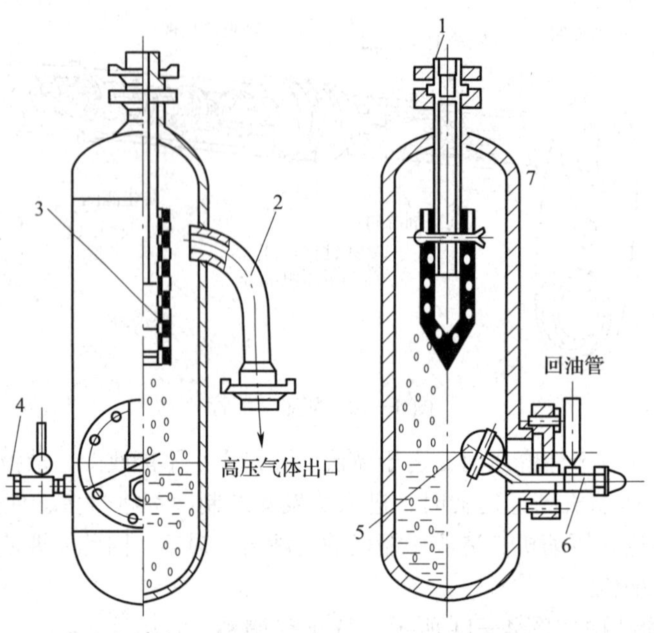

图 4—12 油分离器

1—进气管 2—出气管 3—滤网 4—手动回油阀 5—浮球阀组 6—回油阀 7—筒体

第三节 暖 风 系 统

一、汽车暖风系统的作用与类型

1. 汽车暖风系统的作用

汽车暖风系统的主要作用是：供暖、除霜、调节温度与湿度。在寒冷的冬天，汽车暖风系统可以给车内提供暖气，提高车内的温度。在冬、春、秋季节，空气湿度大，且车内外温差较大时，车窗玻璃上会结霜或雾，影响驾驶人的视线，不利于行车安全。这时，开启暖风系统可除去车窗玻璃上的霜或雾。

2. 汽车暖风系统的分类

汽车暖风系统是将冷空气吹到热交换器表面，吸收其热量并导入车内，从而提高车内温度的整套装置。

汽车暖风系统的种类很多，根据热源不同，汽车暖风系统可分为以下几种：

（1）水暖式暖风系统。热源来自发动机冷却液。水暖式暖风系统多用于轿车、大型货车及采暖要求不高的客车上。

（2）气暖式暖风系统。热源来自发动机排气系统。气暖式暖风系统多用于风冷式发动机汽车上。

（3）独立燃烧式暖风系统。热源来自专用燃料燃烧的热量。独立燃烧式暖风系统多用于大型客车。

（4）综合预热式暖风系统。热源来自发动机冷却液的热量和专用燃料燃烧装置的热量两个方面。综合预热式暖风系统多用于大型客车。

（5）电加热器。

二、暖风系统的结构与工作原理

1. 水暖式暖风系统

水暖式暖风系统的工作原理如图 4—13 所示，将水冷式发动机冷却系统中的冷却液作为热源引入车内的热交换器（加热器）中，同时鼓风机将车内的循环空气或外部空气吹向加热器，冷空气与加热器中的冷却液进行热交换，变成热空气后被导入车内，调控车内的温度。

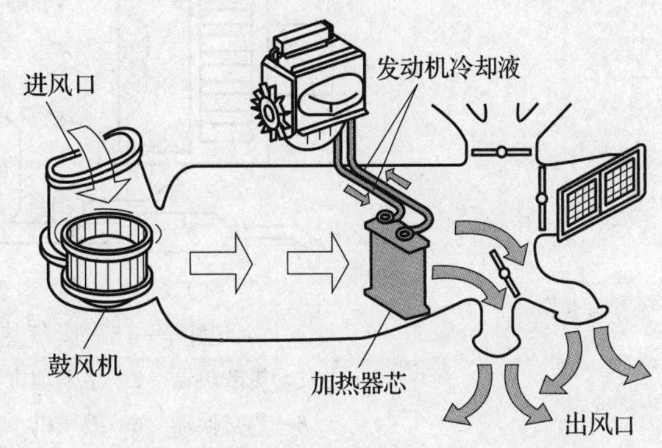

图 4—13　水暖式暖风系统的工作原理

就暖风系统，车内温度的调节方式有两种：空气混合型和水流调节型。空气混合型温度调节方式在暖风的气道中安装空气混合调节风门。这个风门可以控制通过加热器芯的空气和不通过加热器芯的空气的比例，实现温度的调节，目前绝大多数汽车均采用这种方式，其示意图如图 4—14a 所示。

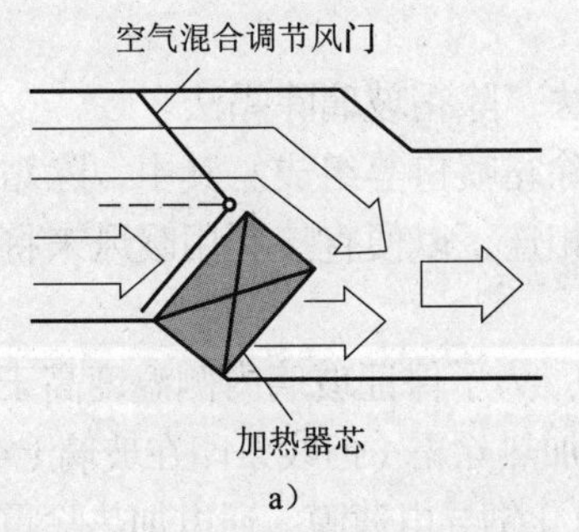

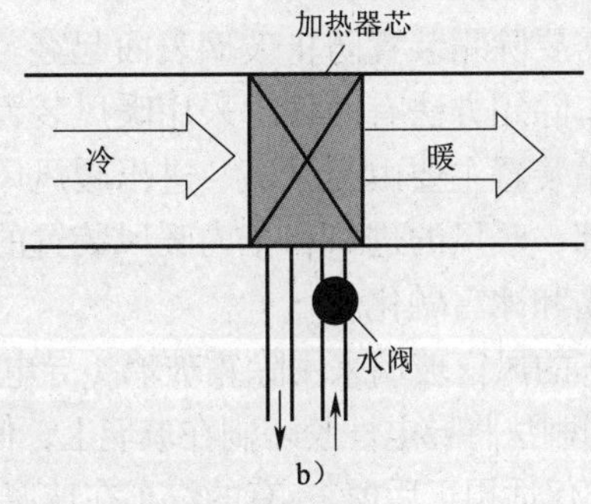

图 4—14　升高车内温度的方式

a）空气混合型暖风系统　b）水流调节型暖风系统

水流调节型温度调节方式采用热水阀调节水流经加热器芯的热水量，从而改变加热器芯的温度，进而调节车内温度。其调节的示意图如图 4—14b 所示。

水暖式暖风系统的最大缺点是供暖必须在发动机冷却液温度上升到大循环温度时方能开始，因此在严冬季节，下坡、停车或汽车刚起步时，热源就显得不足。另外，如果使用不当，发动机容易发生过冷现象。

对于车身较长的大型客车，在北方使用或外界温度低的情况下，车内热负荷很大，仅靠水暖式暖风系统难以取得令人满意的效果，因此，还有采用燃料燃烧加热冷却液、废气加热冷却液、电加热冷却液的供暖方式可供使用，本书不作一一介绍。

2. 气暖式暖风系统

如图 4—15 所示，气暖式暖风系统利用发动机排气管中废气的余热来给车内供暖。供暖时，废气阀门 4 打开，排气管的热气导入热交换器 5 内；由鼓风机吹来的冷气吸收热交换器的热量后，导入车内进行供暖或除霜。

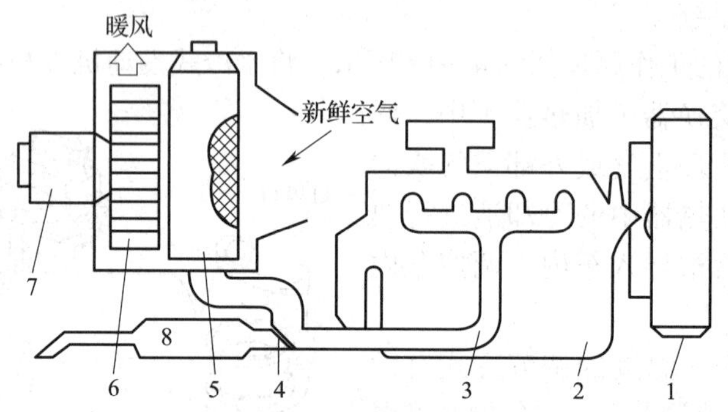

图 4—15　废气热交换器式暖风系统

1—主发动机散热器　2—主发动机　3—主发动机排气管　4—废气阀门
5—热交换器　6—鼓风机　7—鼓风机电动机　8—消声器

三、汽车的除霜装置

除霜装置用于消除严寒季节在风窗玻璃上凝结的霜、雪，以及防止玻璃上起雾。车内乘客散发出的热量会使车内温度升高，当风窗玻璃表面的温度低，气体中的水分会冻结在玻璃上，因此，需要除霜装置防止玻璃表面起雾。

目前汽车除霜方法有两种：采用暖风装置除霜法、除霜玻璃除霜法。

暖风除霜装置主要由鼓风机、进出暖风风管、除霜喷口等组成。其中，除霜喷口安装在风窗玻璃下部，暖风的进口和车内暖风装置的风管相连，以便直接利用暖风来将覆盖于风窗玻璃外面的霜和冰雪融化。

有些汽车的风窗玻璃采用除霜玻璃（导电玻璃）。为了保证玻璃内侧温度高于结霜点，一般采用网板印刷法将导电性胶印刷在玻璃上，使玻璃加热除霜（但线条印在玻璃上会影响视线，因此这种玻璃仅适用于后窗）。有的汽车在玻璃上镀氧化铟导电薄膜，通电加热除霜。

第四节　自动空调系统

对于手动空调而言，驾驶人必须手动控制进气门、模式开关、调温门（混合门）、鼓风机挡位开关（转速），进而直接拉动或由电动机带动相应阀门工作，实现空调工作。

自动空调系统设置有各种传感器、执行器和控制单元。只要驾驶人选定好目标温度，并把功能控制开关调整到“自动”挡。不管外界环境状况（气候）如何变化，自动空调系统都能为达到目标温度而自动工作（内外循环空气、冷暖气比例、出风模式、鼓风机转速等均为自动控制）。另外，自动空调系统具有自诊断功能，能随时监控自动空调系统的工作状况，便于故障的诊断与排除。

一、概述

自动空调分为半自动空调、自动空调及电控自动空调。目前，新型轿车多为电控自动空调。

1. 自动空调的功能

（1）自动控制。包括自动调温、自动调风（风速、风量）、自动选择运行方式（出风位置）、自动选择换气量等。

（2）节能控制。包括压缩机运转工况控制，换气量的最佳控制，温度变化时的换气切换、转入经济运行，根据车内外温度自动切断压缩机电源的控制。

（3）故障与安全报警。制冷剂不足时报警、制冷剂压力过高或过低时报警、离合器打滑报警、各种控制器件的故障报警。电控空调系统在某部位发生故障报警的同时，还可将该系统自动转入常规运行，不至于影响空调系统的工作。

（4）显示。可显示设定温度、车内温度、控制方式、运转状况及运转时间等参数。

（5）故障存储。当空调系统发生故障时，自动存储故障代码，便于检修。

2. 自动空调控制系统的基本组成

自动空调与手动空调的硬件（制冷剂循环装置、气流流通装置等）区别不大，但控制系统区别相当明显。

自动空调控制系统主要由传感器、执行器和 ECM 三部分组成，如图 4—16 所示。自动空调系统的组成如图 4—17 所示。

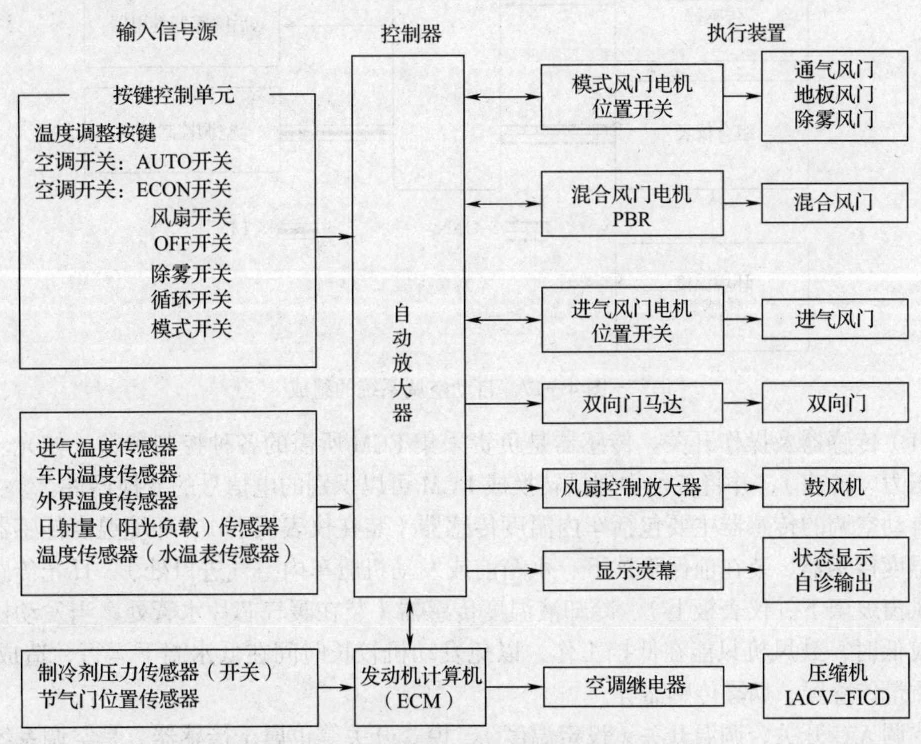

注：（1）PBR为电位平衡电阻器的简称，其功能是用来回授混合风门位置信号。
（2）位置开关的功能是回授风门（模式风门、进气风门）位置信号。

图 4—16　自动空调控制系统的组成

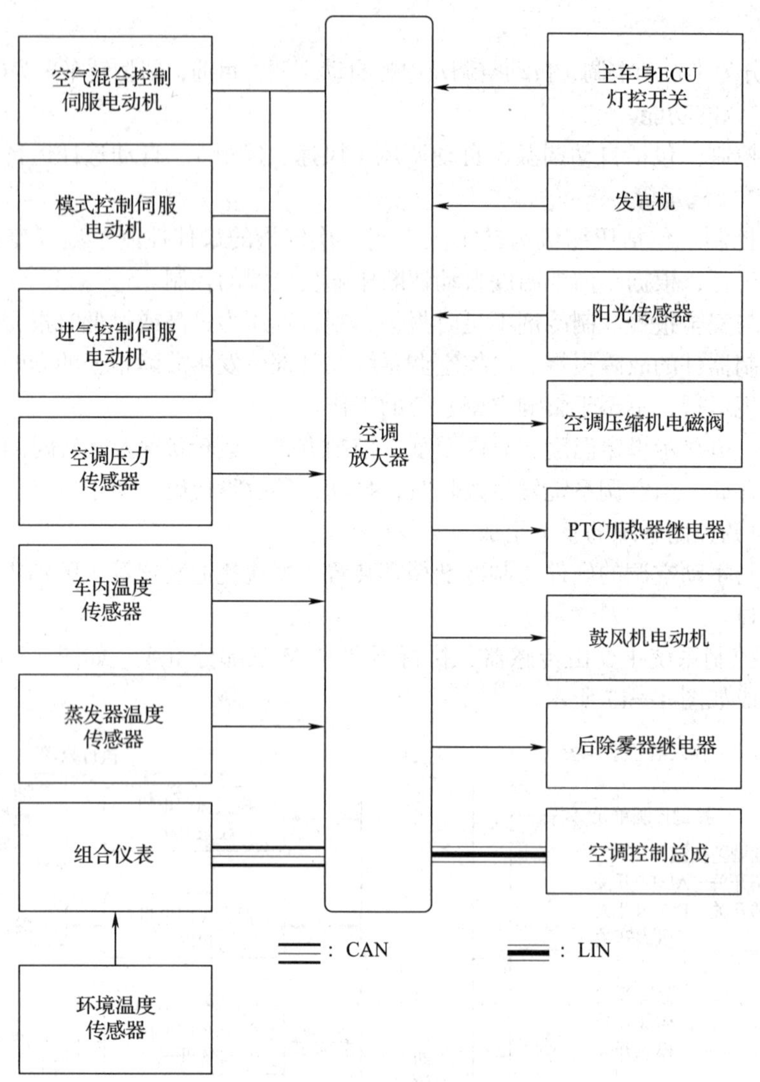

图 4—17 自动空调系统的组成

（1）传感器及操作开关。传感器是负责采集 ECM 所需的各种控制参数（如光、电、温度、压力、转速），并将各种物理量转换成 ECM 可以识别的电信号的变换器件。

自动空调的传感器主要包括车内温度传感器（装在仪表板下）、环境温度传感器（也称车外温度传感器，装在前保险杠下、水箱前或发动机舱车内空气进口处）、日光传感器（装在前风窗玻璃下、仪表板上）、冷却液温度传感器（装在暖气芯片水管处，当发动机冷却液温度较低时，鼓风机只能在低挡工作，以免发动机较长时间在低水温下运行，造成磨损）、空气质量传感器、烟雾传感器等。

空调 A/C 开关、调温开关（设定温度）、模式开关等也属于传感器，是空调系统必不可少的部分。

（2）ECM。ECM是空调系统的核心，用于收集、存储、调配空调系统的工作，工作原理如图4—18所示。

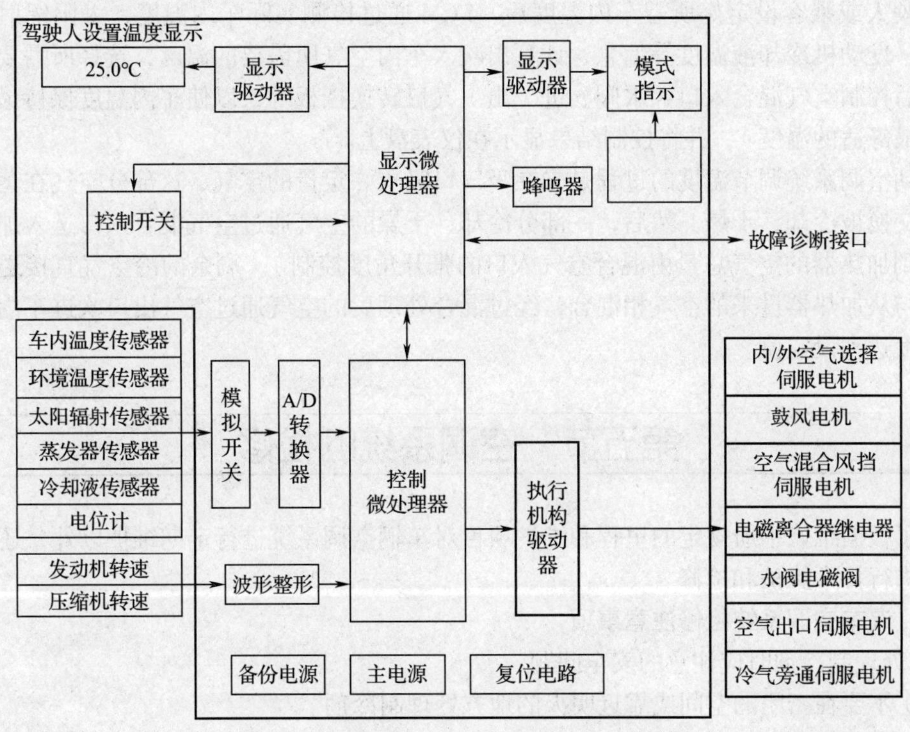

图4—18　电控自动空调ECM的内部结构

（3）自动空调执行机构。自动空调执行机构包括鼓风机电动机、压缩机电磁离合器以及内外气比例门、冷热气比例门（调温门）、出风模式门对应的电动机。各种警告灯（如制冷剂压力异常警告灯、冷却液温度异常警告灯）、故障诊断插口也属于执行器。相关执行器的功能见表4—1。

表4—1　　自动空调主要执行器的功能

序号	执行器	功　能
1	电磁离合器线圈	实现发动机与压缩机的连接与切断，通则制冷，断则不制冷
2	调温门电动机	改变调温门位置，从而改变出风口气流温度
3	进气门电动机	控制内外气比例门的位置，从而控制进入车内新鲜空气的比例
4	模式门电动机	控制出风门的开启组合，实现不同的出风方式
5	鼓风机转速	改变鼓风机转速，从而实现热量交换的速度

3．自动空调的工作原理

ECM接受人工设定数据及各种传感器传来的数据，进行存储、计算、分析、判断后，向各执行器发出相应指令，各执行机构完成各自相应的工作，从而控制温度、湿度、风速、风向等各种参数，实现空调的制冷、制热、通风、净化、去湿、除霜等功能。

驾驶人或乘客设定好所需车内温度后，ECM 通过检测实际车内温度、太阳辐射量、环境温度、发动机冷却液温度等信息，计算出吹入车内空气所需要的温度，选择所需要的空气量，然后控制空气混合入口、水阀、进（出）气口转换挡板等，以使车内温度保持最佳（人体感觉最舒适的温度），并将控制结果显示在仪表盘上。

自动空调系统调节温度的过程是先在吸气口吸入一定量的空气，这部分空气在蒸发器内通过热交换被冷却、干燥。然后，一部分冷却、干燥的空气通过空气混合入口送入加热器加热（送到加热器的空气总量由混合空气入口的张开角度控制），剩余的冷空气直接送入到混合室，与从加热器过来的空气相混合，经过混合处理后的空气通过空气出口吹进车内，直到车内温度达到设定值。

第五节　空调系统的检修

除了根据维修手册规定的里程和维护项目对车辆空调系统进行定期维护以外，还要对空调系统进行日常维护和检修。

一、汽车空调系统检修注意事项

1．处理制冷剂时应注意的安全问题

（1）不要在密闭的空间或靠近明火的地方处理制冷剂。

（2）必须戴防护眼镜。

（3）避免制冷剂进入眼睛或溅到皮肤上。

（4）不要将制冷剂的罐底对人，有些制冷剂罐底有紧急放气装置。

（5）不要将制冷剂罐直接放在温度高于 40℃的热水中。

（6）如果制冷剂不小心进入眼睛或碰到皮肤，不要揉，应立即用大量冷水冲洗，并尽快到医院进行专业处理。

2．在更换零件或管路时要注意的问题

（1）尽量用制冷剂回收装置回收制冷剂，以便再次循环使用。

（2）未连接管路或零件时，要插上塞子，以免水气、灰尘进入系统。

（3）对于新的冷凝器、储液干燥器等零件不要拔了塞子放置。

（4）在拔出新压缩机塞子之前要从排放阀放出氮气，否则在拔塞子时，压缩机油将随氮气一起喷出。

（5）不要用火焰加热进行弯管和管路拉伸。

3．在拧紧连接零件时应注意的问题

（1）滴几滴压缩机油到 O 形密封圈上，易于紧固和防止漏气。

（2）使用两个开口扳手紧固螺母，防止管路扭曲。

（3）按规定的力矩拧紧螺母或螺栓。

4．处理装有制冷剂的容器时应注意的问题

（1）不要加热制冷剂容器。

（2）容器要保持在 40℃以下。

（3）当用温水加热制冷剂容器时，不允许将容器顶部的阀门浸入水中，防止水渗入制冷管路。

（4）使用过的一次性制冷剂容器，禁止再次使用。

5．空调制冷系统补充制冷剂时应注意的问题

（1）如果制冷剂不足，有可能引起压缩机润滑不足，造成压缩机损坏，应注意避免这种情况发生。

（2）空调系统在运转时，如果开启高压阀将引起制冷剂倒流入制冷剂容器，使制冷剂容器破裂，因此只允许开启低压阀。

（3）如果将制冷剂容器倒置，制冷剂将以液态进入空调管路，造成压缩机液击，损坏压缩机，所以制冷剂必须以气态充入。

（4）制冷剂不要充入过量，否则将造成制冷不良、发动机经济性变差、发动机过热等故障。

二、空调系统的检查

1．直观检查

（1）检查压缩机驱动带是否过松，如果驱动带过松按标准调整。

（2）检查空调出风口的出风量和出风温度。用手触摸出风口温度（或用温度计测量），应感觉凉爽；如果出风量不足，应检查进风滤清器，并清除杂物。

（3）听压缩机附近是否有非正常的响声，如果有异响则检查压缩机的安装情况。

（4）检查压缩机内部应无杂音。

（5）检查冷凝器散热片上应无污物覆盖，如果有则清除污物。

（6）检查制冷循环系统的各连接处是否有油渍，如果有油渍，说明该处有泄漏，应紧固主连接处或更换该处的零件。

（7）将鼓风机开至低、中、高挡，听鼓风机处是否有杂音，检查鼓风机是否运转正常，如有杂音或运转不正常，应更换鼓风机（鼓风机进入异物或安装有问题也会引起杂音或运转不正常，所以在更换之前要仔细检查）。

2．制冷剂数量的检查

（1）根据观察窗检查制冷剂量。在满足下列测试条件下观察液体管上的观察窗，判断制冷剂情况，见表 4—2。

表 4—2　　　　制冷剂状况检查

项目	现象	制冷剂量	纠正措施
1	大量气泡	不足	检查是否有制冷剂泄漏，如果有则进行修理；添加制冷剂直至泡沫消失
2	无泡沫出现	无或过多	参阅 3 和 4

续表

项目	现象	制冷剂量	纠正措施
3	压缩机进口和出口无温度差	空或接近空	用检漏仪检测是否有制冷剂气体泄漏，如果有则进行修理；增加制冷剂直至泡沫消失
4	压缩机进口和出口温差极大	适当或过多	参阅 5 和 6
5	空调刚关闭后，制冷剂变清	过多	排放制冷剂 排放空气并添加适量的新制冷剂
6	空调刚关闭后，制冷剂起泡，然后变清	适当	—

说明：如果冷却充足，在环境温度高于通常温度的情况下，从观察窗观察到泡沫，可视为正常。

测试条件：打开所有车门；鼓风机速度控制开关设置在“高”位置；温度控制开关设置在“最冷”位置；空调开关设置在“ON”位置；发动机以 1 500 r/min 的速度运转。

（2）用歧管压力表组检查制冷剂压力，判断制冷剂量。在满足下列测试条件下，根据压力表组显示判断制冷剂量。低压侧仪表读数 0.15 ~ 0.25 MPa，高压侧仪表读数 1.37 ~ 1.57 MPa，如图 4—19 所示，说明制冷剂量符合要求。

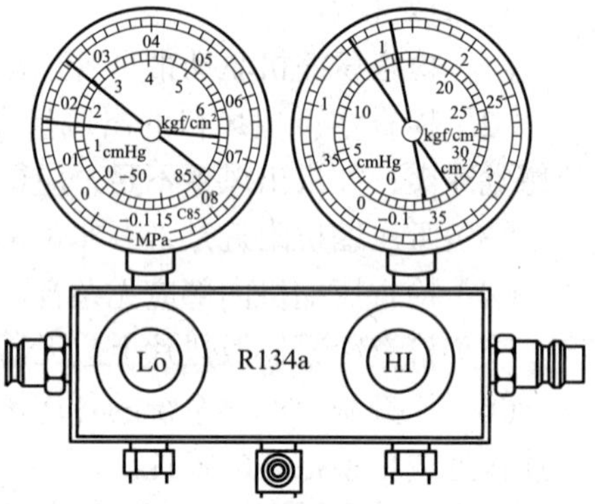

图 4—19　制冷系统正常压力表显示

测试条件：空气进口的温度在 30 ~ 35℃之间；打开所有车门；进气门开关在“内循环”；将温度控制开关设置在“最冷”位置；鼓风机速度控制开关设置在“高”位置；空调开关设置在“ON”位置；发动机以 1 500 r/min 的速度运转。

3．制冷剂泄漏的检查

由于汽车空调制冷系统各部件及管路均采用可拆式连接，压缩机也是开式结构，而制冷剂的渗透能力很强，因此制冷系统的泄漏是不可避免的。汽车空调不制冷或制冷不足故障中，70% ~ 80% 以上都是由系统泄漏所造成的。因此，制冷系统的检漏作业在汽车空调维修作业中是十分重要的一个环节。目前，常用以下方法进行检漏。

（1）电子检漏仪检测法。电子检漏仪检漏是汽车空调检漏作业中最常用、最主要的检漏手段，即用电子检漏仪对制冷系统各部件或连接管路进行检漏。采用检漏仪检漏的前提是制冷系统管路内必须有一定压力的制冷剂，因此，在进行检漏作业之前，应适当加入一定量的制冷剂（对空调来说，在抽真空作业进行完成后，从高压侧注入 200 g 左右的液态制冷剂即可）或不放出系统内原有的制冷剂以备检漏之用。

重点检漏部位有：拆修过的制冷系统部件及各连接部位；压缩机轴封、前后端盖密封垫、检修阀和过热保护器；冷凝器散热片及制冷剂进出连接管口；制冷系统各管路及连接部位。检测制冷剂泄漏的工具如图 4—20 所示。

歧管压力表、真空泵

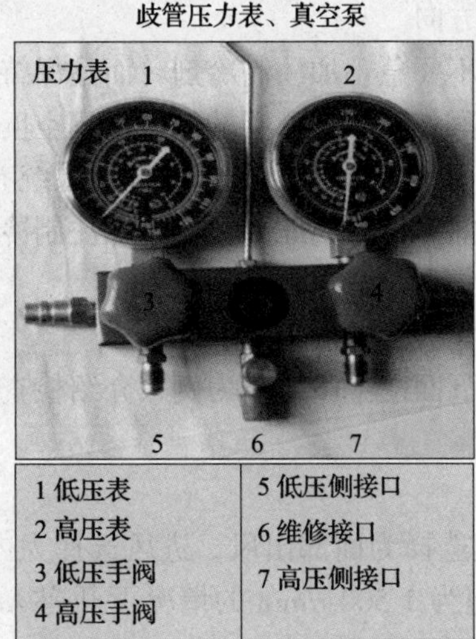

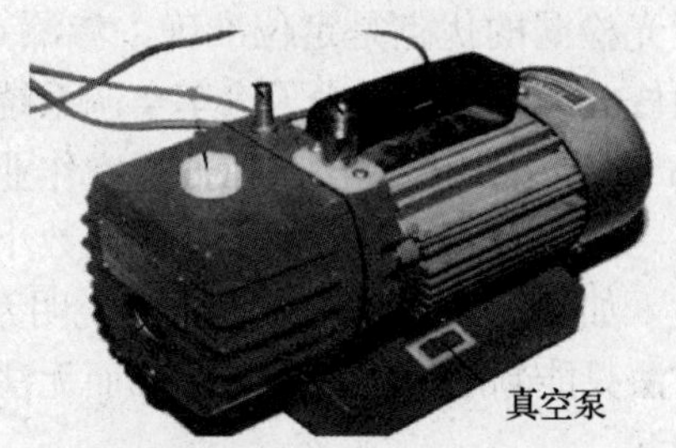

低压表：用来检测系统低压侧压力
高压表：用来检测系统高压侧压力
低压手阀：关闭时 5 与 6 隔断；打开时 5 与 6 相通
高压手阀：关闭时 7 与 6 隔断；打开时 7 与 6 相通
低压侧接口：通过软管与系统低压侧连接
维修接口：通过软管可以连接真空泵、制冷剂罐等设备
高压侧接口：通过软管与系统高压侧连接

图 4—20　检测制冷剂泄漏的工具

一般来说，对制冷系统高压侧部件及管路的检漏应在运行过程中或压缩机刚刚停止运转时立即进行。这时，系统压力较高，泄漏点容易暴露。对压缩机轴封的检漏也最好在压缩机运行时进行。而对于低压侧管路的检漏，应在压缩机停止运行时进行，这时低压侧压力相对较高。对于蒸发器及其连接管路的检漏，由于其安装相对隐蔽，检漏仪探头较难直接触及，因而无法对其直接检漏，可在鼓风机低速运行时，将检漏仪探头直接伸入出风口或在蒸发器总成附近进行间接检漏。发现有泄漏时，再拆下蒸发器总成对其进行单独试漏。

（2）肥皂泡沫试漏法。当没有检漏设备时，可利用肥皂水对可能发生泄漏的部位进行直接检查。方法是：通过歧管压力计经制冷系统充入一定的干燥氮气，然后把肥皂水或其他起泡剂涂在需要检查的部位，如各连接头、焊缝等，如发现有排气声或吹出肥皂泡，则说明该处有泄漏。如没有氮气瓶，也可充入一定压力的制冷剂进行检漏，但这将造成制冷剂的浪费。这种方法简单、实用、安全，尤其适用于检漏仪不易接近的部位，但灵敏度较差，操作完毕后应清除干净。

（3）油迹检漏法。制冷剂与冷冻润滑油能互溶，如因密封不良而使制冷剂泄漏，也会带出少量的冷冻润滑油，泄漏处便会形成油斑，时间一长又粘上尘土便形成油泥。根据这种现象就能找到泄漏部位，不过只有在泄漏量较大时，这种现象才明显。

（4）着色检漏法。将某种颜色的染料加入制冷系统中并随制冷剂一起在管路中循环流动，当系统管路或部件发生泄漏时，加入的染料也随之渗漏出来并粘在泄漏部位使之变色，通过观察制冷系统管路和部件的颜色，就能很容易地发现泄漏部位。

（5）荧光检漏法。荧光检漏是利用荧光检漏剂在紫外 / 蓝光检漏灯照射下会发出明亮的黄绿光的原理，对各类系统中的流体渗漏进行检测的。在使用时，只需将荧光剂按一定比例加入系统中，系统运行 20 min 后，维修人员再戴上专用眼镜，用检漏灯照射系统的外部，泄漏处将呈黄色荧光。

荧光检漏的优点是定位准确，渗漏点可以直接用眼睛观察到，而且使用简单，携带方便，检修成本较低，代表了汽车空调系统检漏的发展方向。

（6）真空保压检漏法。在抽真空作业完成之后，不要急于加注制冷剂，而是保持系统真空状态一定的时间（一般数十分钟至数小时）后，观察歧管压力计上的低压表真空度是否发生变化。如真空指示没有变化，则说明系统无泄漏；如真空指示回升，则说明系统有泄漏。这种方法只能判断系统有无泄漏，而无法具体指示泄漏部位，因此，只用于加注制冷剂前的初步检漏。

4．空调制冷功能的检查

空调制冷功能的检查方法因车型不同有所差异，下面以丰田轿车为例来介绍检查的方法（不同车型的检查方法，可参照相应车型的维修手册）。

（1）将汽车停放在阴凉处。

（2）预热发动机到正常温度，将车门全开，气流选择为面部出风，进风选择为内循环，鼓风机速度选择最大，温度选择最冷，在发动机转速为 1 500 r/min 的情况下开启 A/C 开关 5 ~ 6 min 后，测试进风口的湿度和温度、出风口的温度。

（3）查出进风口处的相对湿度，再算出进风口和出风口的温度差，检查是否在可接受范围内，如果在其范围内，则说明制冷性能良好，如图 4—21 所示。

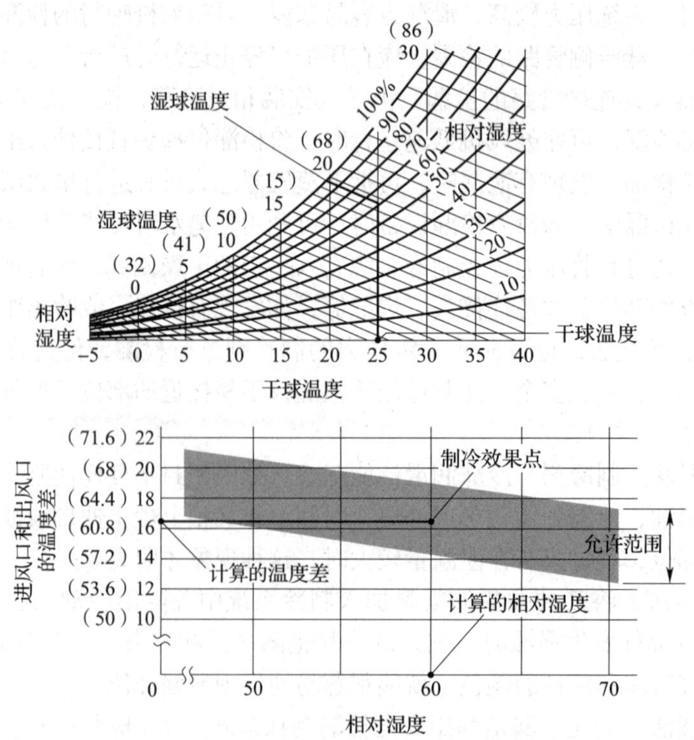

图 4—21　用相对湿度判断空调性能

三、制冷剂的加注

1．制冷剂加注程序

制冷剂加注操作程序如图 4—22 所示。

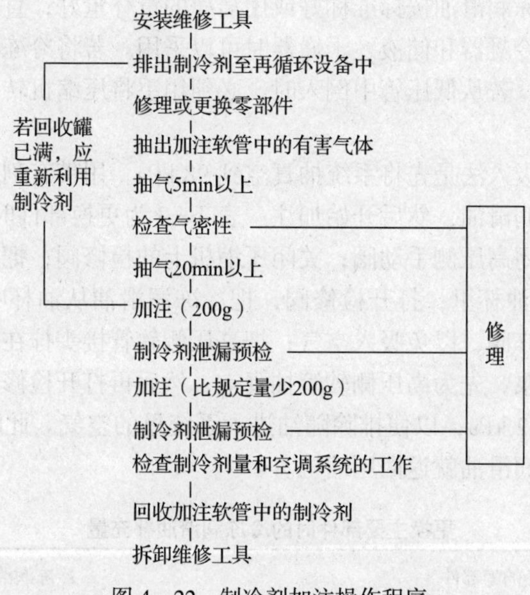

图 4—22　制冷剂加注操作程序

2．制冷剂的排放

（1）关闭压力表组上的高、低压手动阀，将压力表组的高、低压软管分别连接到空调系统的高、低压检修阀上，将中间软管端头用干净布包上。

（2）缓慢打开高压手动阀，让制冷剂从中间软管排出，注意阀门开度要小，否则冷冻润滑油将随制冷剂一同排出。

（3）观察高压表，当其压力降到 0.35 MPa 以下时，逐渐打开低压手动阀，使制冷剂从两侧同时排出。

（4）随压力下降，逐渐开大两个手动阀，直到制冷剂完全放出为止。

3．加注冷冻润滑油

在一般情况下，汽车空调制冷系统冷冻润滑油的消耗量很少，可以每两年更换一次，每次加入规定的数量。但冷冻润滑油也会随着制冷剂的泄漏而流失（如果制冷剂泄漏速度很慢，对冷冻润滑油泄漏影响不大。制冷剂如果泄漏速度很快，冷冻润滑油也会随之很快泄漏）。如果压缩机内冷冻润滑油存油过少，压缩机会过热，甚至发生卡缸现象；系统内冷冻润滑油过多，膨胀阀、蒸发器会发生故障，因此，压缩机内必须保持正常的存油量。

（1）压缩机冷冻润滑油量的检查。观察视液镜法：通过压缩机上安装的视液镜，可观察压缩机冷冻润滑油量。如压缩机冷冻润滑油油面达到视液镜高度的 80% 位置，一般认为是合适的。如果油面在此界限之上，应排出多余的冷冻润滑油；如果油面在此界限之下，则应添加冷冻润滑油。观察油尺：未装视液镜的压缩机，可用油尺检查其油量。可利用油塞下面的油尺直接检测油量。油塞下没有油尺时，需另外用专用油尺插入检查。油面的位置应在规定的上、下限之间。

（2）添加冷冻润滑油。

直接加入法：将冷冻润滑油按标准称好或用洁净的量杯量好，直接倒入压缩机内，这种方法只在更换蒸发器、冷凝器和储液、干燥器时可以采用。若将冷冻润滑油直接倒入压缩机时，最好倒入高压管中，若从低压管中倒入时，必须用手将压缩机转动几圈，以免发生液击现象。

真空吸入法：真空吸入法是先将系统抽真空到 98 kPa，用带有刻度的量杯准备比需要补充量还要多一些的冷冻润滑油，然后开始加注。表 4—3 为更换部件时的冷冻润滑油补充量。

操作程序如下：关闭高压侧手动阀；关闭压缩机上的检修阀；把高压侧软管从歧管压力计上卸下插到冷冻润滑油杯里；打开检修阀，把冷冻润滑油从油杯吸入系统；吸油快完毕时，要注意立即关闭检修阀，以免吸入空气；把高压侧软管接头拧在歧管压力计上，打开高压侧手动阀，开动真空泵，先为高压侧软管抽真空，然后再打开检修阀，为系统抽真空，先抽到 98 kPa，再加抽到 2 kPa，以便排除随油进入系统里的空气。此时，冷冻润滑油在高压侧，系统运转后，冷冻润滑油就返回压缩机。

表 4—3　　　　更换主要部件时的冷冻润滑油补充量

更换的零部件		冷冻润滑油补充量（mL）
冷凝器	无渗漏油迹	10 ~ 30
	有大量渗漏油迹	40 ~ 60
蒸发器		40 ~ 50
储液干燥器		10 ~ 20
制冷管道	无渗漏油迹	不加油
	有大量渗漏油迹	10 ~ 20
系统漏气	无渗漏油迹	不加油
	有大量渗漏油迹	10 ~ 20

4. 系统抽真空

检修完空调系统后，系统内难免要进入空气，空气中含有大量的水蒸气，它对空调系统有很大的破坏作用，因此必须将空气彻底抽出。抽真空时，由于压力越来越低，水逐渐变成蒸汽而被抽出。这个过程比较慢，因而抽真空最少需 30 min，若真空泵的容量小，还需更长时间。为使空气尽可能被彻底抽出，还可采用重复抽真空法，即在第一次抽完后，再重复抽 1 ~ 2 次。抽真空的具体操作方法如下：

（1）将压力表组的高、低压软管分别与空调系统的高、低压检修阀相连，中间软管与真空泵相连。

（2）打开高、低压手动阀，并起动真空泵，注意观察两个压力表，经 30 min 以上的时间后，抽真空至负压为 0.1 MPa（低压表上的绿色刻度段）。

（3）关闭高、低压手动阀，观察压力表 5 min，若压力不回升，便可结束抽真空（也可再重复抽 1 ~ 2 次）。如果显示压力增加，则有空气进入空调系统，检查 O 形圈和空调系统的连接状况。如果抽真空不足，空调管道内的水分会冻结，将阻碍制冷剂的流动并导致空调系统内表面生锈。

（4）先关闭高、低压手动阀，然后关掉真空泵。如果关闭真空泵时，两侧的阀门（高压侧和低压侧）都开着，则空气会进入空调系统。

5．从高压侧注入液态制冷剂

液态制冷剂可以从制冷系统高压侧维修阀注入，其加注方法如下：

抽真空并确认系统密封性良好后，将中间注入软管从真空泵上卸下，改接到制冷剂注入阀接口上，装好制冷剂罐并用注入阀打开制冷剂罐，然后将与歧管压力计相连接的中间软管接头稍微松开一些，直至听到“嘶嘶”声后再拧紧，以排出中间注入软管内的空气。

打开歧管压力计高压侧手动阀，制冷剂便经高压侧注入软管进入系统高压侧，这时观察低压表指针是否随高压表指针一起升高，若低压表指针不回升或回升很慢，说明系统内部有堵塞处，应停止充注并进行检修。

若低压随高压一起正常回升，可将制冷剂罐倒立，使制冷剂呈液态进入系统。注入规定量的制冷剂后，关闭高压侧手动阀和注入阀后，即可进行检漏或试运行。

从高压侧注入一定量的液态制冷剂（一般为 200 g 左右），一般在抽真空后初步检漏之前进行，以使制冷系统有一定量的制冷剂并保持一定的压力，便于用电子检漏仪进行检漏作业。

采用高压侧充注制冷剂时，不允许打开歧管压力计上的低压手动阀，否则有可能在压缩机工作后产生液击现象；也决不允许在压缩机运转时从高压侧加注，否则有可能造成制冷剂罐爆裂的危险。

6．从低压侧注入气态制冷剂

气态制冷剂一般从制冷系统低压侧检修阀注入，用于初步检漏后充注制冷剂或给系统补充制冷剂，其加注方法如下：

将歧管压力计连接于制冷系统检修阀上，中间注入软管与制冷剂注入阀和制冷剂罐连接好，若是补充制冷剂，需排出三根注入软管内的空气，方法是打开歧管压力计上高、低压手动阀并拧松与注入阀连接的连接螺母数秒钟，由系统内制冷剂排出三根注入软管内的空气，然后关闭歧管压力计上的高、低压手动阀。

起动发动机并使之保持在 1 500 ~ 2 000 r/min 转速下运转，接通空调 A/C 开关使压缩机工作，鼓风机以高速旋转，温度调节至最冷位置。

用注入阀打开制冷剂罐，并保持罐体直立，缓慢打开注入软管、低压侧检修阀，气态制冷剂被压缩机吸入制冷系统低压侧。同时调节低压侧手动阀开度，使低压表读数不超过 4.2 MPa。为加快充注速度，可将制冷剂罐直立放在温度为 40℃左右的温水中，以保证制冷剂罐内的液态制冷剂具有一定的蒸发速度。

若使用的是小容量罐，在加注 1 罐后仍需加注时，可关闭歧管压力计上的低压侧手动阀，从空罐上卸下注入阀，把它装到待用的制冷剂罐上，排出中间注入软管内的空气后，再继续加注到适量为止。

充注完毕后，关闭歧管压力计低压侧手动阀，关闭注入阀，关闭空调 A/C 开关和鼓风机开关，让发动机熄火，卸下歧管压力计即可。

通过观察镜观察制冷剂的流动和读取压力表高、低压值来判断制冷剂的加注量。

7. 制冷系统工作压力及工作情况的检查

要了解汽车空调制冷系统工作循环进行的情况，必须测量制冷系统工作时高压侧和低压侧的压力，制冷系统工作压力的检测方法如下：

（1）将歧管压力计正确连接到制冷系统相应的检修阀上，如果是手动检修阀应使阀处于“中位”。同时连接好发动机转速表。

（2）关闭歧管压力计上的两个手动截止阀。

（3）用手拧松歧管压力计上高、低压注入软管的连接螺母，让系统内的制冷剂将高低压侧注入的空气排出，然后再将连接螺母拧紧。

（4）起动发动机并使发动机转速保持在 1 500 ~ 2 000 r/min，然后打开空调开关和鼓风机开关，设置到空调最大制冷状态，鼓风机高速运转，温度调节在最冷位置。

（5）关闭车门、车窗和舱盖，发动机预热。

（6）把温度计插进中间出风口并观察空气温度，在外界温度为 27℃时，运行 5 min 后出风温度应接近于 7℃。

（7）观察高低侧压力：压缩机的排气压力（高压侧）应为 1 103 ~ 1 633 kPa。压缩机开动后，低压表压力开始下降，当降至 118 kPa 时，恒温器则会切断离合器电路，压缩机停止工作。这时，低压表压力又会上升至 207 ~ 217 kPa，恒温器接通离合器电路，压缩机又开始工作，低压表压力又下降，系统便周而复始地进行循环。

（8）如果压力异常，检修方法如表 4—4 所示。

表 4—4　　制冷系统的压力异常原因及检修方法

现象	原因	检修
低压侧压力低 高压侧压力高	膨胀阀损坏 制冷剂软管堵塞 储液干燥器堵塞 冷凝器堵塞	更换膨胀阀 检查软管有无死弯，必要时更换 更换储液干燥器 更换冷凝器
高、低压侧压力正常 但制冷量不足	系统中有空气 系统中冷冻润滑油过量	抽真空、检漏并充注系统 排放冷冻润滑油，恢复正常油位，抽真空、检漏并充注
低压侧压力低 高压侧压力低	系统制冷剂不足 膨胀阀堵塞	抽真空、检漏并充注系统 更换膨胀阀
低压侧压力高 高压侧压力低	压缩机内部磨损泄漏 缸盖密封垫泄漏 压缩机皮带打滑	拆检压缩机，必要时更换 更换缸盖密封垫 调整皮带张力

续表

现象	原因	检修
低压侧压力高 高压侧压力高	冷凝器翅片堵塞 系统中有空气 膨胀阀损坏 风扇传动带松或磨损 制冷剂充注过量	清扫冷凝器翅片 抽真空、检漏并充注 更换膨胀阀 调整或更换传动带 排放一些制冷剂

复习思考题

一、思考题

1．使用制冷剂时需注意哪些事项？

2．简述歧管压力表组件在维修汽车空调系统中的作用。

3．试说明怎样通过观察视镜确定制冷剂的量。

4．制冷系统检漏方法有哪几种？

5．试说明肥皂泡沫检漏法及主要检漏部位。

6．怎样确定制冷系统管路中的高、低压侧？

7．如何确定汽车空调制冷系统制冷剂的泄漏部位？

二、选择题

1．担任压缩机动力分离与结合的组件为（　　）。

A．电磁容电器　　B．电磁离合器

C．液力变矩器　　D．单向离合器

2．（　　）的作用是把来自压缩机的高温高压气体通过管壁和翅片将其中的热量传递给周围的空气，从而使高温高压的气态制冷剂冷凝成液体。

A．冷凝器　　B．蒸发器

C．电磁离合器　　D．储液干燥器

3．汽车空调（　　）置于车内，它属于直接风冷式结构，它利用低温低压的液态制冷剂蒸发时需吸收大量的热量的原理，把通过它周围的空气中的热量带走变成冷空气送入车厢，从而达到车内降温的目的。

A．冷凝器　　B．蒸发器

C．电磁离合器　　D．储液干燥器

4．当由压缩机压出的刚进入冷凝器中制冷剂为（　　）。

A．高温高压气态　　B．高温高压液态

C．中温高压液态　　D．低压气态

5．冷凝器中，经过风扇和空气冷却，制冷剂变为（　　）。

A．高温高压气态　　B．高温高压液态

C．中温高压液态　　　　D．低压气态

6．蒸发器中制冷剂为（　　）。

A．高压气态　　　　B．高压液态

C．低压液态　　　　D．低压气态

7．膨胀阀的安装位置是在（　　）。

A．冷凝器入口　　　　B．蒸发器入口

C．储液干燥器入口　　　　D．压缩机入口

8．节流管的安装位置是在（　　）。

A．冷凝器入口　　　　B．蒸发器入口

C．集液器入口　　　　D．压缩机出口

第五章　商用车车载网络系统检修

学习目标

1. 掌握车载网络系统的基本概念。
2. 掌握车载网络系统的组成及工作原理。
3. 掌握车载网络系统故障诊断的方法。

第一节　车载网络基础

随着汽车电子元件的增多，传统的电路控制方式已经成为汽车电子技术发展的瓶颈，为了解决这个问题，汽车车载网络技术应运而生。它不仅解决了一直存在的集中控制和分散控制的矛盾，而且还增加了许多功能，并且大大增强了可靠性。

一、车载网络系统的基本概念

1. 多路传输

多路传输是指在同一通道或线路上同时传输多条信息。这听起来好像不可能，但在某种意义上讲是可能的。事实上数据是依次传输的，但速度非常之快，似乎就是同时传输。多个信号分时使用同一物理传输介质，这就叫作分时多路传输。

如图 5—1、图 5—2 所示，由于常规线路系统各单元或传感器之间是通过独立的数据线进行信息交换的，而多路传输系统 ECU 之间所有信息都是通过两根数据线进行交换，所以比常规线路系统所用导线要少得多，并且 ECU 可以触发仪表板上的警告灯或灯光故障等指示灯，又由于多路传输系统可以通过两（或一）根数据总线执行多个指令，因此可以增加许多功能。

目前汽车上采用的是单线或双线分时多路传输系统。

2. 数据总线（BUS）

数据总线是模块间运行数据的通道，即所谓的信息“高速公路”。如果模块可以通过总线发送数据，又可以从总线接收数据，则这样的数据总线就称之为双向数据总线。汽车上的

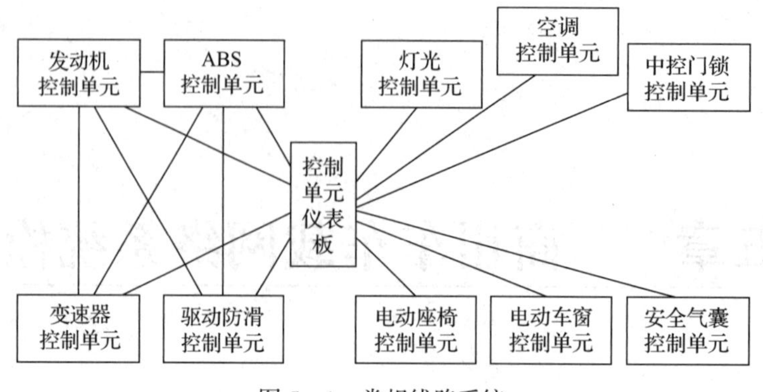

图 5—1　常规线路系统

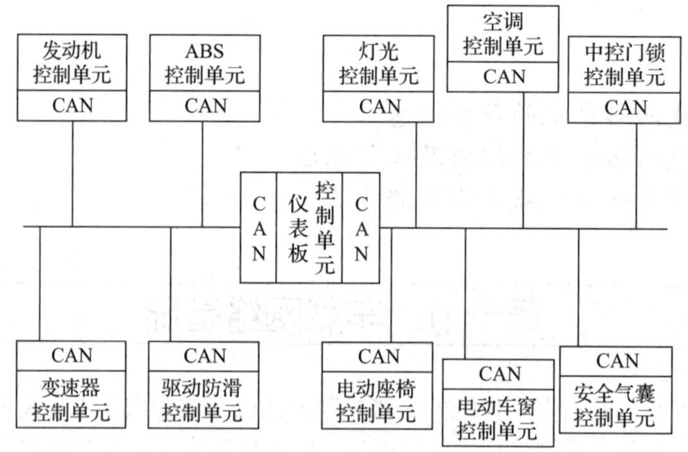

图 5—2　多路传输系统

数据总线实际是一条或两条导线。两条式的其中一条导线不是用作额外的通道，它的作用是当一条导线出现故障时，数据换向另外一条总线来发送故障部分的数据。

为了抗电子干扰，双线制数据总线的两条线是绞在一起的（双绞线）。各汽车制造商一直在设计各自的数据总线。如果数据总线与国际标准不兼容，就称为专用数据总线。目前，大多数是专用的数据总线。

3．模块 / 节点

模块是一种电子装置，可简单地理解为电子控制单元 ECU。简单一点的如温度和压力传感器，复杂的如计算机（微处理器）。传感器是一个模块装置，根据温度和压力的不同产生不同的电压信号，这些电压信号在计算机的输入接口被转变成数字信号。在计算机多路传输系统中一些简单的模块被称为节点。

4．网络

网络是为了实现信息共享而把多条数据总线连在一起，或者把数据总线和模块作为一个系统，如图 5—3 所示。从物理意义上讲，汽车上许多模块和数据总线距离很近，因此被称之为局域网（LAN）。

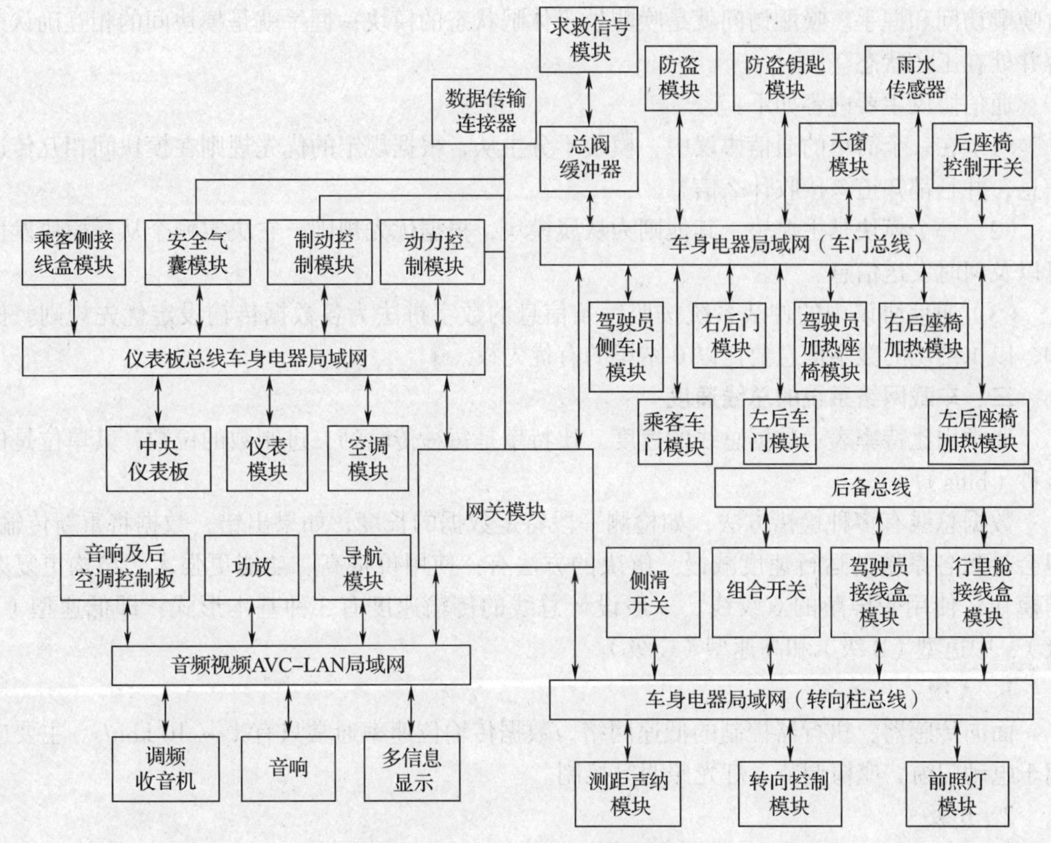

图 5—3　某汽车的车载网络系统

5．网关

由于车载网络功能日益强大，需要大量的数据信息在不同的数据总线之间进行有效的传递。例如，车门打开时发动机控制模块也许需要被唤醒。为了使采用不同协议及速度的数据总线间实现无差错数据传输，必须要用一种具有特殊功能的计算机，这种计算机就叫作网关。

如图 5—3 中所示，网关实际上就是一种模块，它工作的好坏决定了不同的总线、模块和网络相互间通信质量的好坏。网关的作用如下：

（1）在不改变数据的情况下，将多个总线的诊断信息转变为诊断数据语言传递到自诊断接口。

（2）使连接在不同数据总线上的控制单元之间能够交换数据，做到信息共享。

（3）与计算机中的网关作用一样，负责接收和发送信息。

（4）激活和监控 LAN 网络工作状态。

（5）实现车辆数据的同步性。

二、车载网络系统的通信协议

通信协议是“交通规则”。例如，当模块 A 检测到发动机已接近过热时，相对于其他不太重要的信息（如模块 B 发送的最新的大气压力变化数据）有优先权。通信协议的标准蕴含唤醒访问和握手。唤醒访问就是唤醒处于休眠状态的模块；握手就是模块间的相互确认兼容并处在工作状态。

通信协议主要内容如下：

（1）在一个简单的通信协议中，模块不分主从，根据规定的优先规则在模块间相互传递信息，并且都知道该接收什么信息。

（2）一个模块是主模块，其他则为从属模块，根据优先规则，它决定哪个从属模块发信息以及何时发送信息。

（3）通信协议中的仲裁系统按照每条信息的数字拼法为各数据传输设定优先规则。例如，以 1 结尾的数字信息要比以 0 结尾的有优先权。

三、车载网络系统的总线速度

通常用比特率表示数据总线的速度。比特率是每秒传输的二进制数的位数，其单位是位每秒（bit/s）。

数据总线有多种检错方法，如检测一段特定数据的长度，如果出错，数据将重新传输，但会导致各系统的运行速度减慢。解决的方法有：使用价格高、功能更强大、结构更复杂的模块；使用带屏蔽的双绞线。一般设计总线的传输速度有 3 种基本形式：即低速型（A 级）、中速型（B 级）和高速型（C 级）。

1．A 级

面向传感器、执行器控制的低速网络，数据传输位速率通常只有 1 ~ 10 kbit/s。主要应用于电动门窗、座椅调节、灯光照明等控制。

2．B 级

面向独立模块间数据共享的中速网络，位速率一般为 10 ~ 100 kbit/s。主要应用于电子车辆信息中心、故障诊断、仪表显示、安全气囊等系统，以减少冗余的传感器和其他电子部件。

3．C 级

面向高速、实时闭环控制的多路传输网，最高位速率可达 1 Mbit/s。主要应用于悬架控制、牵引控制、先进发动机控制、ABS 等系统，以简化分布式控制，进一步减少车身线束。到目前为止，满足 C 级网要求的汽车控制局域网只有 CAN 协议。

三类网络功能均向下涵盖，即 B 级网支持 A 级网的功能，C 级网能同时实现 B 级和 A 级网的功能。

四、车载网络系统的传输介质

1．双绞线

双绞线是由两根各自封装在彩色塑料套内的铜线扭绞而成的，如图 5—4 所示。扭绞在一起的目的是降低它们之间的干扰。多对双绞线之外再套上一层保护套就构成了双绞线电缆。

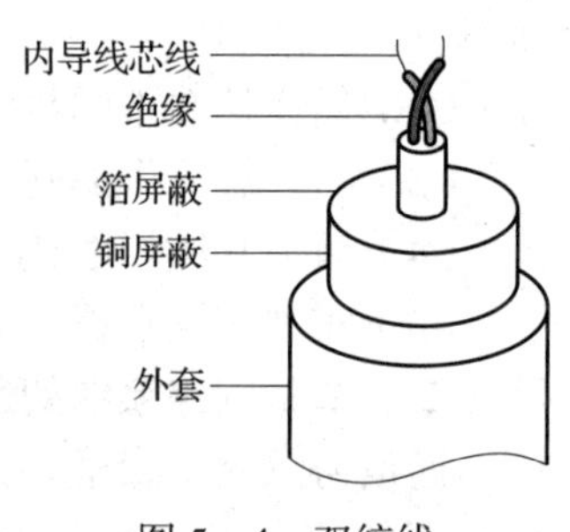

图 5—4　双绞线

双绞线分为屏蔽型（STP）和非屏蔽型（UTP）两类。STP 是在 UTP 外面加上一层由金属丝纺织而成的屏蔽层构成的，以提高其抗电磁干扰能力。因此 STP 抗外界干扰的性能优于 UTP，但价格要比 UTP 贵。相互扭绞的一对双绞线可作为一条信息通路。

2．光纤

光纤是有线传输介质中性能最好的一类，如图 5—5 所示。它是一种直径为 50 ~ 100 μm 柔软的传导光波的介质，一般由玻璃纤维和塑料构成。在折射率较高的纤芯外面，再用折射率较低的包层包住，就构成了一条光波通道，再在包层外面加上一层保护套，就构成了一根单芯光缆。

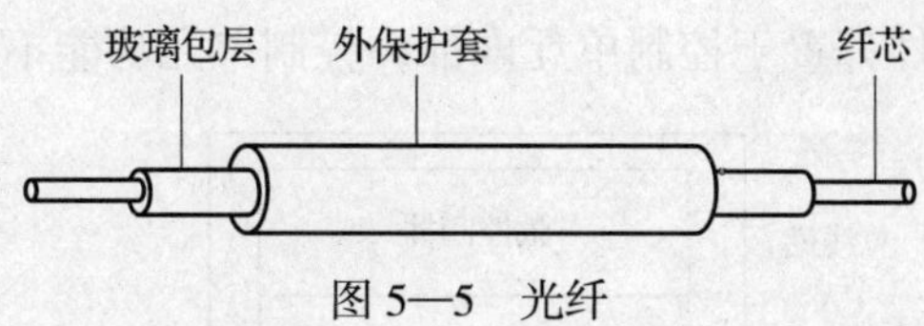

图 5—5　光纤

光纤传输数字信号是利用光脉冲的有无来代表“1”和“0”数字信号的。典型的光纤传输系统如图 5—6 所示。在发送端，可用发光二极管（LED）或激光二极管（LD）等光电转换器件把电信号转换成光信号，再耦合到光纤中进行传输。在接收端，通过光电二极管（PIN）等器件进行逆变换，把光纤传来的光脉冲转换成电信号输出。

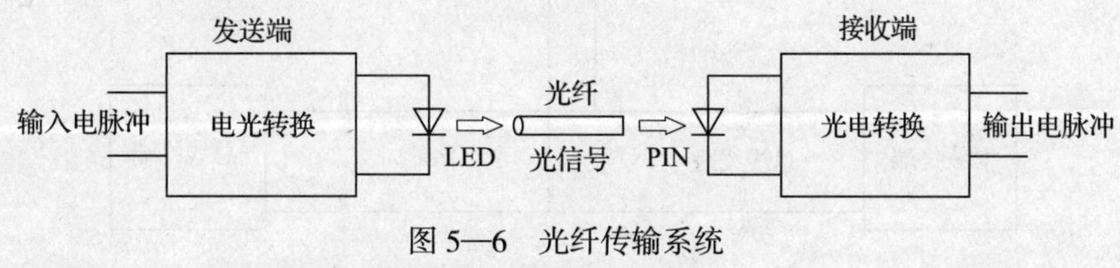

图 5—6　光纤传输系统

3．同轴电缆

同轴电缆如图 5—7 所示。电缆的中央是一条单根的铜导线，其外部被一层绝缘材料包围着，在这种绝缘介质的外部是一个网状金属屏蔽层。网状金属屏蔽层既可以屏蔽噪声，也可以用作信号的地线，最外面一层是塑料封套。

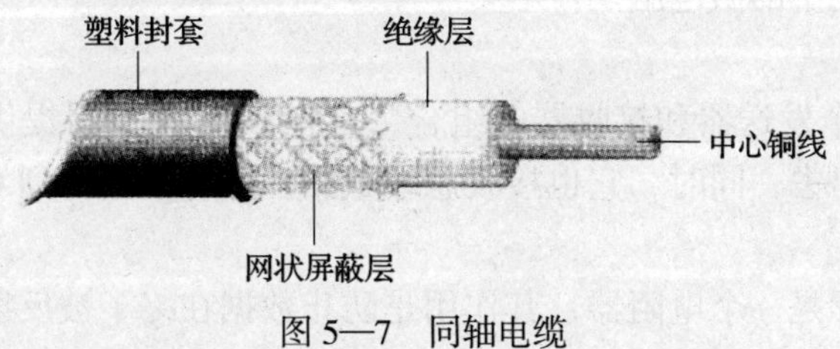

图 5—7　同轴电缆

4．无线电

蓝牙技术（短程无线通信技术）以低成本的近距离无线连接为基础，将取代目前多种电缆连接方式，使各种电子装置在无线状态下相互连接传递数据。

应用蓝牙技术，可以通过嵌入在电子装置上的一个写有程序的微电子芯片，使所有相关设备在有效范围内完成相互交换信息、传递数据的工作，从而省去了一些电子设备相互连接的电缆装置。

第二节　车载网络系统

一、CAN 数据传输系统的组成

CAN 数据总线由一个控制器、一个收发器、两个数据传输终端和两条数据传输线组成。除数据传输线外，其他元件都置于控制单元内部，控制单元功能不变，如图 5—8 所示。

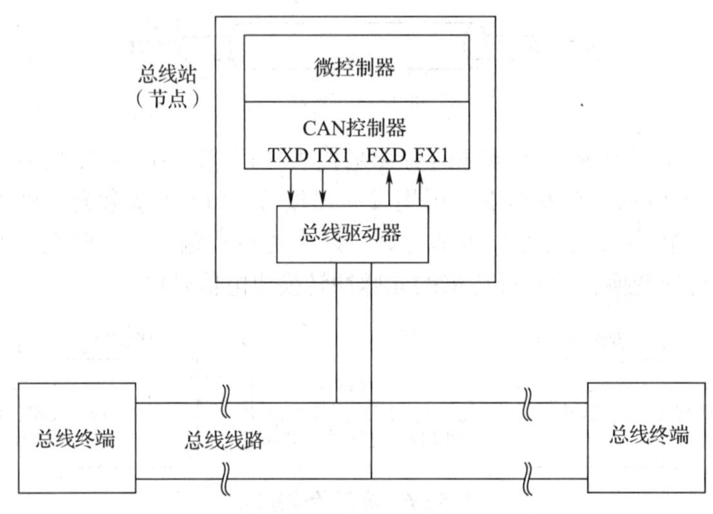

图 5—8　CAN 数据传输系统的组成

1．CAN 控制器

CAN 控制器是用来接收控制单元中微电脑传来的数据，对这些数据进行处理并将其传往 CAN 收发器。同样，CAN 控制器也接收由 CAN 收发器传来的数据，对这些数据进行处理并将其传往控制单元中的微电脑。

2．CAN 收发器

CAN 收发器是一个发送器和接收器的组合，它将 CAN 控制器提供的数据转化成电信号并通过数据总线发送出去，同时，它也接收总线数据，并将数据传到 CAN 控制器。

3．数据传输终端

数据传输终端实际是一个电阻器，其作用是防止数据在终了被反射回来，产生的反射波会影响数据的传输，如图 5—9 所示。

4．数据传输线

数据传输线是双向对数据进行传输的。两条传输线分别被称为 CAN 高线（CAN–High）和 CAN 低线（CAN–Low）。

为了防止外界电磁波的干扰和向外辐射，CAN 总线将两条线缠绕在一起（双绞线），如图 5—10 所示。两条线的电位相反，如果一条是 5 V，另一条就是 0 V，始终保持电压总和为一常数。通过这种方法，CAN 数据总线得到了保护，使其免受外界的电磁场干扰，同时 CAN 数据总线向外辐射也保持中性，即无辐射。

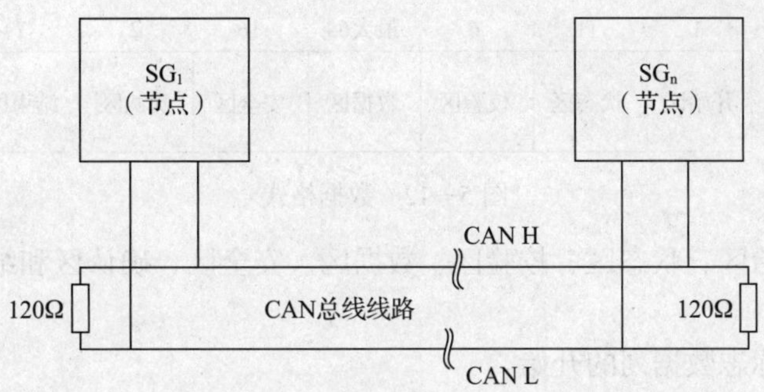

图 5—9　CAN 数据传输终端

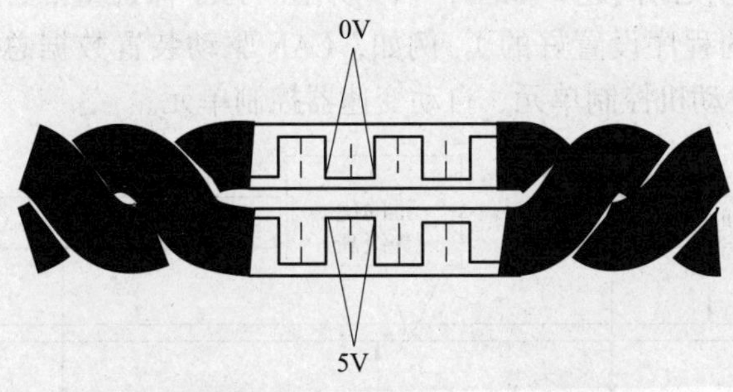

图 5—10　CAN 数据传输线（双绞线）

二、CAN 数据总线的具体传输过程

CAN 数据总线的具体传输过程如图 5—11 所示，其具体传输过程如下。

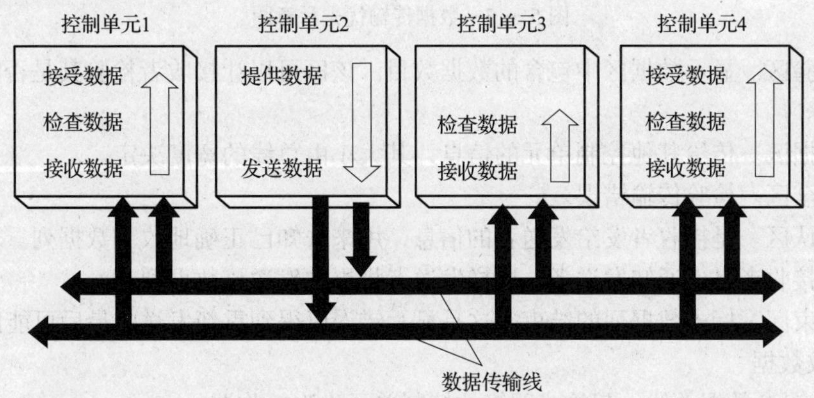

图 5—11　CAN 数据总线的具体传输过程

1．提供数据

控制单元向 CAN 控制器提供数据用于传输。

2．发出数据

CAN 收发器从 CAN 控制器处接收数据，将其转化为电信号发出。数据以数据列的形式进行传输（如：0110100100111011），其格式如图 5—12 所示。

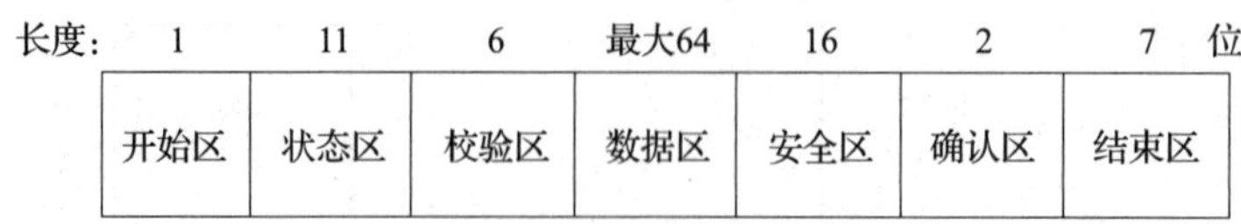

长度：	1	11	6	最大64	16	2	7 位
	开始区	状态区	校验区	数据区	安全区	确认区	结束区

图 5—12　数据格式

数据列包括开始区、状态区、校验区、数据区、安全区、确认区和结束区。各个区的作用如下：

（1）开始区。标志数据列的开始。

（2）状态区。确认数据列的优先级别。如果两个或多个控制单元想在同时发出其数据列，则存在一个优先权的问题，如图 5—13 所示。为了保证重点，优先级较高的数据列先传输（由控制单元的程序设置好的）。例如，CAN 驱动装置数据总线系统优先级依次为 ABS/EDL 控制单元、发动机控制单元、自动变速器控制单元。

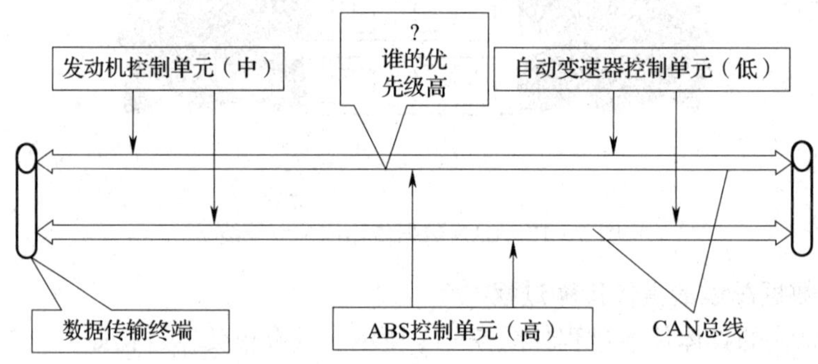

图 5—13　数据传输优先示意图

（3）校验区。显示数据区中包含的数据数目。该区可以让接收者检验其是否收到传输来的全部信息。

（4）数据区。传给其他控制单元的信息，其大小由总线的宽度决定。

（5）安全区。检验传输错误。

（6）确认区。是接收者发给发送者的信息，用来告知已正确地收到数据列。若有错误被检验到，则接收者迅速通知发送者。这样发送者将再次发送该数据列。

（7）结束区。标志数据列的结束，这是显示错误以得到重新发送的最后可能区域。

3. 接收数据

所有与 CAN 数据总线一起构成网络的控制单元称为接收器。

4. 检验数据

控制单元对接收到的数据进行检测，看是否是其功能所需。

5. 认可数据

如果所接收的数据是需要的，它将被认可及处理，反之将其忽略。

6. 与 CAN 总线系统相关的 ECU 工作状态描述

连接在 CAN 总线上的 ECU 的工作状态很大程度上决定了 CAN 总线的使用情况，并且 ECU 工作状态之间的切换涉及信息列表中各信息的优先级设置、总线的唤醒策略和故障排除与自修复等问题。该系统中 ECU 的工作状态分为上电诊断状态、正常工作状态、休眠状态、总线关闭状态、掉电状态、调试及编程状态等 6 类。

（1）上电诊断状态。ECU 上电后，应有一个初始化过程。在完成本模块的初始化后，应发送网络初始化信息，同时监听其他节点的网络初始化信息。通过网络初始化信息的交换，ECU 判断整个网络是否完成初始化过程，是否能够进入正常工作状态。

（2）正常工作状态。在正常工作状态下，ECU 之间通过 CAN 总线进行通信，以实现传感器测量数据的共享、控制指令的发送和接收等。当休眠条件满足时，ECU 从正常工作状态转入休眠状态；当 CAN 模块故障计数器的计数值为 255 时，ECU 从正常工作状态转入总线关闭状态。

（3）休眠状态。休眠状态下，ECU 及其模块处于低功耗模式。一旦接收到本地唤醒信号（本地触发信号）或远程唤醒信号（CAN 总线激活信号），就从休眠状态转入正常工作状态，其间需要使用网络初始化信息。

（4）总线关闭状态。处于总线关闭状态的 ECU 延迟一段时间后，复位 CAN 模块，然后重新建立与 CAN 总线的连接。若连续几次都无法正常通信，则 ECU 尝试将通信转移到备用总线上。如果转移成功，则发送主总线故障信息。

（5）掉电状态。关闭电源时，ECU 所处的状态。

（6）调试及编程状态。调试及编程状态用于调试及系统软件升级。

三、CAN 总线的故障特征及波形

1．CAN 数据总线的故障特征

CAN 数据总线常见的故障现象如图 5—14 所示。

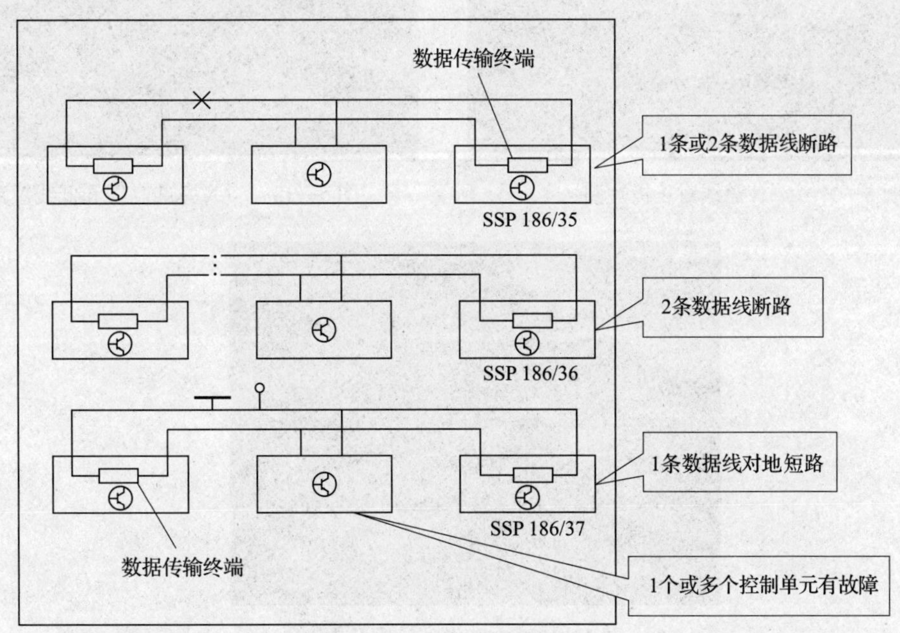

图 5—14 CAN 数据总线的故障特征

2．CAN 数据总线的波形图

可使用示波器检测 CAN 网络，根据波形判断故障位置。如图 5—15 至图 5—19 所示。

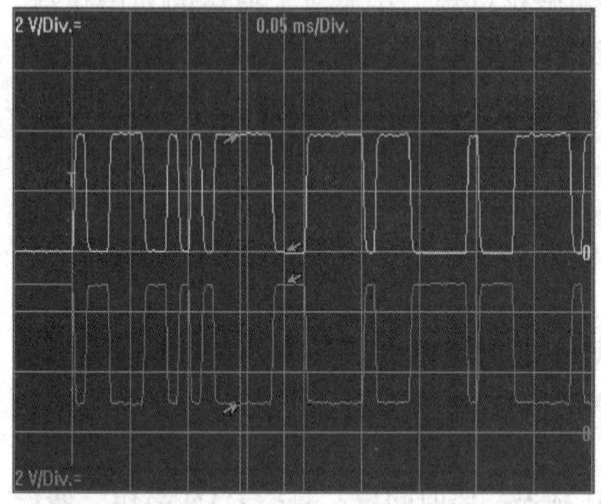

图 5—15　CAN 总线的正常波形

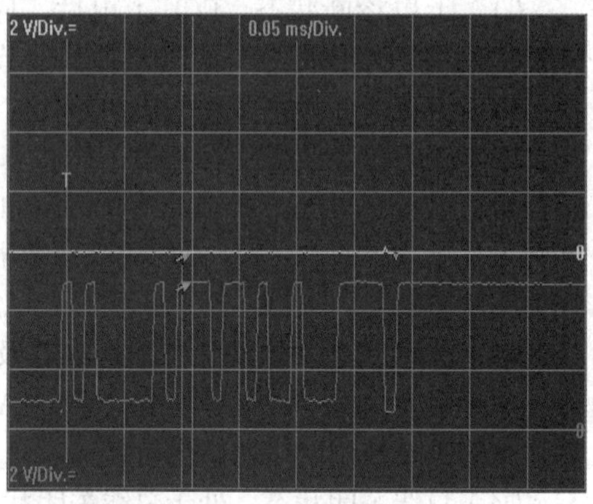

图 5—16　CAN 总线对地短路

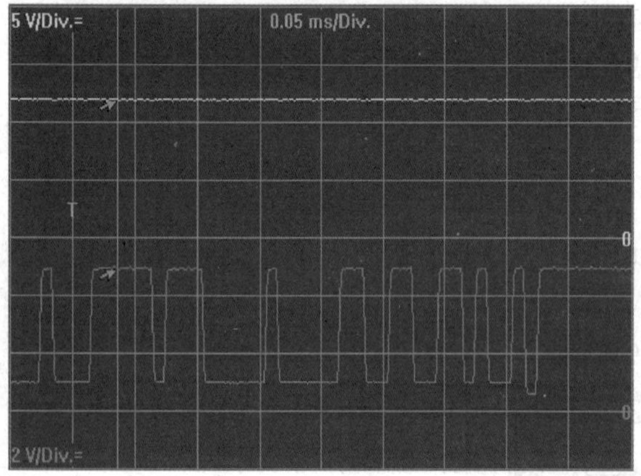

图 5—17　CAN 总线对正极短路

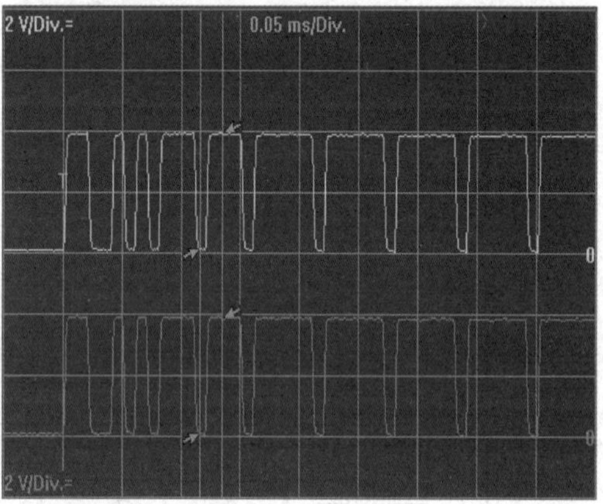

图 5—18　CAN 总线高线和低线短路

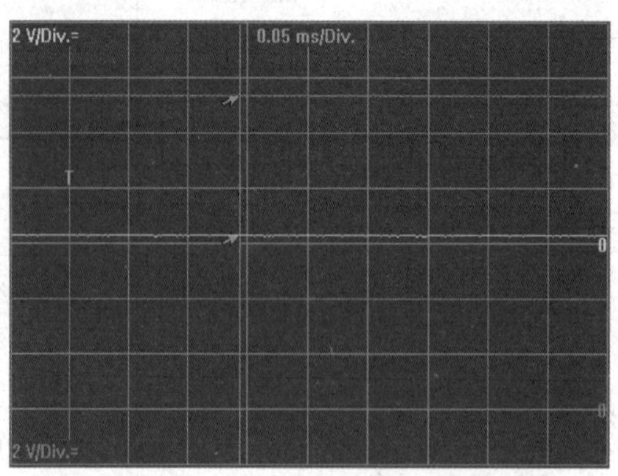

图 5—19　CAN 总线睡眠状态

四、CAN 双线式总线的检测

1．两个控制单元组成的双线式数据总线系统的检测

检测时，关闭点火开关，断开两个控制单元，如图 5—20 所示，检查数据总线是否断路、短路或对正极以及搭铁短路。如果数据总线无故障，拆下较易更换（或较便宜）的一个控制单元试一下；如果数据总线系统仍不能正常工作，则更换另一个控制单元。

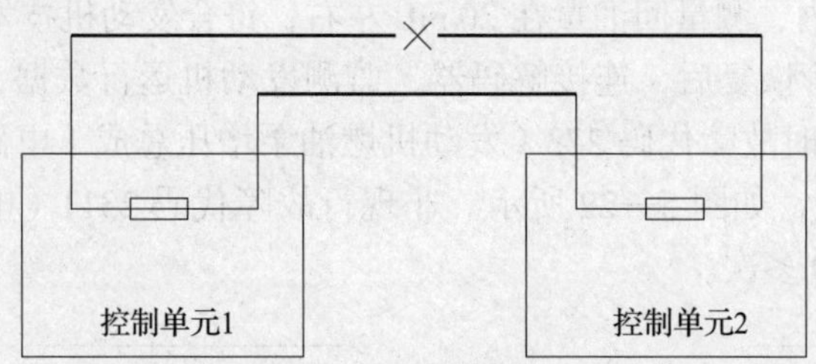

图 5—20　两个控制单元组成的双线式数据总线系统

2．三个以上控制单元组成的双线式数据总线系统的检测

检测时，先读出控制单元内的故障代码。如果控制单元 1 与控制单元 2 和控制单元 3 之间无法通信，如图 5—21 所示，则关闭点火开关，断开与总线相连的控制单元，检查数据总线是否断路。如果总线无故障，则更换控制单元 1；如果所有控制单元均不能发送和接收信号（故障存储器存储“硬件故障”），则关闭点火开关，断开与数据总线相连的控制单元，检测数据总线是否短路，是否对正极以及搭铁短路。

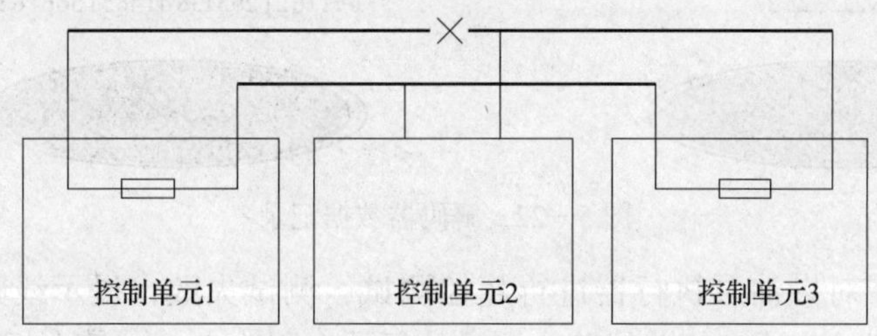

图 5—21　三个控制单元组成的双线式数据总线系统

如果从数据总线上查不出引起硬件损坏的原因，则检查是否是由某一控制单元引起的故障。断开所有通过 CAN 数据总线传递数据的控制单元，关闭点火开关，接上其中一个控制单元，连接解码器，打开点火开关，清除刚接上的控制单元的故障代码。用功能键结束输出，关闭并再打开点火开关。打开点火开关 10 s 后用解码器读出刚接上的控制单元故障存储器的内容。如显示“硬件损坏”，则更换刚接上的控制单元；如未显示“硬件损坏”，接下一个控制单元，重复上述过程。

五、典型车载网络故障案例

1．油箱温度过高故障

（1）故障现象。一辆搭载 ISF3.8 的卡车，故障灯常亮，发动机起动后 1 h，油箱温度过高，发动机工作粗暴。

（2）故障诊断：

1）检查油箱的通气管、发动机窜气情况，均未发现异常。将燃油箱回油管拆下，检查发动机回油量，发动机起动 5 s 左右，回油量为 500 mL 左右，明显异常，同时回油感觉烫手。在检查回油时未发现有气体混入情况。初步断定为回油温度过高导致燃油箱温度过高。

2）将缸盖后的喷油器回油管空心螺栓拆下，使用专用工具单独测量喷油器回油量，在发动机怠速运转 1 min 内，测量回油量在 20 mL 左右，符合发动机技术规范。

3）将喷油器回油管恢复后，连接解码器，监测发动机运行数据，发现控制与测量油轨压力数据明显异常，同时故障代码 272（发动机燃油泵增压总成 1 电路－电压高于正常值或对高压电源短路）出现，如图 5—22 所示。非现行故障代码 2311（电子燃油喷油控制阀电路－状况存在）出现 50 多次。

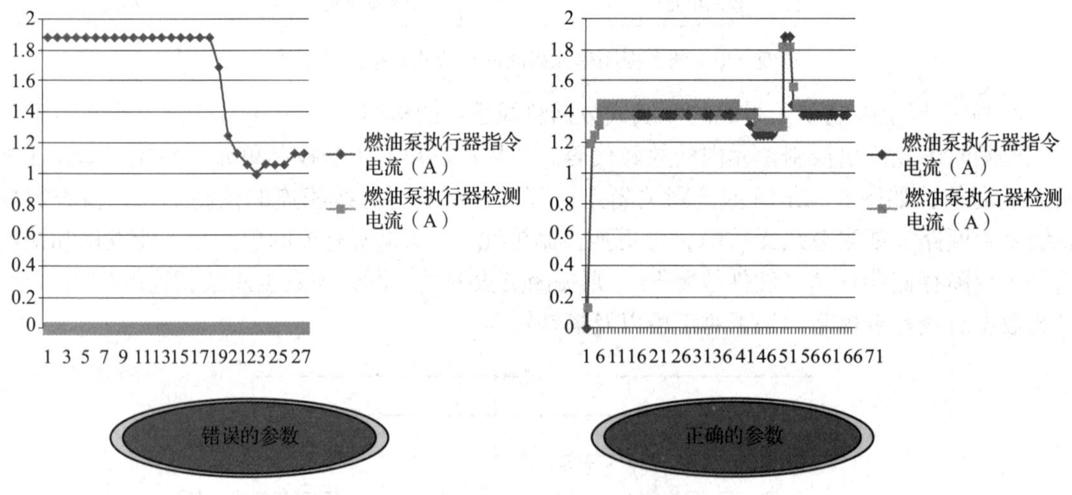

图 5—22　解码器数据记录

4）利用解码器对燃油泵执行器进行超控测试，测试失败，提示线路连接故障，按照 272 故障代码故障树检查所有相关线路，测量执行器电阻为 3 Ω，符合标准，其他连接线路未发现有明显异常，但执行器线插头有大量油泥存在，线插头锁止扣已经损坏。

（3）故障排除。由于燃油泵执行器线束接头存在大量油泥，导致插头虚接，使燃油泵执行器长时间以最大开度工作，造成燃油泵持续供油量过大，从而使油轨回油阀打开，回油量异常，使油箱温度过高。更换发动机线束，故障排除。

2. 无法建立通信故障

（1）故障现象。搭载 ISF3.8 发动机的卡车，在连接解码器时，发现无法连接，即无法与解码器建立通信。

（2）故障诊断：

1）将点火开关打开，连接解码器，发现解码器的电源灯及通信灯不亮。

2）用万用表测量诊断接口电源线电压，电压为 0 V。

3）在副驾驶整车熔断器处发现顶灯熔丝已烧坏（注：欧马可车辆诊断接口电源线与顶

灯共用一个熔丝）；更换顶灯熔丝后，发现解码器的电源灯和通信灯亮起，但依然无法连接至 ECU。

4）用万用表对诊断接口 J1939 通信线的电压及电阻进行测量，发现 CAN_+ 电压为 2.8 V，CAN_- 电压为 2.1 V，CAN_+ 与 CAN_- 之间的电阻为 120 Ω（必须在钥匙开关断开时进行测量，正常情况下应为 60 Ω 左右）。

5）检查通信线路两端的终端电阻，发现 ECM 端终端电阻未插实，用万用表测量其阻值为 120 Ω，重新将终端电阻安装后，再次连接解码器，通信正常。

3. 发动机故障灯常亮故障

（1）故障现象。搭载 ISF3.8 的卡车，做完保养后发动机故障灯常亮，读取故障代码为 428。

（2）故障诊断：

1）打开点火开关，故障灯常亮，连接解码器读取故障代码，现行故障代码为 428。

2）用万用表测量车辆新更换的油水分离器燃油含水传感器电阻，其测量阻值为 81 kΩ，属于正常范围。

3）检查燃油含水传感器线束插头时发现服务站更换新的油水分离器后，在插接线束插头时将插头内的针插弯；将线束插头内针修复并插接在燃油含水传感器插头上，再次读取故障代码，现行故障代码依然为 428。

4）检查燃油含水传感器线束与发动机线束连接处，发现线束插头未插接，重新连接燃油含水传感器线束插头与发动机线束插头，再次读取故障代码，故障清除。

复习思考题

一、思考题

1. 在汽车网络结构中，为什么有些模块采用不同位速率的总线？试分析汽车网络结构中各主要模块分别使用了什么位速率的总线？

2. 试说明 CAN 总线的数据传输原理。

3. 试说明 CAN 总线的数据传输过程。

4. 引起汽车多路信息传输系统故障的原因有哪几种？

二、选择题

1. 在汽车网络结构中，安全气囊系统的控制单元可采用（　　）的总线连接。

A. 低速　　B. 中速　　C. 高速

2. 在汽车网络结构中，中控门锁系统的控制单元可采用（　　）的总线连接。

A. 低速　　B. 中速　　C. 高速

3. 在汽车网络结构中，ABS 系统的控制单元可采用（　　）的总线连接。

A. 低速　　B. 中速　　C. 高速

4. 在汽车网络中，用（　　）来约定各模块的优先权。

A．数据总线　　　　　　B．通信协议　　　　　　　　C．总线速度

5．在 CAN 总线各部分中能对 CAN 收发器传来的数据进行处理的是（　　）。

A．CAN 数据传输线　　B．CAN 数据传输终端电阻　C．CAN 控制器

四、判断题

1．在通常的汽车网络结构中，可采用多条不同位速率的总线分别连接不同类型的控制单元。（　　）

2．在汽车局域网中，数据总线相当于各模块间进行信息传输的“高速公路”。（　　）

3．多路传输线路比常规线路简单，系统所用的导线减少。（　　）

4．在 CAN 数据中，把各节点分成不同的优先级。（　　）

5．CAN 没有总线仲裁技术，当多个节点同时向总线发送信息出现冲突时，会出现网络瘫痪情况。（　　）

6．在 CAN 总线上的节点数实际是没有限制的。（　　）

7．在 CAN 总线中，数据传输终端电阻的作用是防止数据在终端被反射。（　　）

8．在双绞线总线系统的故障检测中，不需要关闭点火开关。（　　）

第六章　商用车辅助电气系统检修

学习目标

1. 掌握中控门锁系统的工作原理及故障诊断方法。
2. 掌握刮水器与洗涤装置的工作原理及故障诊断方法。
3. 掌握汽车电动后视镜的工作原理及故障诊断方法。
4. 熟悉车载导航系统的功用、组成。

第一节　中控门锁系统的检修

中控门锁是汽车中央控制门锁系统的简称，是指一种可以同时控制驾驶室内全部车门锁闭与解锁的控制装置。采用中控门锁系统的车辆，当驾驶人锁住驾驶侧车门时，其他车门能同时自动锁住；当解锁驾驶侧车门时其他车门也能同时解锁。用户可以通过设置门锁遥控ECU的开锁密码实现对自己汽车的保护，并在出现非法打开车门时进行报警。目前的系统大多采用无线电波或红外线作为信号媒介。汽车中控门锁是现代汽车的重要组成部分，该系统让汽车的使用更加方便和安全。

一、中控门锁系统的组成与功能

中控门锁主要由控制部分和执行机构组成，其中控制部分主要包括中控门锁开关、遥控钥匙、车门锁止机构总成和电线部分。

1. 中控门锁控制器

中控门锁用电磁驱动方式执行门锁的锁闭和解锁。中控门锁控制器是为门锁执行机构提供锁闭和解锁脉冲电流的控制装置，如图6—1所示。执行器主要有两种形式：电磁线圈式和直流电动机式。无论何种门锁执行机构，都是通过改变执行机构通电电流方向控制锁闭器锁头上下移动，实现门锁的锁闭和解锁。如图6—2所示为电磁线圈式执行器，锁闭时，给电磁线圈加正向电流，柱塞带动操纵杆左移，扣住门锁舌片；解锁时，给电磁线圈加反向电流，柱塞带动操纵杆右移，脱离门锁舌片。

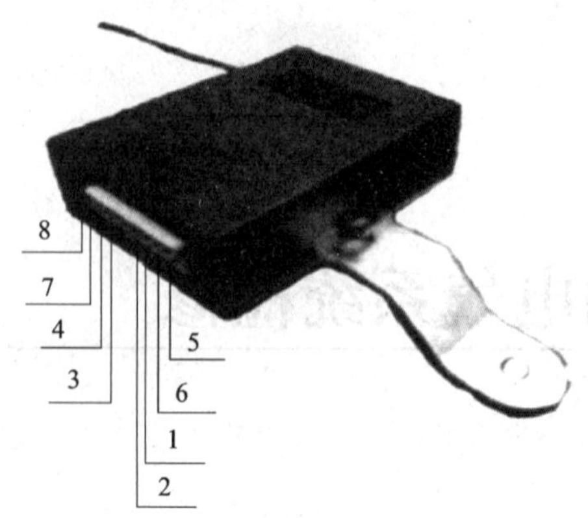

图 6—1　中控门锁系统控制器

1—开锁控制信号　2—锁闭输出信号　3—锁闭输出
4—开锁输出　5—转向灯输出　6—转向灯输出
7—电源正极　8—电源负极

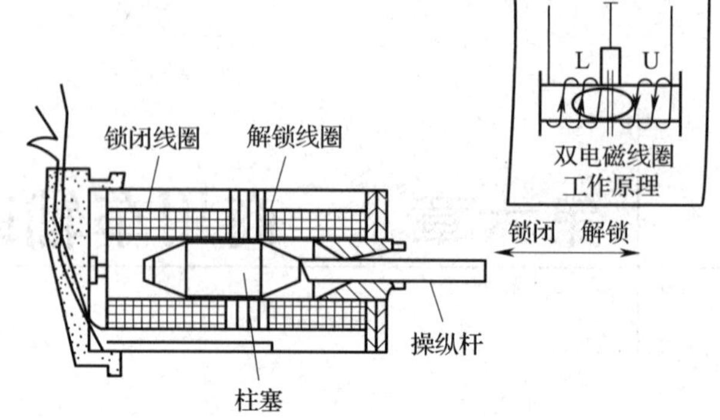

图 6—2　电磁线圈式门锁执行器

2．中控门锁执行机构

中控门锁执行机构执行驾驶人的指令，将门锁锁闭或解锁，包括主锁闭器和副锁闭器，结构都是通过改变内部电动机的极性来转换其运动方向，从而执行锁门或开门动作的，电气原理如图 6—3 所示。

门锁连杆操纵机构如图 6—4 所示，当门锁电动机（或其他执行器）运转时，通过门锁连杆操纵门锁锁闭或解锁。

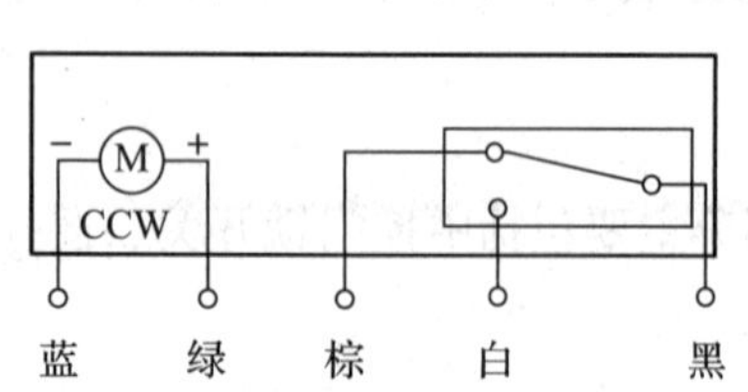

端子接线表

端子 / 状态	棕	黑	白	蓝	绿
解锁	○—	—○		+	−
锁闭		○—	—○	−	+

图 6—3　中控门锁锁闭器电气原理图

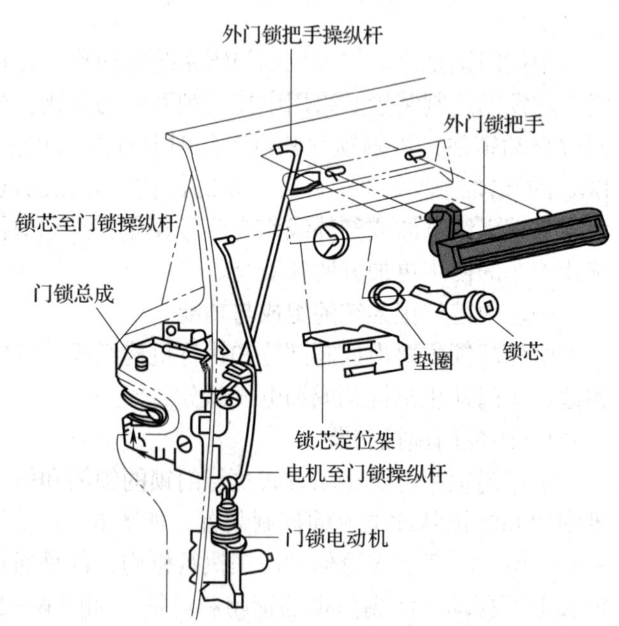

图 6—4　门锁连杆操纵机构

3．中控门控开关

大多数中控门锁的开关都是由总开关和分开关组成的，总开关装在驾驶人身旁的车门上，驾驶人操纵总开关可将全车所有车门锁闭或解锁；分开关装在其他各个车门上，可单独控制一个车门。但是重型卡车的总开关一般装在仪表板上，没有分开关。

4．钥匙控制开关

钥匙控制开关装在左前门和右前门的外侧锁上，如图6—5所示。当从车外用车门钥匙解锁或锁闭时，钥匙控制开关便发出信号给门锁控制ECU，实现车门解锁或锁闭。

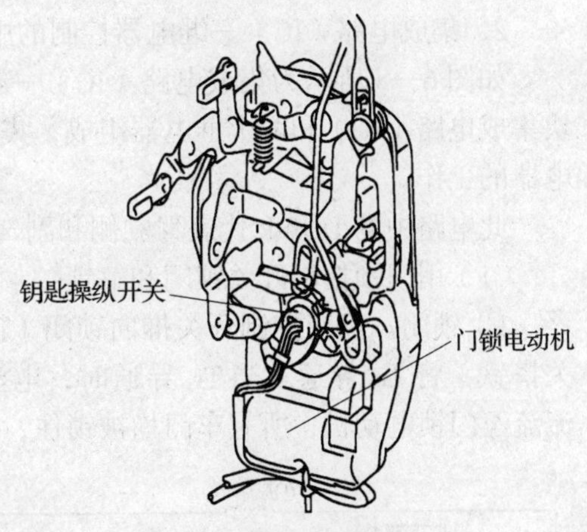

图6—5　钥匙控制开关位置

5．遥控钥匙原理

中控锁的遥控功能可以不用把钥匙插入锁孔中就可以远距离解锁和锁闭车辆，可以方便地进行控制。遥控的基本原理是：从遥控器发出的电波由汽车天线（控制器）接收，经电子控制器ECU识别信号代码，再由该系统的执行器执行解锁和锁闭动作。

二、中控门锁的电路

门锁控制器的形式比较多，常见的有继电器式、集成电路（IC）—继电器式、电脑（ECU）控制式等，因此中控门锁控制电路也不同。

1．继电器控制的中控门锁控制系统

如图6—6所示为使用门锁控制继电器的中控门锁控制电路。

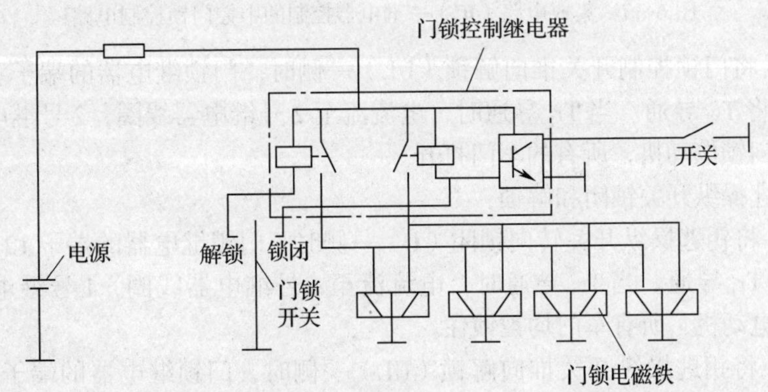

图6—6　门锁控制继电器控制的中控门锁控制电路

当用钥匙转动锁芯，门锁开关中的解锁触点闭合时，电流便经过蓄电池的正极、熔丝、解锁继电器线圈后经门锁开关搭铁，解锁继电器开关闭合，电流经过门锁电动机或门锁电磁线圈搭铁，所有车门同时打开。当用钥匙转动锁芯，门锁开关中的锁闭触点闭合时，锁闭继电器通电使其开关闭合，所有车门同时锁住。

2. 集成电路（IC）—继电器控制的中控门锁系统

如图 6—8 所示为集成电路（IC）—继电器控制的中控门锁系统电路。门锁控制器由一块集成电路（IC）和两个继电器组成，集成电路可以根据各种开关发出的信号来控制两个继电器的工作。

此电路中的 D 和 P 代表驾驶侧和副驾驶侧。

（1）用门锁控制开关锁闭和解锁：

1）锁闭。门锁控制开关推向锁闭（L）一侧时，门锁继电器的端子 10 通过门锁控制开关搭铁，将 Tr_1 导通。当 Tr_1 导通时，电流流至 1 号继电器线圈，1 号继电器开关闭合，电流流至门锁电动机，所有车门均被锁住，如图 6—7 所示。

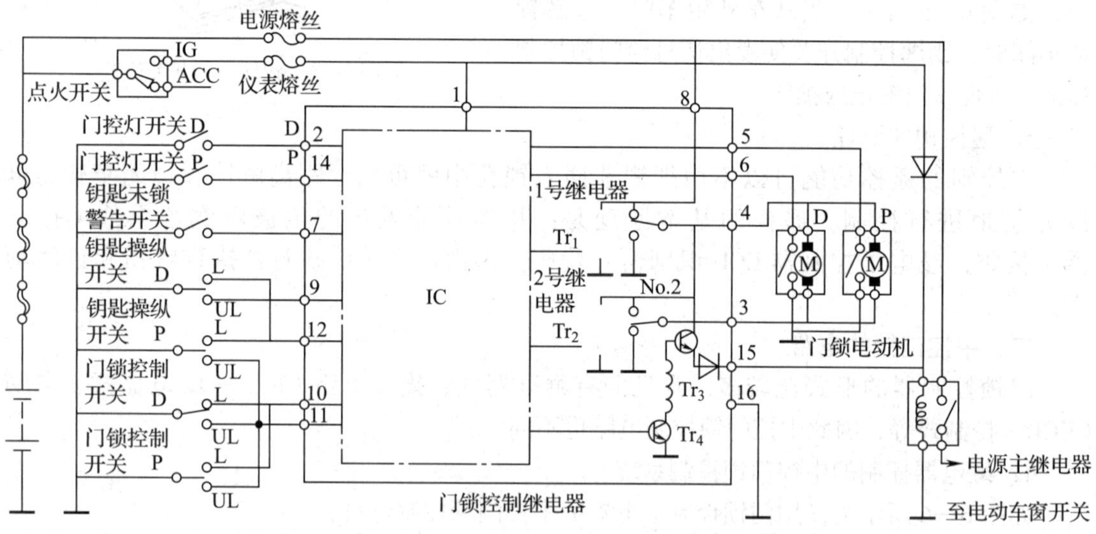

图 6—7 集成电路（IC）—继电器控制的中控门锁控制电路

2）解锁。将门锁控制开关推向解锁（UL）一侧时，门锁继电器的端子 11 通过门锁控制开关搭铁，将 Tr_2 导通。当 Tr_2 导通时，电流流至 2 号继电器线圈，2 号继电器开关闭合，电流反向通过门锁电动机，所有的车门打开。

（2）用钥匙操纵开关锁闭和解锁：

1）锁闭。将钥匙操纵开关转向锁闭（L）一侧时，门锁继电器的端子 12 通过门锁控制开关搭铁，将 Tr_1 导通。当 Tr_1 导通时，电流流至 1 号继电器线圈，1 号继电器开关闭合，电流流至门锁电动机，所有车门均被锁住。

2）解锁。将钥匙操纵开关推向解锁（UL）一侧时，门锁继电器的端子 9 通过门锁控制开关搭铁，将 Tr_2 导通。当 Tr_2 导通时，电流流至 2 号继电器线圈，2 号继电器开关闭合，电流反向通过门锁电动机，所有的车门解锁。

3. 计算机（ECU）控制的中控门锁系统

图 6—8 所示为使用了防盗和中控门锁 ECU 的控制电路，下面分析其工作过程和基本工作原理。

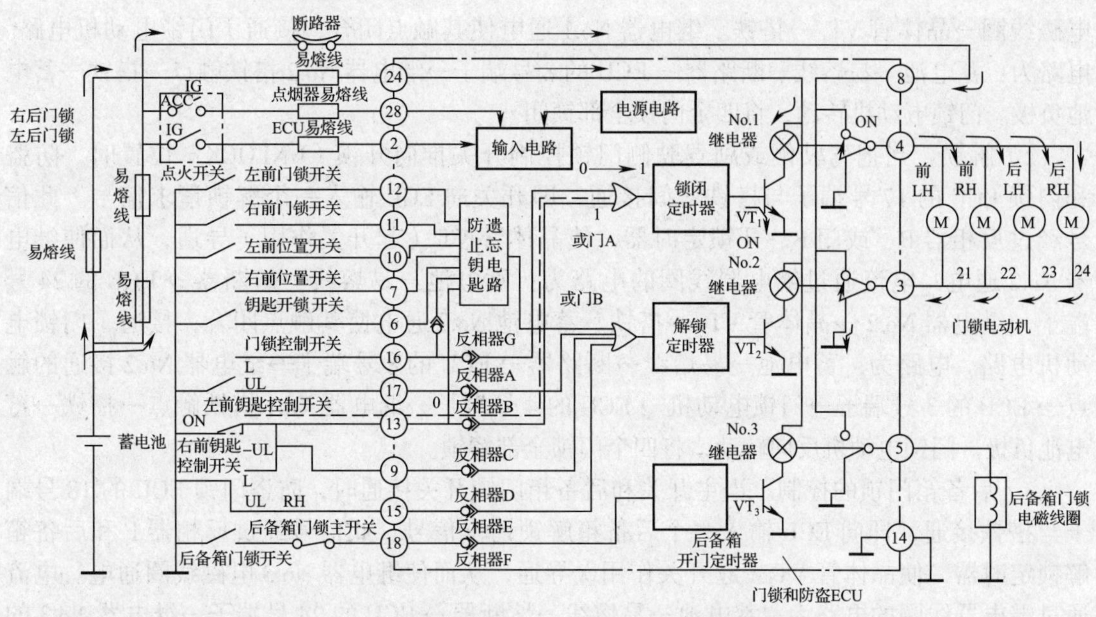

图 6—8　计算机（ECU）控制的中控门锁系统电路

（1）用钥匙锁闭和解锁：

1）锁闭。当把钥匙插入驾驶侧或副驾驶侧门锁的锁芯内并向锁闭方向转动时，钥匙控制开关将锁闭侧（L）接通，这样 ECU 端子 13 和搭铁端接通，相当于开关向 ECU 输入锁闭信号。此信号经过反相器 C、或门 A、锁闭定时器，使晶体管 VT_1（起开关作用）导通，从而使继电器 No.1 通电。电流通过继电器线圈的电路为：蓄电池→易熔线→断路器→ ECU 的 24 号端子→继电器 No.1 的电磁线圈→晶体管 VT_1 →搭铁。继电器 No.1 号通电使其触点闭合，接通了门锁电动机电路。电路为：蓄电池→易熔线→断路器→ ECU 的 8 号端子→继电器 No.1 接通的触点→ ECU 的 4 号端子→门锁电动机→ ECU 的 3 号端子→继电器 No.2 搭铁触点→搭铁→蓄电池负极。门锁电动机转动，将四个门锁全部锁上。

2）解锁。当将钥匙插入驾驶侧或副驾驶侧门锁锁芯内并向解锁方向转动时，钥匙控制开关向开门（UNLOCK）侧接通，防盗和门锁 ECU 的 9 号端子与搭铁之间接通，即开关向 ECU 输入一个解锁请求信号。此信号经过反相器 D、或门 B、开锁定时器，使晶体管 VT_2 搭铁。继电器 No.2 通电使其触点闭合，接通了门锁电动机电路。电路为：蓄电池→易熔线→断路器→ ECU 的 8 号端子→继电器 No.2 接通的触点→ ECU 的 3 号端子→门锁电动机→ ECU 的 4 号端子→继电器 No.1 搭铁触点→搭铁→蓄电池负极。门锁电动机反向转动全部解锁。

（2）用门锁控制开关锁闭和解锁：

1）锁闭。把驾驶侧或副驾驶侧门锁控制开关推向锁门（LOCK）位置时，防盗和门锁 ECU20 的 16 号端子与搭铁之间接通，即开关向 ECU 输入一个锁门请求信号。此信号经过反相器 A、或门 A、锁门定时器，使晶体管 VT_1（起开关作用）导通，从而使继电器 No.1 通电。电流通过继电器线圈的电路为：蓄电池→易熔线→熔断器→ ECU 的 24 号端子→继电器 No.1

电磁线圈→晶体管 VT_1 →搭铁。继电器 No.1 通电使其触点闭合，接通了门锁电动机电路。电路为：蓄电池→易熔线→断路器→ ECU 的 8 号端子→继电器 No.2 搭铁触点→搭铁→蓄电池负极。门锁电动机转动，将四个门锁全部锁闭。

2）解锁。当把驾驶侧或副驾驶侧门锁控制开关推向开锁（UNLOCK）位置时，防盗和门锁 ECU 的 17 号端子与搭铁之间接通，即开关向 ECU 输入一个解锁请求信号。此信号经过反相器 B、或门 B、开锁定时器，使晶体管 VT_2（起开关作用）导通，从而使继电器 No.2 通电，电流通过继电器线圈的电路为：蓄电池→易熔线→熔断器→ ECU 的 24 号端子→继电器 No.2 →晶体管 VT_2 →搭铁。蓄电池 No.2 通电使其触点闭合，接通了门锁电动机电路。电路为：蓄电池→易熔线→断路器→ ECU 的 8 号端子→继电器 No.2 接通的触点→ ECU 的 3 号端子→门锁电动机→ ECU 的 4 号端子→继电器 No.1 搭铁触点→搭铁→蓄电池负极。门锁电动机反向转动，将四个门锁全部解锁。

3）后备箱门锁的控制。当主开关和后备箱门锁开关接通时，防盗门锁 ECU 的 18 号端子与搭铁接通，即向 ECU 输入一个后备箱解锁请求信号。此信号经过反相器 F 和后备箱解锁定时器，使晶体管 VT_3（起开关作用）导通，从而使继电器 No.3 电磁线圈通电。电流通过继电器线圈的电路为：蓄电池→易熔线→熔断器→ ECU 的 24 号端子→继电器 No.3 的电磁线圈→晶体管 VT_3 →搭铁。继电器 No.3 通电使其触点闭合，接通了后备箱门锁电磁线圈的电路。电路为：蓄电池→易熔线→断路器→ ECU 的 8 号端子→继电器 No.3 接通的触点→ ECU 的 5 号端子→后备箱门锁电磁线圈→搭铁→蓄电池负极，从而使后备箱解锁。

4）防止点火钥匙锁入车内。若驾驶人未从点火开关中拔出钥匙便打开前车门准备离开，由于前车门打开而钥匙未拔出，门锁开关和钥匙警告开关均保持接通状态，并将信号送给 ECU 的防止钥匙遗忘电路。此时，当按下门锁按钮（或门锁控制开关）锁门时，门立刻被锁上，但位置开关（或门锁控制开关）经 ECU 的 10 号或 16 号端子，将一信号送给防止钥匙遗忘电路，再经反向器 D、或门 B、开锁定时器到晶体管 VT_2，使 VT_2 导通，继电器 No.2 电磁线圈通电，因而使所有门锁解锁。

三、中控门锁的更换

以欧马可商用车中控门锁系统为例，中控门锁更换步骤如下，如图 6—9 所示。

汽车左右车门锁结构相同，更换步骤相同。

（1）点火开关开到 ON（如果装备电动玻璃升降器，执行此步骤）。

（2）将（左）前窗升至最高处。

（3）点火开关开到 OFF。

（4）断开蓄电池负极电缆。

（5）拆卸（左）车门外饰板总成。

（6）拆卸（左）车门防雨帘罩。

（7）拆卸（左）前车门锁外扣手：

1）按图 6—10 所示方向，从（左）前车门锁外扣手侧脱开（左）前车门锁外扣手拉杆。

2）脱开（左）前车门锁芯拉杆，如图 6—11 所示，脱开（左）前车门锁芯拉杆塑料卡扣。

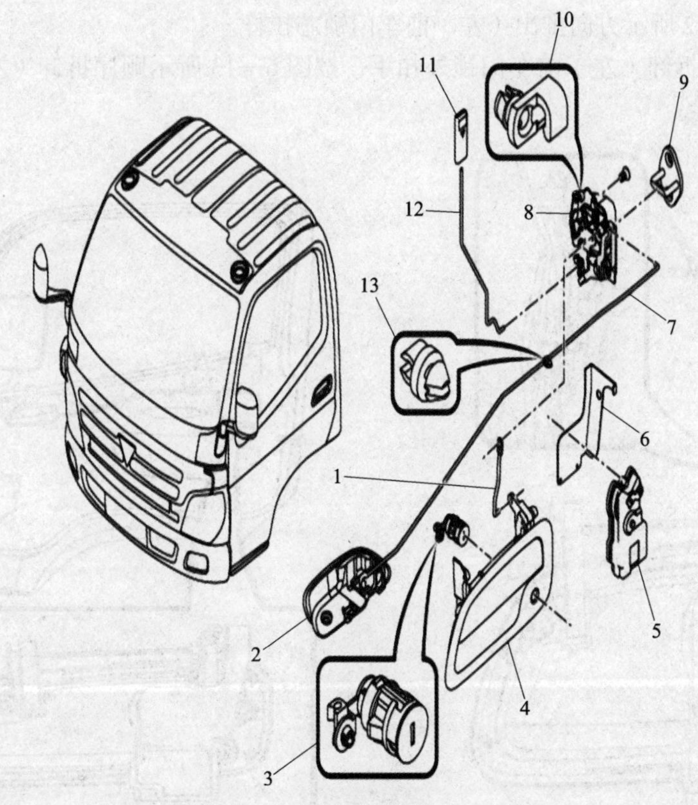

图 6—9　欧马可门锁系统部件图

1—左前车门锁外扣手拉杆　2—左前车门锁内扣手总成　3—锁芯总成　4—左前车门锁外扣手总成　5—左前车门锁闭器总成（非中控锁无此零件）　6—左前车门锁闭器安装支架（非中控锁无此零件）　7—左前车门锁横拉杆　8—左前车门锁锁体总成　9—车门锁钩安装总成　10—塑料卡扣　11—车门锁按钮　12—左前车门锁竖拉杆　13—塑料导向卡扣

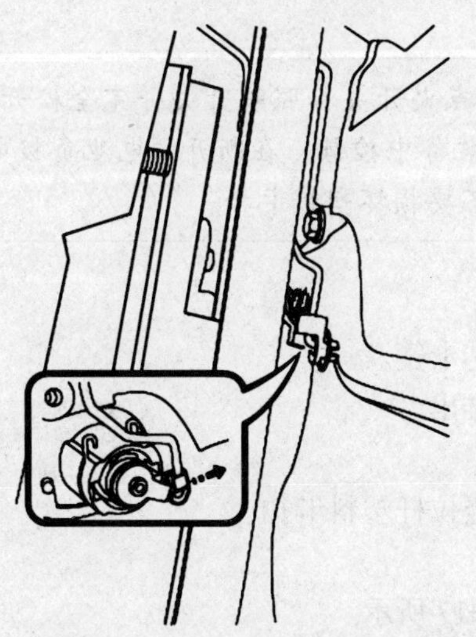

图 6—10　脱开外扣手拉杆

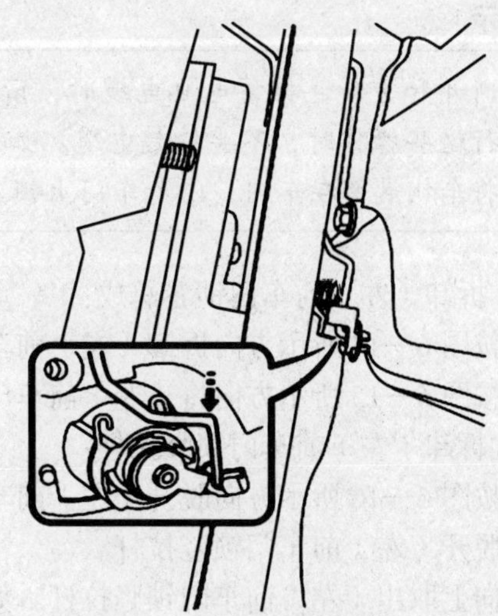

图 6—11　脱开外扣手锁芯拉杆

3）按图 6—12 所示方向推出（左）前车门锁芯拉杆。

4）从维修孔拆卸（左）前车门锁外扣手，按图 6—13 所示顺序拆卸（左）前车门锁外扣手 2 个固定螺栓。

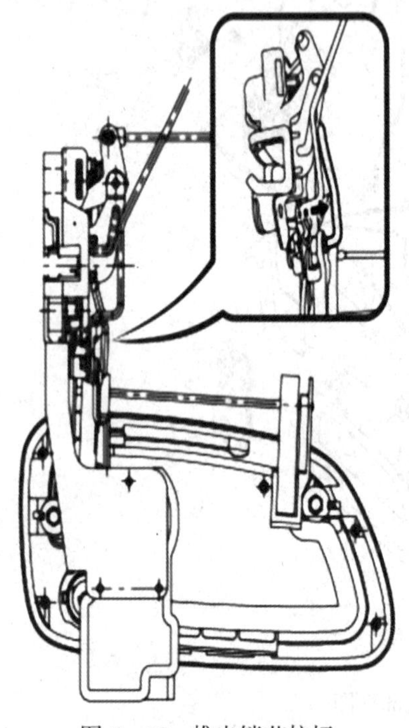

图 6—12　推出锁芯拉杆

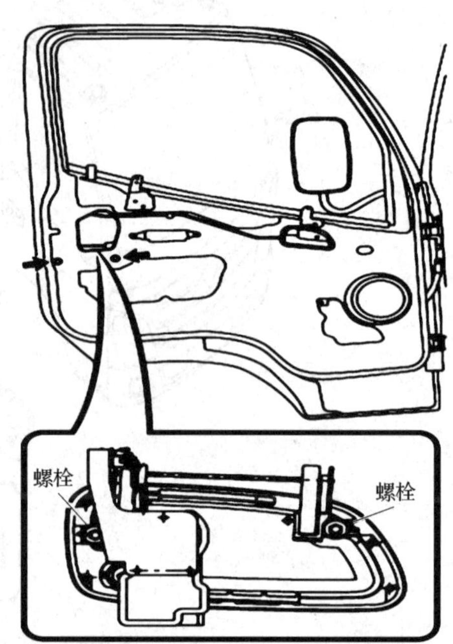

图 6—13　拆卸（左）前车门锁外扣手

5）取出（左）前车门锁外扣手。

技术提示

在断开和重新连接蓄电池电缆时，请先关闭点火开关和照明开关并完全松开电缆螺母。进行这些操作时，不要撬起电缆。如果车辆装备中控锁，在断开蓄电池负极电缆前，请不要将车钥匙留在车内，以免车门上锁。小心不要损坏塑料卡扣。

（8）拆卸（左）前车门锁芯总成：

1）按图 6—14 所示方向拆卸（左）前车门锁芯卡簧。

2）按图 6—15 所示方向将（左）前车门锁芯推出。

（9）拆卸（左）前车门锁竖拉杆：

1）按图 6—16 所示方向脱开（左）前车门锁竖拉杆塑料卡扣。

2）脱开（左）前车门锁竖拉杆。

3）向上取出（左）前车门锁竖拉杆。如图 6—17 所示。

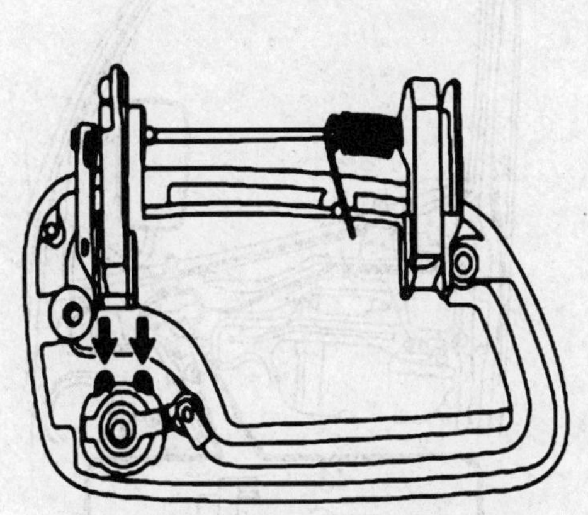
图 6—14　拆卸（左）前车门锁芯卡簧

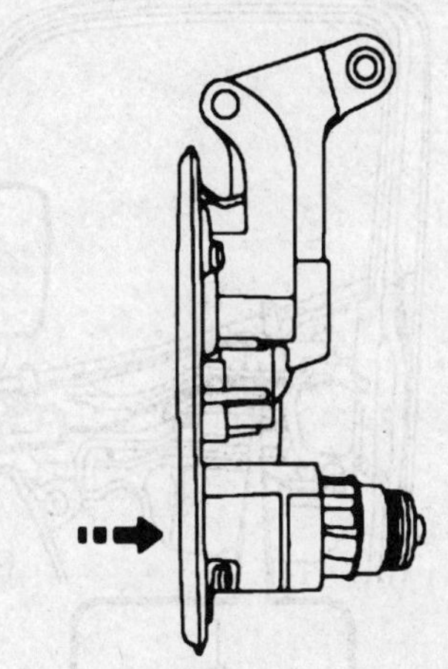
图 6—15　推出（左）前车门锁芯

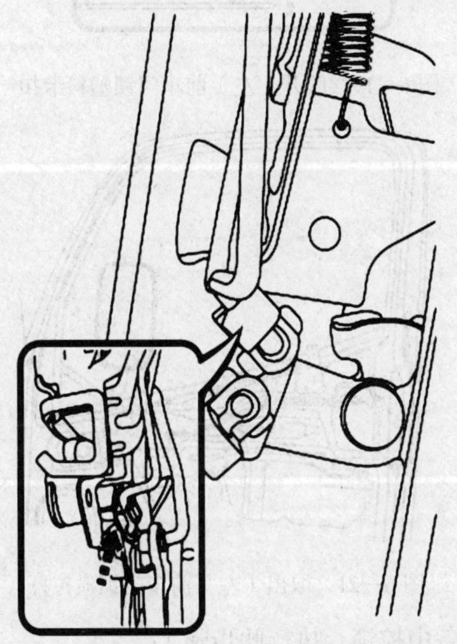
图 6—16　脱开（左）前车门锁竖拉杆塑料卡扣

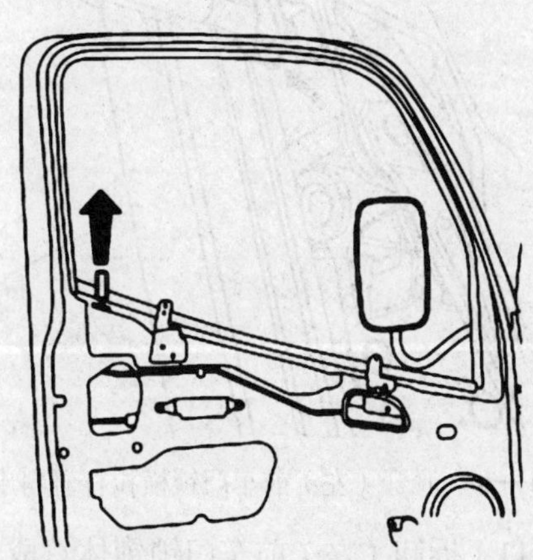
图 6—17　取出（左）前车门锁竖拉杆

（10）拆卸（左）前车门锁横拉杆：

1）脱开（左）前车门锁横拉杆塑料导向卡扣。如图 6—18 所示。

2）拆卸（左）车门锁内扣手总成。按图 6—19 所示方向脱开（左）车门锁内扣手塑料卡扣。

3）取下（左）车门锁内扣手。

4）脱开（左）前车门锁锁体总成侧的（左）前车门锁横拉杆塑料卡扣，如图 6—20 所示。

5）按图 6—21 所示方向取出（左）前车门锁横拉杆。

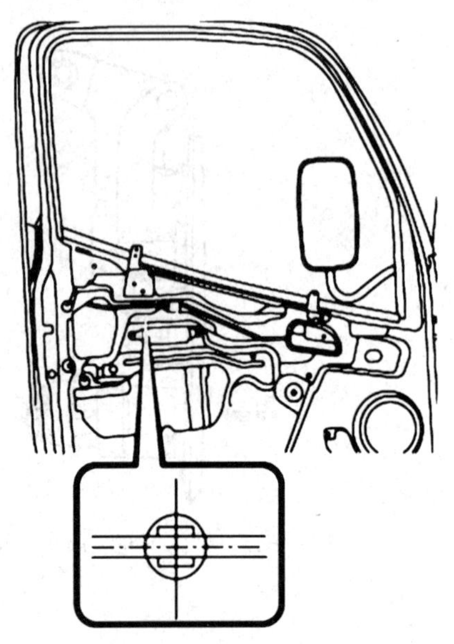

图 6—18　脱开（左）前车门锁横拉杆塑料卡扣

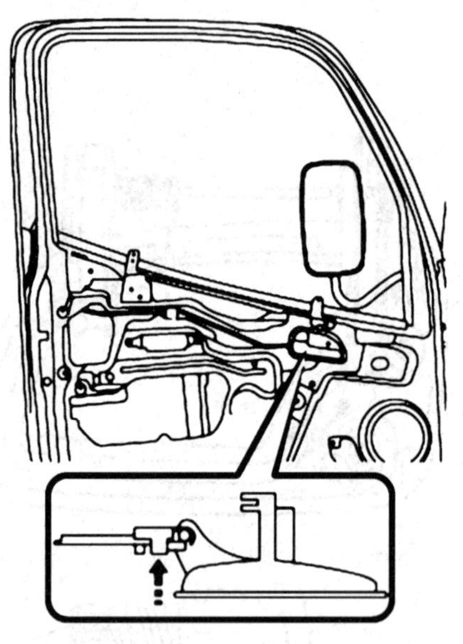

图 6—19　脱开（左）前车门锁塑料卡扣

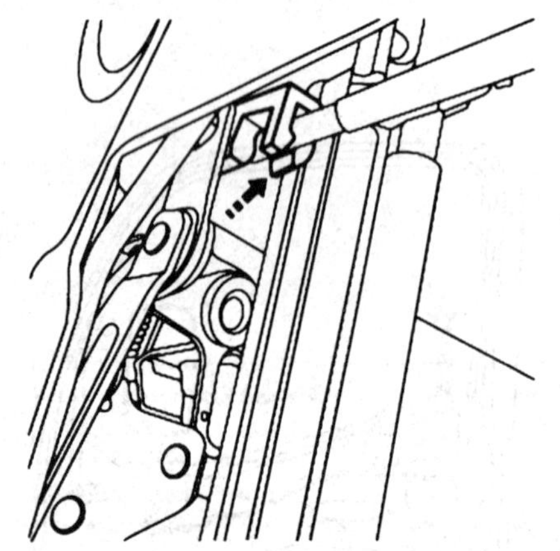

图 6—20　脱开（左）前车门锁横拉杆塑料卡扣

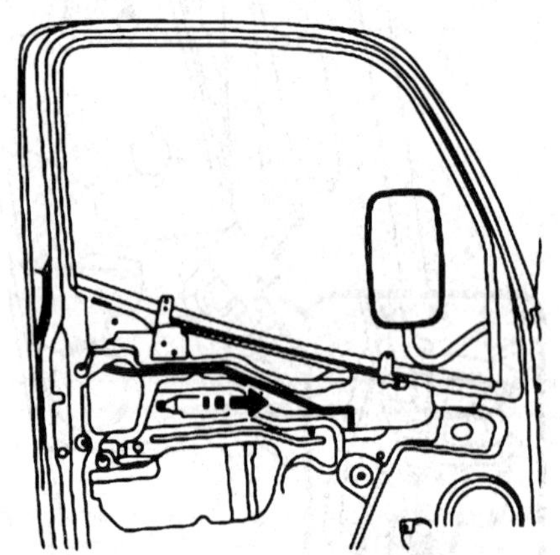

图 6—21　取出（左）前车门锁横拉杆

（11）拆卸（左）前车门锁锁体总成（如果装备中控锁，执行此步骤）：

1）断开（左）前车门锁闭器接插件。如图 6—22 所示。

2）拆卸（左）前车门锁锁体固定螺钉。

3）取出（左）前车门锁锁体总成，如图 6—23 所示。

（12）拆卸（左）前车门锁闭器总成（如果装备中控锁，执行此步骤）如图 6—24 所示：

1）拆卸（左）前车门锁闭器固定螺钉。

2）取下（左）前车门锁闭器总成。

（13）检查（左）前车门锁闭器总成（如果装备中控锁，执行此步骤）如图 6—25 所示。

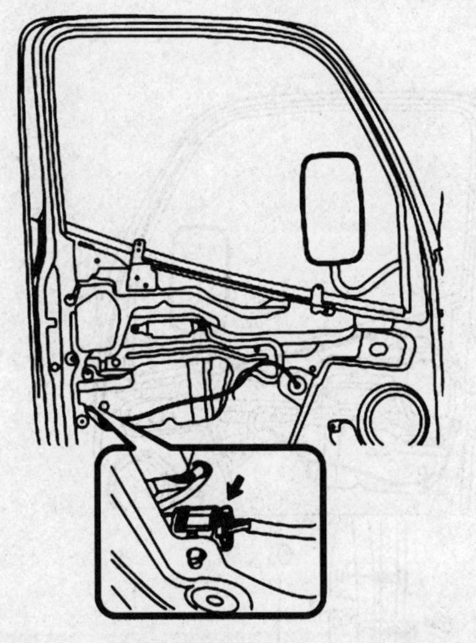

图 6—22　断开（左）前车门锁闭器接插件

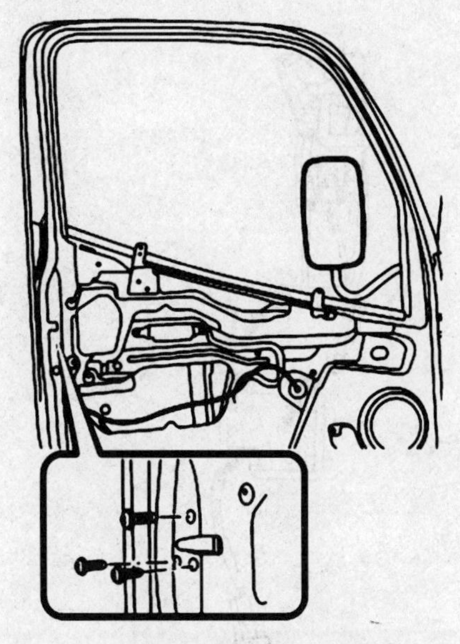

图 6—23　取出（左）前车门锁锁体总成

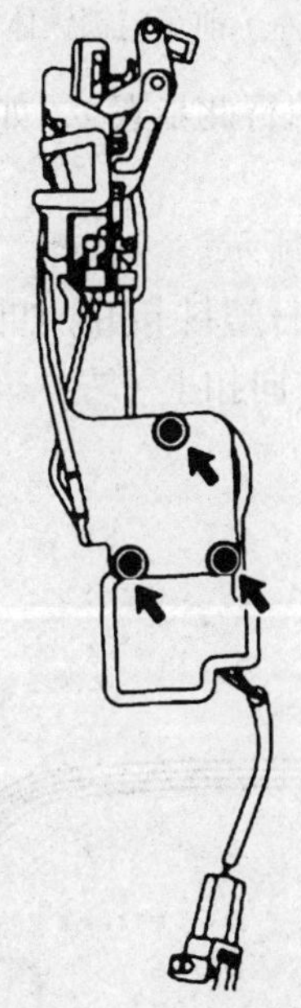

图 6—24　拆卸（左）前车门锁闭器总成

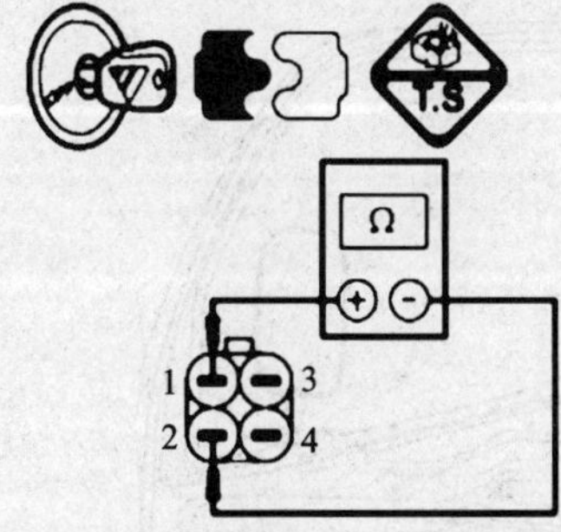

图 6—25　检查（左）前车门锁闭器总成

使用万用表测量（左）前车门锁闭器总成电阻。向上拉起（左）前车门锁竖拉杆时电阻小于等于 2 Ω。按下（左）前车门锁竖拉杆时电阻大于 1 MΩ。

（14）安装（左）前车门锁闭器总成（如果装备中控锁，执行此步骤）如图 6—26 所示。

（15）安装（左）前车门锁锁体总成：

1）安装（左）前车门锁锁体固定螺钉，如图 6—27 所示。

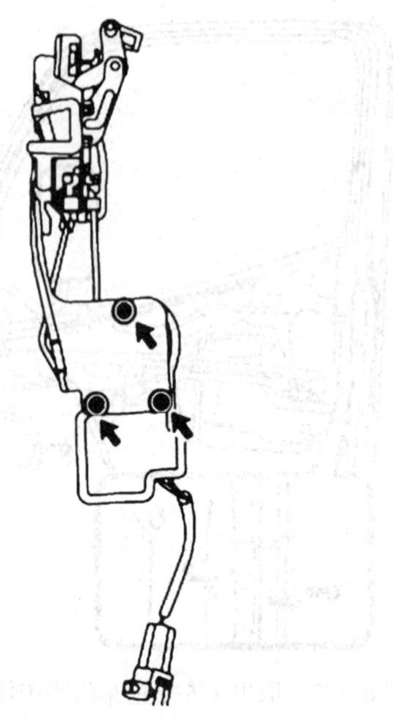

图 6—26　安装（左）前车门锁闭器总成

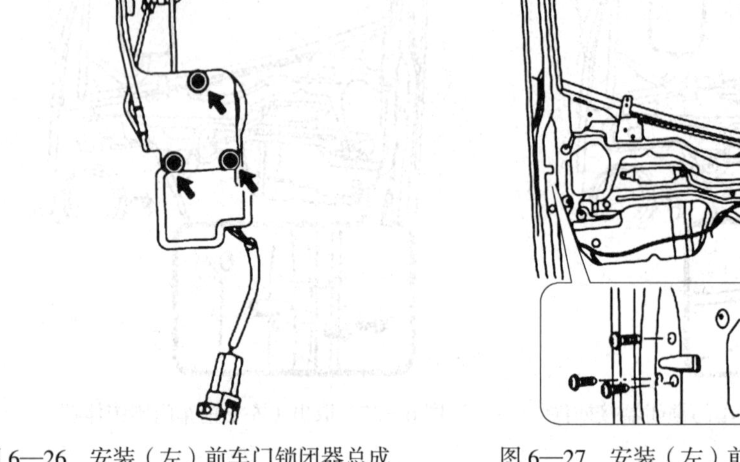

图 6—27　安装（左）前车门锁锁体螺钉

2）连接（左）前车门锁闭器接插件（如果装备中控锁，执行此步骤），如图 6—28 所示。

（16）安装（左）前车门锁横拉杆：

1）按图示方向安装（左）前车门锁横拉杆，如图 6—29 所示。

2）扣上（左）前车门锁锁体总成侧的（左）前车门锁横拉杆塑料卡扣，如图 6—30 所示。

（17）安装（左）车门锁内扣手总成。按图 6—31 所示方向扣上（左）车门锁内扣手塑料卡扣。

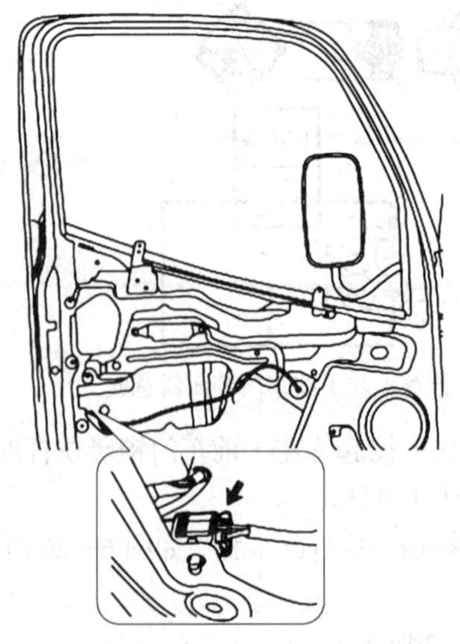

图 6—28　连接（左）前车门锁闭器接插件

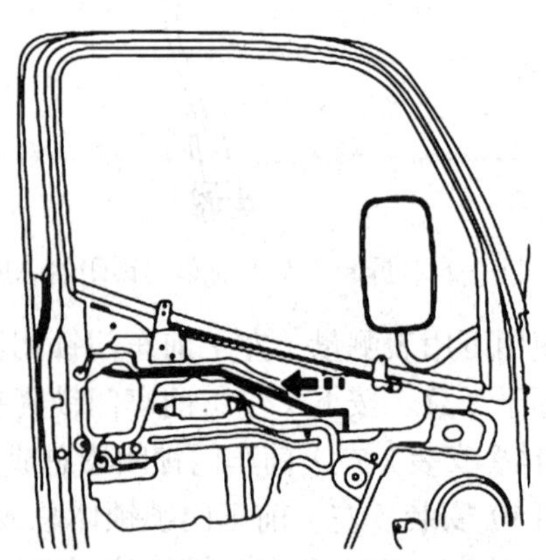

图 6—29　安装（左）前车门锁横拉杆

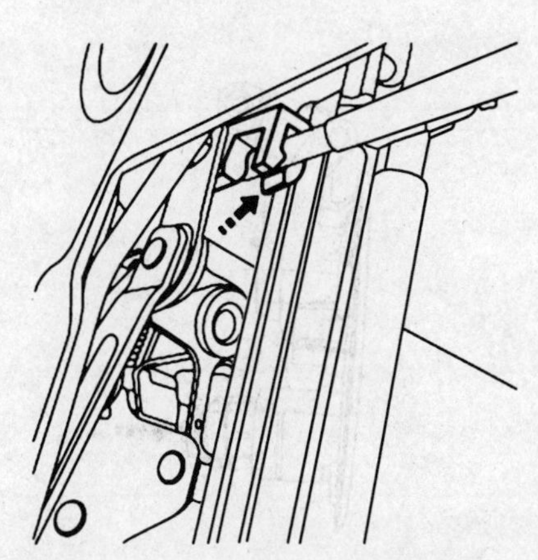

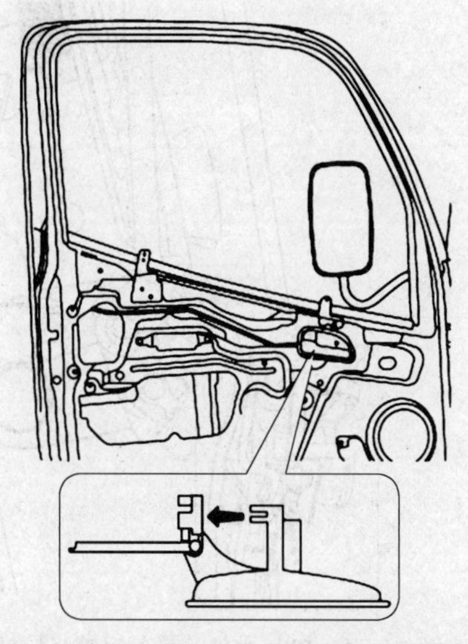

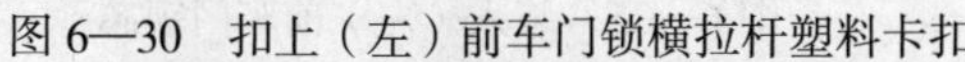

图 6—30　扣上（左）前车门锁横拉杆塑料卡扣

图 6—31　扣上（左）车门锁内扣手塑料卡扣

（18）安装（左）前车门锁横拉杆塑料导向卡扣，如图 6—32 所示。

（19）安装（左）前车门锁竖拉杆：

1）如图 6—33 所示，放入（左）前车门锁竖拉杆。

2）如图 6—34 所示，扣上（左）前车门锁竖拉杆塑料卡扣。

（20）安装（左）前车门锁芯总成：

1）按图 6—35 所示方向装入（左）前车门锁芯。

2）按图 6—36 所示方向装入（左）前车门锁芯卡簧。

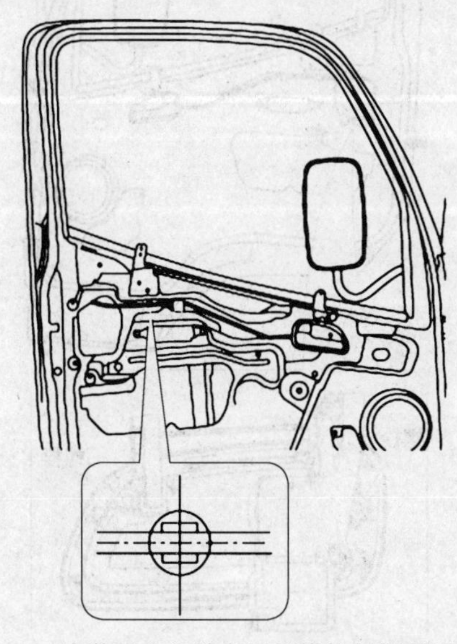

图 6—32　安装（左）前车门锁横拉杆塑料导向卡扣

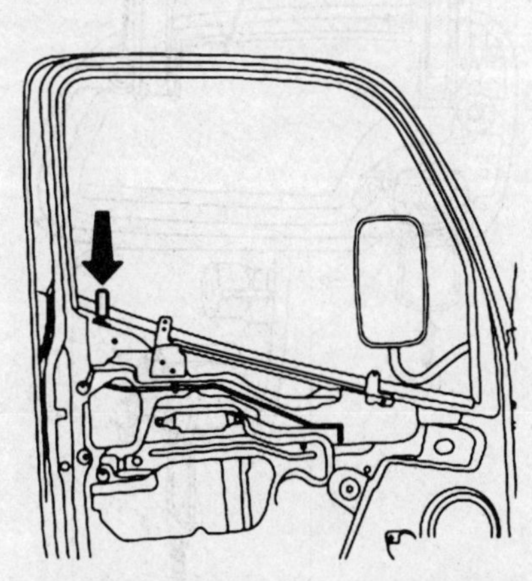

图 6—33　放入（左）前车门锁竖拉杆

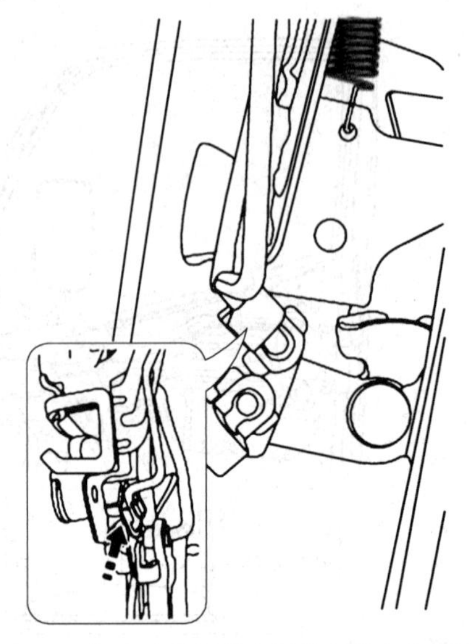
图 6—34　扣上（左）前车门锁竖拉杆塑料卡扣

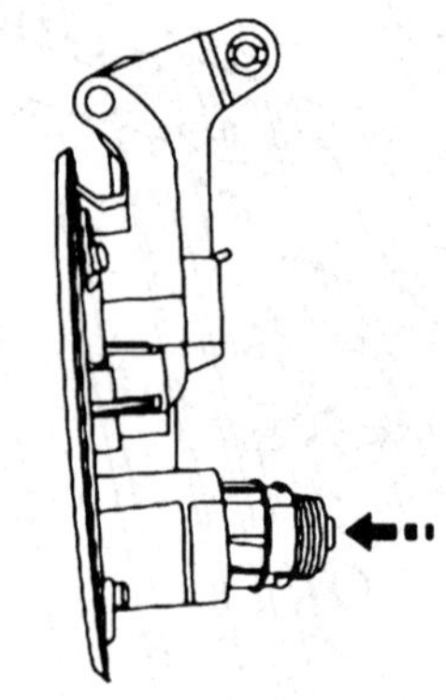
图 6—35　装入（左）前车门锁芯

（21）安装（左）前车门锁外扣手：

1）安装（左）前车门锁外扣手。

2）按图 6—37 所示顺序从维修孔安装（左）前车门锁外扣手固定螺栓。

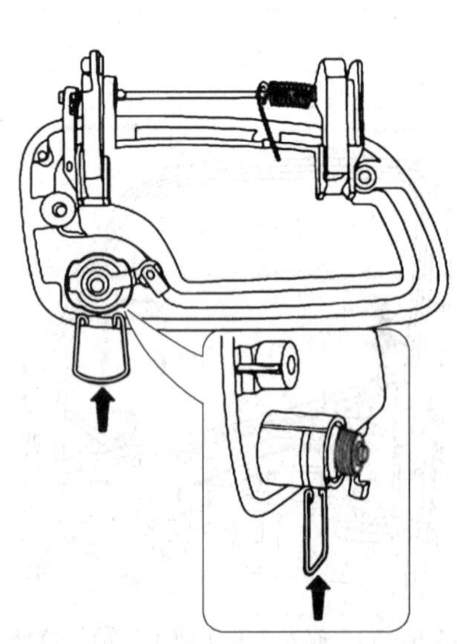
图 6—36　装入（左）前车门锁芯卡簧

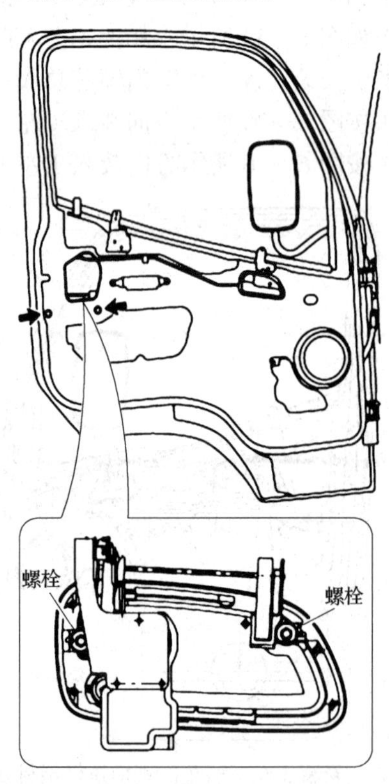

图 6—37　安装（左）前车门锁外扣手固定螺栓

（22）安装（左）前车门锁芯拉杆。如图 6—38 所示，扣上（左）前车门锁芯拉杆塑料卡扣。

（23）安装（左）前车门锁外扣手拉杆。按图 6—39 所示方向，从（左）前车门锁外扣手侧安装（左）前车门锁外扣手拉杆。

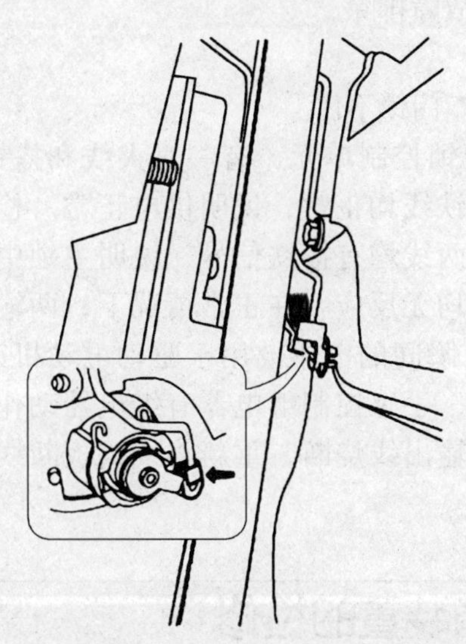

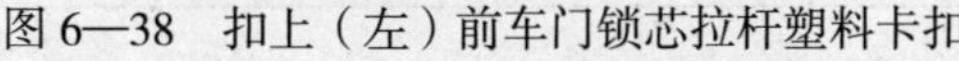

图 6—38　扣上（左）前车门锁芯拉杆塑料卡扣

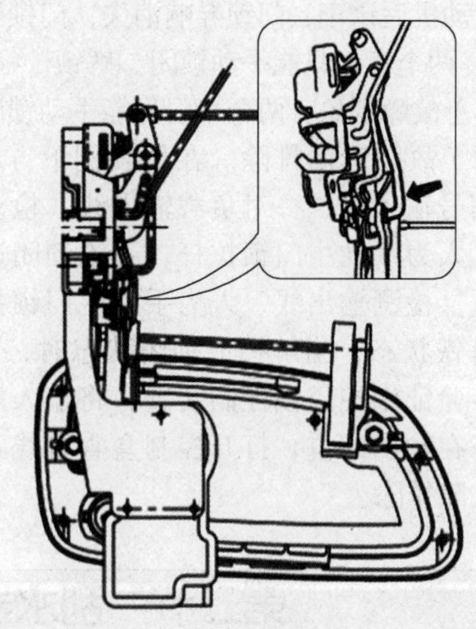

图 6—39　安装（左）前车门锁外扣手拉杆

（24）安装（左）车门防雨帘罩。

（25）安装（左）车门外装饰板总成。

（26）连接蓄电池负极电缆。

（27）重新设置音响单元。

（28）使用车钥匙检测（左）车门锁闭、解锁情况。

四、典型中控门锁故障案例

1．电动中控门锁不工作，车门锁不住

（1）故障现象。重型卡车中控门锁锁门时，该车的电动门锁不工作，车门锁不住。

（2）故障诊断排除。该车的电动中控门锁均不工作，表明其控制电路有故障，可能的故障原因有：

1）中控门锁控制器损坏。

2）供电熔丝熔断。

3）供电导线或负极搭铁导线有断路处。

检查时发现中控门锁的供电线路在车门铰链处有断路的地方，其他各处及门锁的相关零部件均正常。重新连接好断路处，试车，中控门锁工作正常，故障排除。

2．中控门锁不动作，门锁电动机发出“吱吱”异响

（1）故障现象。重型卡车上的中控门锁锁右侧车门时，听到右侧车门发出“吱吱”的声音，门锁的锁止杆不断地颤抖而不下落，车门锁不住。

（2）故障诊断排除。用手触摸门锁电动机外壳，有震动感。拆下门锁电动机并解体，发现有一个塑料齿轮的几个齿已经折断。这种中控门锁电动机连接有两个齿轮，主动齿轮为钢质齿轮与电动机轴相连，从动齿轮为塑料齿轮与门锁相连。当解锁、锁闭时，两齿轮啮合，由塑料齿轮带动门锁开闭。因从动齿轮的塑料材质一般，所以其故障率往往较高。更换中控门锁电动机后试车，门锁异响消失，门锁开闭正常，故障排除。

3．两个车门只能手动锁闭、解锁

（1）故障现象。两个车门只能手动锁闭、解锁，车门锁不住。

（2）故障诊断排除。在驾驶侧下方找出中控门锁控制单元，有一对火线和搭铁线、一对信号输入线、一对负载输出线。检测火线和搭铁线均正常，说明供电正常。检测输入线，人为手动主门锁拉杆，不论锁闭还是解锁，两线均有搭铁信号，说明主锁中控开关正常。检测输出线，人为手动主门锁拉杆，两线均无反应。在正常情况下，两输出线均为搭铁状态，当解锁或锁闭状态时，两线相应有瞬间的电压，用于驱动电动机工作。进一步验证中控门锁控制装置，将输入端人为搭铁，手感控制继电器有继电器动作，显然故障在输出部位，打开控制盒查看线路板，发现输出线烧断，重新将线路板断线处焊复，故障排除。

第二节　刮水器与洗涤装置的检修

为了提高在雨天和雪天行驶时的能见度，汽车专门设置了风窗玻璃刮水器。刮水器有真空式、气动式和电动式三种。目前汽车上广泛使用的是电动刮水器。

为了更好地消除附在风窗玻璃上的污物，在汽车上增设了风窗玻璃洗涤器，与刮水器配合使用，保证驾驶人有良好的视野。

一、风窗刮水器和洗涤装置的组成

1．风窗刮水器的组成

如图 6—40 所示，电动刮水器主要由直流电动机、蜗轮、拉杆、摆杆等组成。一般由电动机和蜗杆箱结合成一体组成刮水器电动机总成。曲柄、连杆和摆杆等杆件可以把蜗轮的旋转运动转变为摆臂的往复摆动，使摆臂上的刮水片实现刮水动作。

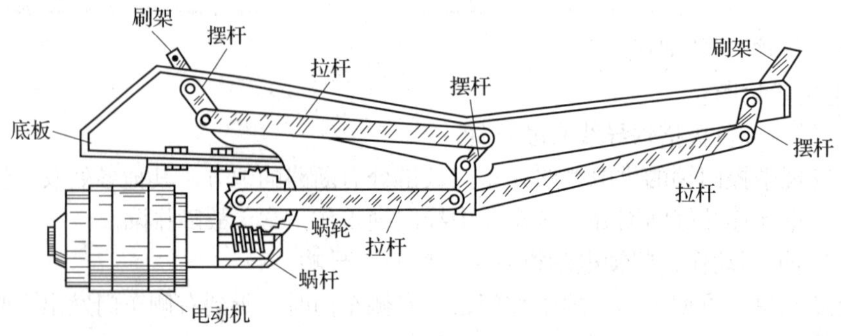

图 6—40　电动刮水器的结构

2．刮水电动机的结构和变速原理

一般刮水电动机有绕线式和永磁式两种。绕线式刮水电动机的磁极绕有励磁绕组，通电流时产生磁场；而永磁式刮水电动机的磁极用永久磁铁制成。

永磁式电动机体积小、质量小、结构简单，使用广泛。

永磁刮水电动机的结构如图 6—41 所示，主要由外壳及永久磁铁、电枢等组成，通电时电枢转动，经蜗轮和输出齿轮及输出轴后把动力传给输出臂。

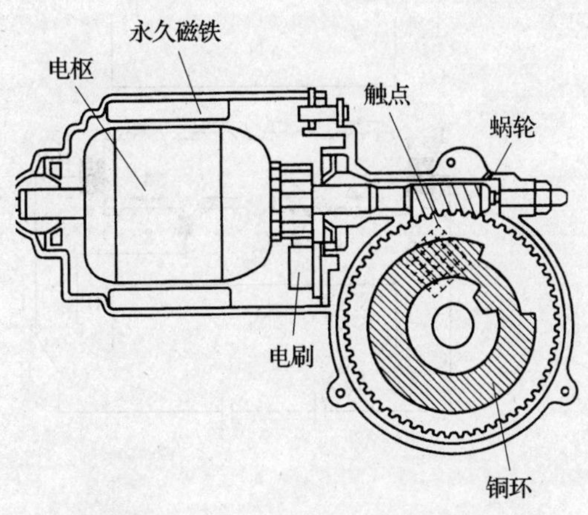

图 6—41　永磁式刮水电动机的结构

为了满足实际使用的需要，刮水器电动机有低速刮水和高速刮水两个挡位，且在任意时刻刮水结束后，刮水片应能自动回到风窗玻璃最下端。

（1）绕线式刮水器电动机的变速原理。绕线式刮水器电动机可通过改变磁场强度来实现变速。实际使用的绕线式刮水器通过开关控制励磁电路中电阻的大小来改变其转速。

（2）永磁式刮水电动机的变速原理。永磁式刮水器电动机利用 3 个电刷来改变正、负电刷之间串联线圈的个数实现变速的，如图 6—42 所示。其原理是：刮水器电动机工作时，在电枢内同时产生反电动势，其方向与电枢电流的方向相反。如要使电枢旋转，外加电压必须克服反电动势的作用。当电动机转速升高时，反电动势增高，只有当外加电压等于反电动势时，电枢的转速才能稳定。

三刷永磁式刮水器电动机工作时，电枢绕组产生的反电动势的方向如图 6—42a、b 中箭头所示。当将刮水器开关 K 拨向低速（L）时，如图 6—42a 所示，电源电压加在电刷 B_1 和 B_3 之间。在电刷 B_1 和 B_3 之间的两条并联支路中，每条支路中各有 4 个串联绕组，反电动势的大小与支路中反电动势的大小相等。由于外加电压需要平衡 4 个绕组所产生的反电动势，故电动机转速较低。

当将刮水器开关 K 拨向高速（H）时，如图 6—42b 所示，电源电压加在电刷 B_1 和 B_3 之间。绕组 1、2、3、4、8 同在一条支路中，其中绕组 8 与绕组 1、2、3、4 的反电动势方向相反，相互抵消后，使每条支路变为 3 个绕组。由于电动机内部的磁场方向和电枢的旋转方向没有变化，所以各绕组内反电动势的方向与低速时相同。但是，外加电压只需要平衡 3 个绕组所产生的反电动势，因此电动机的转速增高。

3．洗涤装置的组成

风窗玻璃洗涤装置的组成如图 6—43 所示，主要有储液罐、洗涤泵、软管、喷嘴等组成。洗涤泵一般由永磁直流电动机和离心叶片泵组装成为一体，喷射压力可达 70 ~ 88 kPa。

洗涤泵一般直接安装在储液罐上，但也有安装在管路内的。在离心泵的进口处设置有滤清器。

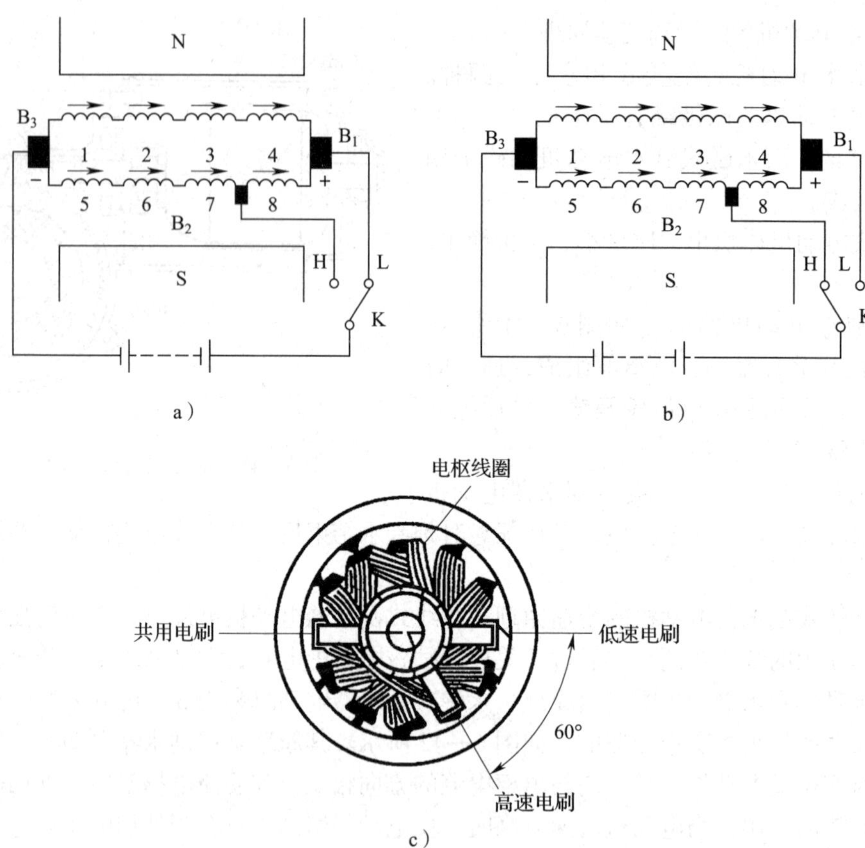

图 6—42 永磁式刮水电动机的变速原理

a）低速旋转 b）高速旋转 c）电刷的布置

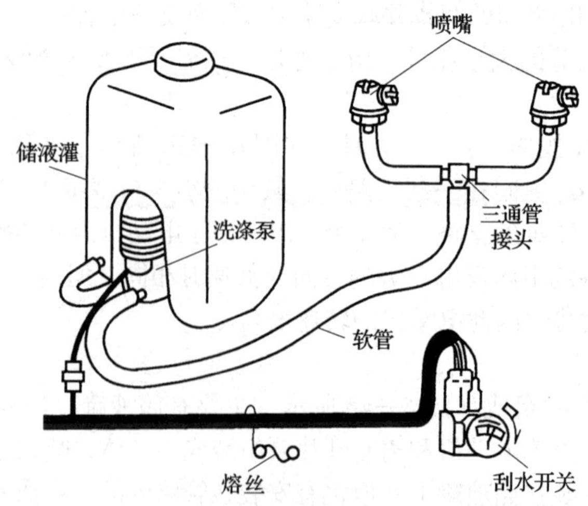

图 6—43 风窗玻璃洗涤装置的结构

洗涤泵喷嘴安装在风窗玻璃的下面，其喷嘴方向可以根据使用情况调整，喷嘴直径一般为 0.8 ~ 1.0 mm，能够使洗涤液喷射在风窗玻璃的适当位置。洗涤泵的连续工作时间不应超过 1 min。对于刮水和洗涤分别控制的汽车，应先开启洗涤泵，再接通刮水器。喷水停止后，刮水器应继续刮动 3 ~ 5 次，以便达到良好的清洁效果。

二、风窗玻璃刮水器的电路控制原理

如图 6—44 所示为铜环式刮水器的控制电路，此电路具有自动复位的功能，下面分析其工作过程。

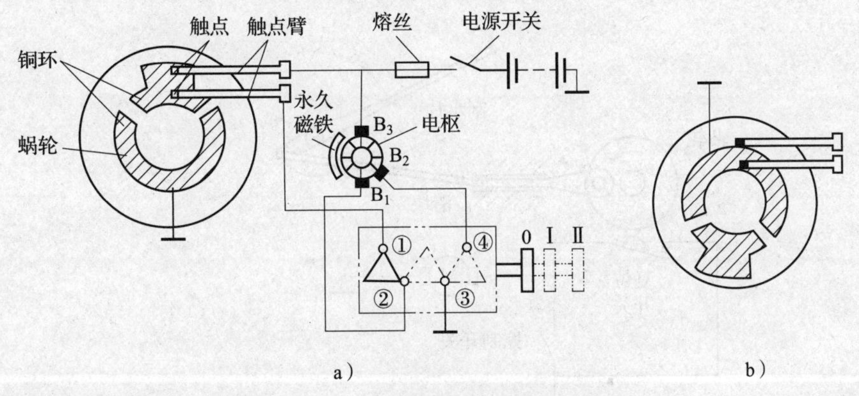

图 6—44　铜环式刮水器的控制电路

刮水器的开关有 3 个挡位，它可以控制刮水器的速度和自动复位。0 挡为复位挡，Ⅰ挡为低速挡，Ⅱ挡为高速挡。四个接线柱分别接复位装置、电动机低速电刷、搭铁、电动机高速电刷。复位装置是在减速蜗轮（由塑料或尼龙材料制成）上，嵌有铜环。此铜环分为两部分，其中铜环与电动机外壳相连（为搭铁）。触点臂用磷铜片或其他弹性材料制成，其一端铆有触点。由于触点臂具有一定的弹性，因此在蜗轮转动时，触点与蜗轮的端面和铜环保持接触。

1. “Ⅰ”挡（低速挡）

当接通电源开关，并把刮水器开关拨出到“Ⅰ”挡（低速）位置时，电流从蓄电池正极→电源开关→熔丝→电刷 B_3→电枢绕组→电刷 B_1→刮水器开关接线柱②→接触片→刮水器开关接线柱③→搭铁→蓄电池负极，构成回路，电动机以低速运转。

2. “Ⅱ”挡（高速）

把刮水器开关拨出到“Ⅱ”挡（高速）位置时，电流从蓄电池正极→电源开关→熔丝→电刷 B_3→电枢绕组→电刷 B_2→刮水器接线柱④→接触片→刮水器接线柱③→搭铁→蓄电池负极，构成回路，电动机以高速运转。

3. “0”挡（停止）

当把刮水器开关退回到“0”挡时，如果刮水片没有停止到规定的位置，由于触点与铜环相接触，如图 6—44b 所示，则电流继续流入电枢，其电路为蓄电池正极→电源开关→熔丝→电刷 B_3→电枢绕组→电刷 B_1→接线柱②→接触片→接线柱①→触点臂→铜环→搭铁→蓄电池的负极，因此，电动机仍以低速运转直至蜗轮旋转到特定位置，电路断路。由于电枢的运动惯性，电动机不能立即停止转动，以发电机的方式运行。因此电枢绕组通过触点臂与铜环接通而短路，电枢绕组将产生强大制动力矩，电动机迅速停止运转，使刮水片复位到风窗玻璃的下部。

如图 6—45 所示为一种凸轮式刮水器自动复位装置，其控制原理主要是由与蜗轮联动的凸轮驱动复位开关动作来实现的。

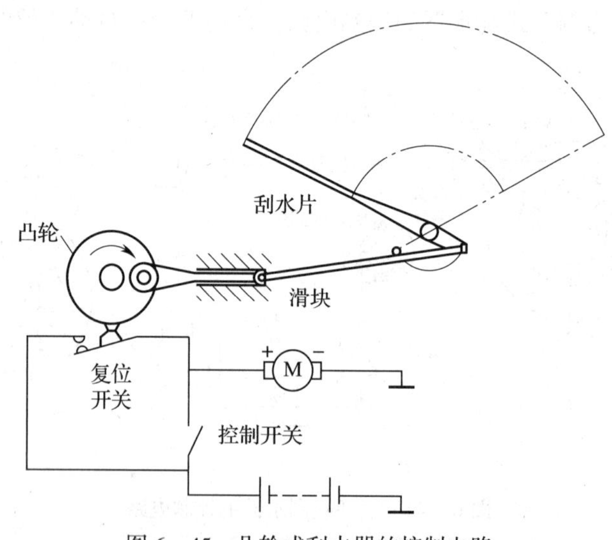

图 6—45　凸轮式刮水器的控制电路

4. 风窗刮水器的间歇控制

加装了电子间歇控制系统的刮水器能按照一定的周期停止和刮水。

汽车刮水器的间歇控制电路有多种形式，按照间歇时间不同分为可调节型和不可调节型。下面介绍几种常见的控制电路：

（1）不可调节间歇控制电路。刮水器的间歇控制一般利用自动复位装置和电子振荡电路或集成电路来实现。

图 6—46 所示为同步间歇刮水器内部控制电路。当刮水器开关置于间歇位置（开关处于“0”位，且间歇开关闭合）时，电源将通过自动复位开关向电容器 C 充电，其电路为：蓄电池正极→电源开关→熔丝→自动复位开关常闭触点（上）→电阻 R_1→电容器 C→搭铁→蓄电池负极。随着充电时间的延长，电容器两端的电压逐渐升高。当电容器 C 两端的电压升高到一定值时，晶体管 VT_1 和 VT_2 先后相继由截止转为导通，从而接通继电器磁化线圈的电路，其电路为：蓄电池正极→电源开关→熔丝→电阻 R_5→晶体管 VT_2（e→c）→继电器磁化线圈→间歇刮水器开关→搭铁→蓄电池负极。在电磁吸力的作用下，继电器常闭触点打开，常开触点闭合，从而接通了刮水电动机的电路，其电路为：蓄电池正极→电源开关→熔丝→电刷 B_3→电刷 B_1→刮水继电器常开触点→搭铁→蓄电池负极。此时，电动机将低速旋转。

当复位装置将自动复位开关的常开触点（下）接通时，电容器 C 通过二极管 VD、自动复位装置常开触点迅速放电，此时刮水电动机的通电回路不变，电动机继续转动。随着放电

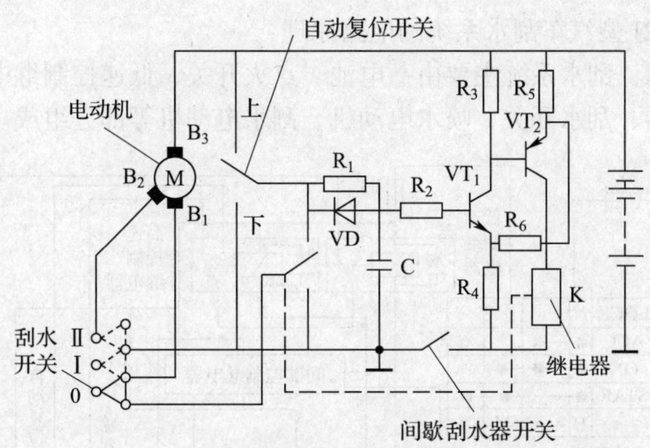

图 6—46　同步间歇刮水器的内部控制电路

时间的延长，晶体管 VT_1 基极的电位逐渐降低。当晶体管 VT_1 基极的电位降低到一定值时，VT_1 和 VT_2 由导通转为截止，从而切断了继电器磁化线圈的电路，继电器复位，常开触点打开，常闭触点闭合。此时，由于自动复位开关的常开触点处于闭合状态，电动机仍将继续转动，其电路为：蓄电池正极→电源开关→熔丝→电刷 B_3→电刷 B_1→继电器常闭触点→复位开关的常开触点→搭铁→蓄电池负极。只有当刮水片回到原位（不影响驾驶人视线位置），自动复位开关的常开触点打开，常闭触点闭合时，电动机方能停止转动。继而电源将再次向电容器 C 充电，重复以上过程。如此反复，实现刮水片的间歇动作，其间歇时间的长短取决于 R_1、C 电路充电时间常数的大小。

（2）可调式间歇控制电路。所谓可调式间歇控制电路是指刮水器的控制电路根据雨量大小自动开闭，并自动调节间歇时间。如图 6—47 所示为刮水自动开关与调速控制电路。电路中 S_1、S_2 和 S_3 是安装在风窗玻璃上的流量检测电极，雨水落在两检测电极之间，使其阻值减小，水流量越大，其阻值就越小。

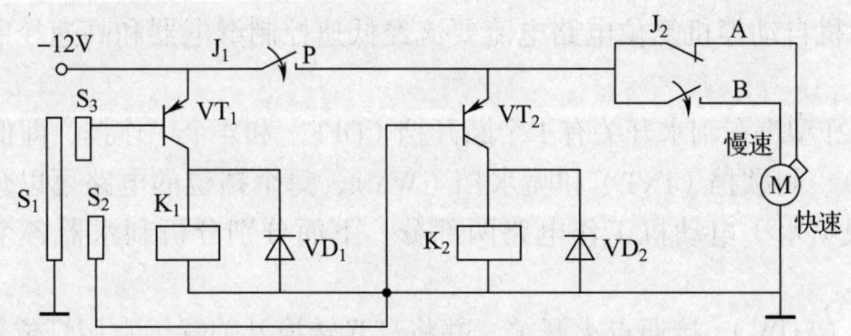

图 6—47　刮水自动开关与调速控制电路

S_1 与 S_3 之间的距离较近（约 2.5 cm），因此，晶体管 VT_1 首先导通，继电器 K_1 通电，在电磁吸力的作用下，P 点闭合，刮水电动机低速旋转。当雨量增大时，S_1 与 S_2 之间的电阻减小到使晶体管 VT_2 也导通，于是继电器 K_2 通电，在电磁吸力的作用下，A 点断开，B 点接通，刮水电动机转为高速旋转。雨停时，检测电阻之间的阻值均增大，晶体管 VT_1、VT_2 截止，继电器复位，刮水电动机自动停止工作。

5. 解放 CA1122J 型汽车刮水系统的电路原理

如图 6—48 所示，刮水系统主要由蓄电池、点火开关、低速控制继电器、高速控制继电器、间歇控制继电器、刮水开关、喷水电动机、刮水电动机等部分组成。

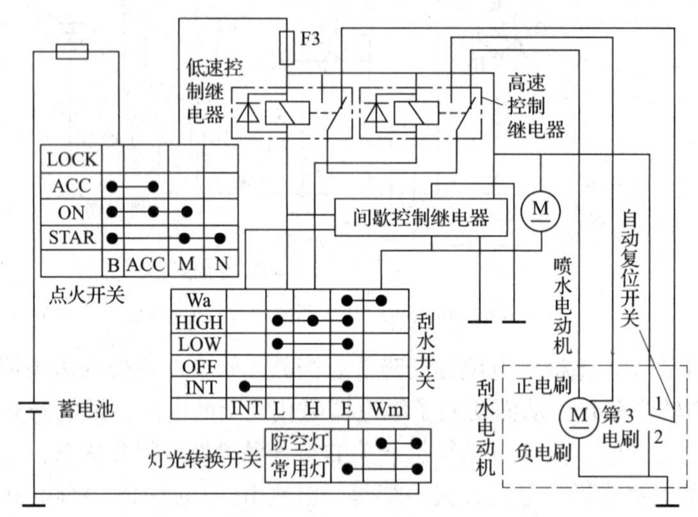

图 6—48　解放 CA1122J 型汽车刮水系统电路

解放 CA1122J 型汽车刮水系统控制电路的特点是：

①整个刮水系统受熔断器中第 3 号熔丝保护。

②低速控制继电器和高速控制继电器均为 5 引脚，即内部有一对常开触点和一对常闭触点。

③无论刮水器在哪个挡位工作，都要受到低速控制继电器的控制。

④刮水开关的搭铁端子受灯光转换开关控制，即必须在常用灯位置时刮水系统才能工作。

⑤刮水电动机自动停机复位电路电流要流经低速控制继电器和高速控制继电器的常闭触点。

解放 CA1122J 型汽车刮水开关有 1 个断开挡（OFF）和 4 个工作挡，即低速挡（LOW）、高速挡（HIGH）、间歇挡（INT）和喷水挡（Wa），每个挡位的电路可以分为继电器控制电路和刮水（或喷水）电动机工作电路两部分。下面分别分析刮水器各个挡位的工作情况。

（1）低速挡（LOW）。接通点火开关，并将灯光转换开关置于常用灯位置。当将刮水开关打到低速挡时，其继电器控制电路的电流路径为：蓄电池正极→点火开关→ 3 号熔丝→低速控制继电器线圈→刮水开关低速挡→灯光转换开关→搭铁→蓄电池负极。此时低速控制继电器线圈通电，产生的电磁力使低速控制继电器常开触点接通，常闭触点断开。这样就接通了低速挡刮水电动机工作电路，其电流路径为：蓄电池正极→点火开关→ 3 号熔丝→低速控制继电器常开触点→高速控制继电器常闭触点→正电刷→电枢→负电刷→搭铁→蓄电池负极，形成电流回路，刮水电动机以低速开始旋转。

（2）高速挡（HIGH）。当将刮水开关打到高速挡时，其继电器控制电路有 2 条，第 1 条与低速挡时的控制电路基本相同，不同之处是电流由 3 号熔丝到刮水开关的高速挡，再到灯光转换开关。第 2 条控制电路的电流路径为：蓄电池正极→点火开关→ 3 号熔丝→高速控制继电器线圈→刮水开关高速挡→灯光转换开关→搭铁→蓄电池负极。此时，低速控制继电器和高速控制继电器的线圈都通电产生电磁力，使得低速控制继电器和高速控制继电器的常开触点接通，常闭触点断开，从而接通了高速挡刮水电动机工作电路，其电流路径为：蓄电池正极→点火开关→ 3 号熔丝→低速控制继电器常开触点→高速控制继电器常开触点→第 3 电刷→电枢→负电刷→搭铁→蓄电池负极，形成电流回路，刮水电动机以高速开始旋转。

（3）间歇挡（INT）。当将刮水开关打到间歇挡时，其继电器控制电路的电流路径为：蓄电池正极→点火开关→ 3 号熔丝→间歇控制继电器→刮水开关间歇挡→灯光转换开关→搭铁→蓄电池负极。此时，低速控制继电器的线圈在间歇控制继电器的控制下间歇通电，通电时其电流路径为：蓄电池正极→点火开关→ 3 号熔丝→低速控制继电器线圈→间歇控制继电器→搭铁→蓄电池负极。此时低速控制继电器的常开触点间歇接通。这样，刮水电动机就会间歇地以低速旋转，刮水电动机工作时电流的路径与低速挡时相同。

（4）喷水挡（Wa）。当将刮水开关打到喷水挡时，喷水电动机的工作电流路径为：蓄电池正极→点火开关→ 3 号熔丝→喷水电动机→刮水开关喷水挡→灯光转换开关→搭铁→蓄电池负极，形成电流回路，喷水电动机工作，向前风窗玻璃喷出洗涤液。另外，当喷水完毕后，在间歇控制继电器的控制下，刮水片以低速摆动两下，将喷到前风窗玻璃上的洗涤液刮净。此外，当刮水开关从工作挡位打到断开挡（OFF）时，如果刮水片不在复位位置，刮水电动机内部的自动复位开关就会自动打到位置 1，从而接通自动停机复位电路，其电流路径为：蓄电池正极→点火开关→ 3 号熔丝→自动复位开关位置 1 →低速控制继电器常闭触点→高速控制继电器常闭触点→正电刷→电枢→负电刷→搭铁→蓄电池负极，形成电流回路。此时，刮水电动机将继续以低速运转，直到刮水片复位。当刮水片复位后，自动复位开关将自动打到位置 2，切断自动停机复位电路。而此时刮水电动机的自感电动势将通过自动复位开关的位置 2 构成回路，产生制动作用，从而使刮水电动机尽快停止。此时刮水电动机的正电刷相当于电源的正极，负电刷相当于电源的负极。其电流路径为：刮水电动机电枢→正电刷→高速控制继电器常闭触点→低速控制继电器常闭触点→自动复位开关位置 2 →负电刷→刮水电动机电枢，形成电流回路。

三、刮水器和洗涤装置的检修

1. 风窗玻璃刮水器的故障检修

在对风窗玻璃刮水器系统的故障进行检修之前，首先要确定是电路故障还是机械故障。最简单的方法就是从电动机上拆下连接刮水片的机械臂。接通刮水器系统，观察电动机的运行。如果电动机工作正常，则是机械问题。

风窗玻璃刮水器系统常见的故障有：刮水器不工作、间断性工作、持续操作不停及刮水片不能复位等。下面以商用为例，分析风窗玻璃刮水器系统的故障诊断方法。

（1）刮水器不工作。如果刮水器在所有挡位都不工作，按照图 6—49 步骤进行检查。

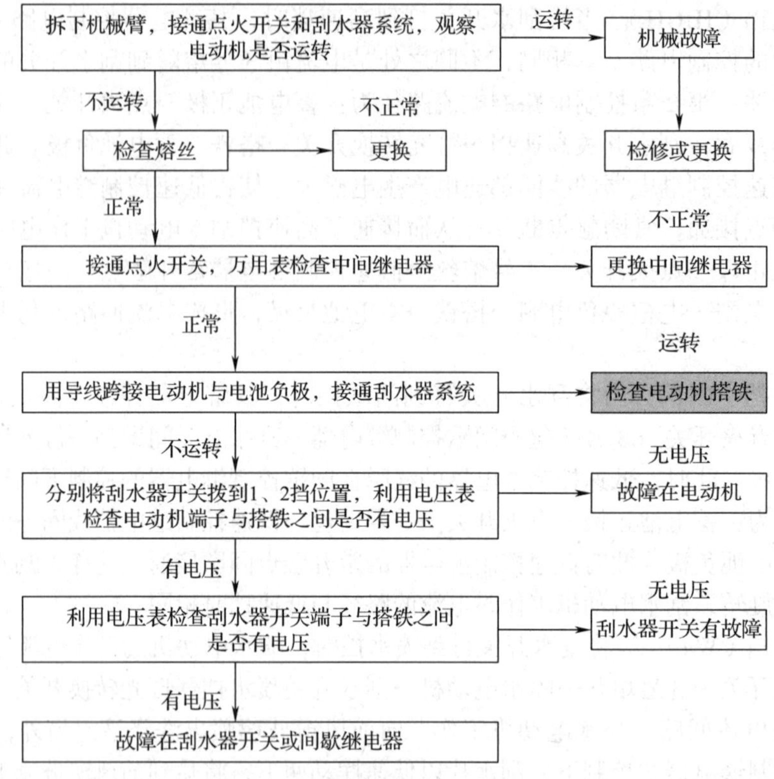

图 6—49　刮水器不工作的检查步骤

从以上的分析过程可以知道电路中的故障原因主要有：

1）刮水电动机断路。

2）熔断丝烧毁。

3）线路连接松动、断线或搭铁不良。

4）刮水开关接触不良或继电器触点接触不良。

5）电动机失效，如电枢短路等。

在各部件的检查过程中，可以参照上面的电路检查方法和步骤进行。机械部分的故障原因主要有：

1）蜗轮蜗杆脱离啮合或者损坏。

2）杆件连接松脱或损坏。

3）刮水片、传动机构等被卡住等。

（2）刮水器速度比正常慢或转动无力。电气或机械故障均能引起刮水器速度比正常慢，要按照上述方法确定故障是在电气部分还是在机械部分。

大多数导致刮水器动作慢的电路故障是由于接触电阻大而引起的。如果故障表现为所有的速度挡都慢，应检查电源到刮水器开关之间的电路，主要是中间继电器、熔丝和刮水器开关连接线端子插接是否牢固可靠。电源供电电路正常，则应检查刮水器开关中有无接触不良的现象。

如果电源供电回路正常，则应检查刮水电动机的搭铁回路是否正常，其方法是：将电压表的正表笔接电动机的搭铁端（或电动机壳体），负表笔接电池负极，电压降不应超过 0.1 V，否则应修复电动机搭铁回路。

最后检查电动机轴承和蜗轮组的润滑情况。

（3）间歇刮水系统不正常。如果刮水系统只是在间歇挡位工作不正常，首先应检查间歇继电器的搭铁是否良好。如果搭铁正常，则利用欧姆表检查继电器到刮水器开关之间的电路；如果连接线路也是良好的，则应更换间歇继电器。

（4）刮水器不能复位。造成刮水器不能复位的故障可能是复位开关的原因，也可能是刮水器开关内接触片变形所致。最常见的与复位开关有关的故障是：当开关断开时，刮水器就停在该位置，这时首先要拆下电动机端盖，接通刮水开关，观察复位开关的工作情况。当关闭刮水器开关时复位开关应能使其常闭触点闭合到位，否则应更换复位开关。

2．风窗玻璃洗涤装置的故障检修

许多风窗玻璃洗涤装置的故障都是因输液系统而引起的。因此，应首先拆下泵体上的水管，然后使电动泵工作，如果电动泵能够喷出清洗液，则故障在输液系统。否则，按照下列步骤查找故障。

（1）目测储液罐内的液体存储量。检查熔丝和线路连接是否良好。

（2）打开洗涤器开关，同时观察电动机。如果电动泵工作但不喷液，检查泵内有无堵塞，排除泵体内的异物；如果没有堵塞，则需更换电动泵。

（3）如果电动泵不运转，用电压表或试灯检查开关闭合时洗涤泵电动机上有无电压。若有电压，用欧姆表检查搭铁回路；若搭铁回路良好，则需更换电动泵。

（4）在（3）步中，如果电动机上没有电压，则需沿线路向开关检测开关工作是否正常。如果开关有电压输入，但没有输出，则需更换开关。

四、刮水器和洗涤装置检查与更换

1．就车检查

（1）洗涤器电动机：

1）将水倒入安装有洗涤器电动机的洗涤壶。

2）将蓄电池正极（+）连接到洗涤器电动机的 2 号针脚上，负极（–）连接到洗涤器电动机的 1 号针脚上。检查水是否能从洗涤壶中流出。如图 6—50 所示。

（2）组合开关。组合开关检查如图 6—51 所示。

1）检查导通。检查接插件每个针脚间的通断及标准值。

2）检查间歇工作。将刮水器开关调到 INT 位置。将万用表连接到组合开关的 12 号和 16 号针脚。根据万用读数判断间歇开关是否正常。

（3）刮水电动机总成检查如图 6—52 所示。

1）检查低速挡功能。将蓄电池正极（+）连接到接插件的 2 号针脚上，负极（–）连接到接插件的 3 号针脚上，检查电动机是否处在低速挡运转。

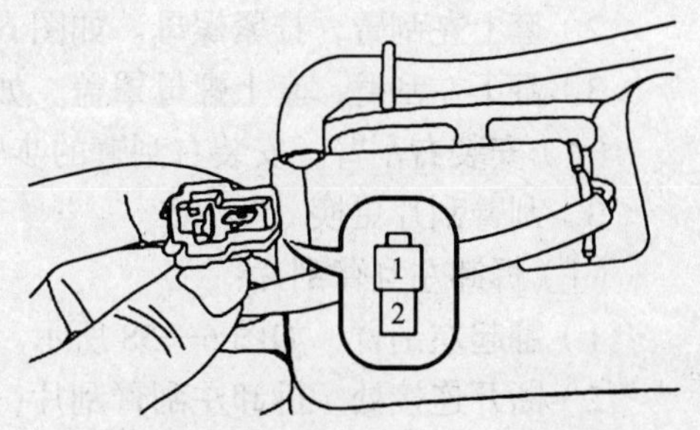

图 6—50　洗涤器电动机功能检查

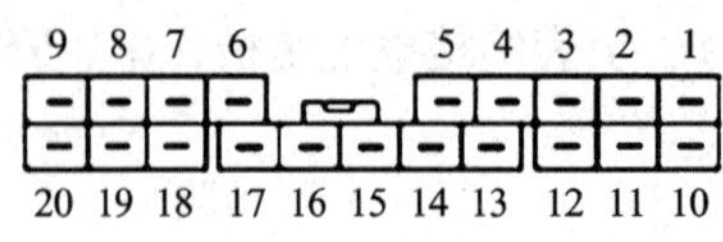

图 6—51　组合开关检查

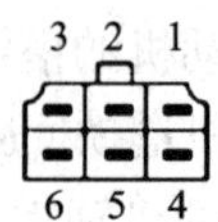

图 6—52　刮水电动机总成检查

2）检查高速挡功能。将蓄电池正极（+）连接到接插件的 1 号针脚上，负极（-）连接到接插件的 3 号针脚上，检查电动机是否处在高速挡运转。

3）检查自动停止功能：

①将蓄电池正极（+）连接到接插件的 2 号针脚上，负极（-）连接到接插件的 3 号针脚上，当电动机在低速挡运转时，在除了自动停止的任意位置，断开 2 号针脚的连接。

②连接电动机的 2 号针脚和 5 号针脚，连接蓄电池正极（+）和 6 号针脚来重启电动机，使其在低速挡运转。

③检查自动停止位置是否正确。

2．刮臂总成更换

（1）拆卸左刮臂：

1）将刮臂运行到自动停止位置。

2）拔出螺母罩盖。如图 6—53 所示。

3）翻起左刮臂，松开螺母，拔下刮臂，如图 6—54 所示。

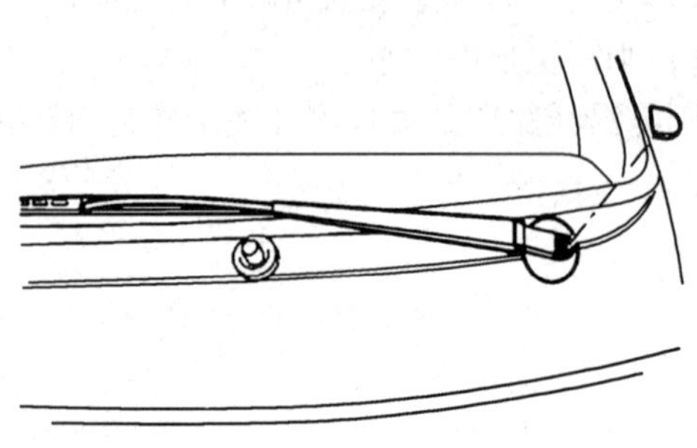

图 6—53　拔出螺母罩盖

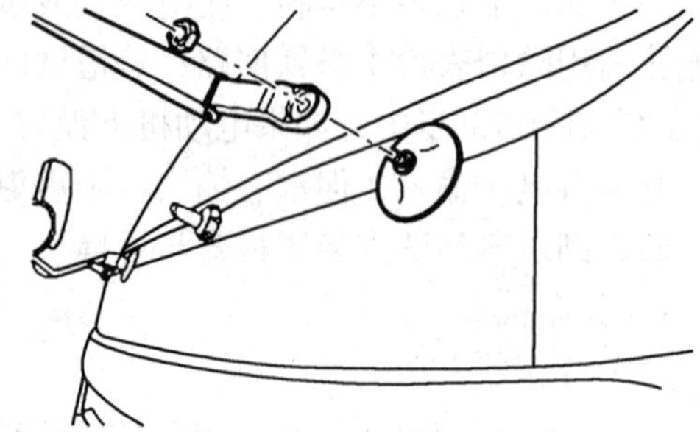

图 6—54　拔下刮臂

（2）拆卸右刮臂。拆卸右刮臂的步骤与左刮臂步骤相同。

（3）安装左刮臂：

1）清洁花键，如图 6—55 所示。

2）套上左刮臂，拧紧螺母。如图 6—56 所示。

3）翻下左刮臂，套上螺母罩盖。如图 6—57 所示。

（4）安装右刮臂。安装右刮臂的步骤与安装左刮臂步骤相同。

3．刮臂刮片更换

（1）拆卸左刮臂刮片：

1）翻起左刮臂，如图 6—58 所示。

图 6—55　清洁花键

2）断开连接处，拆卸左刮臂刮片，如图 6—59 所示。

（2）拆卸右刮臂刮片。拆卸右刮臂刮片的步骤与拆卸左刮臂刮片步骤相同。

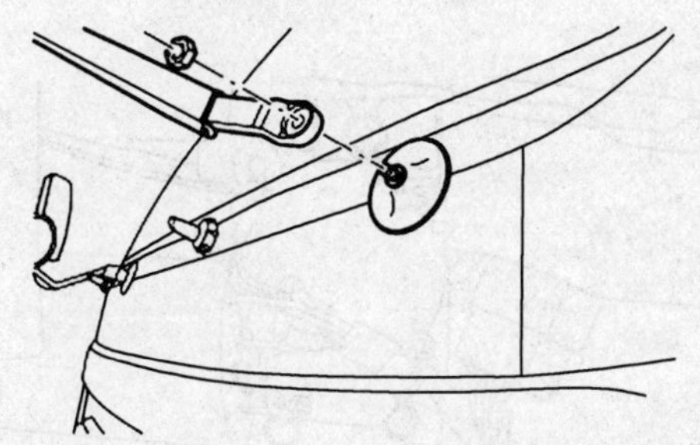

图 6—56　拧紧螺母

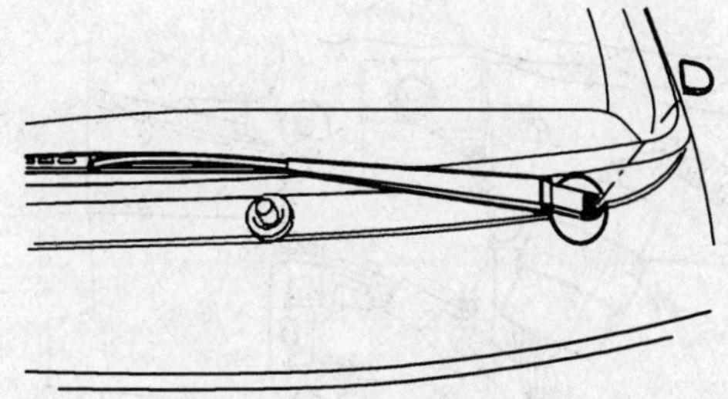

图 6—57　套上螺母罩盖

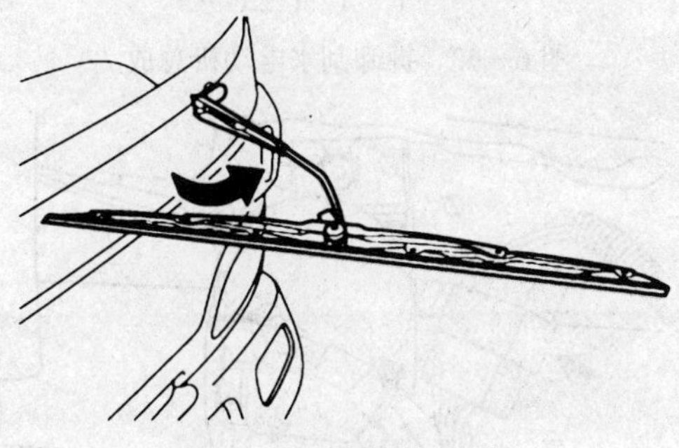

图 6—58　翻起左刮臂

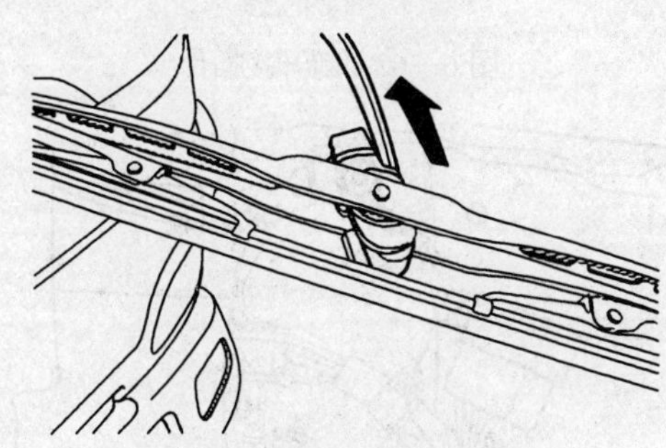

图 6—59　拆卸左刮臂刮片

（3）安装左刮臂刮片：

1）连接连接处，安装左刮臂刮片，如图 6—60 所示。

2）翻下左刮臂，如图 6—61 所示。

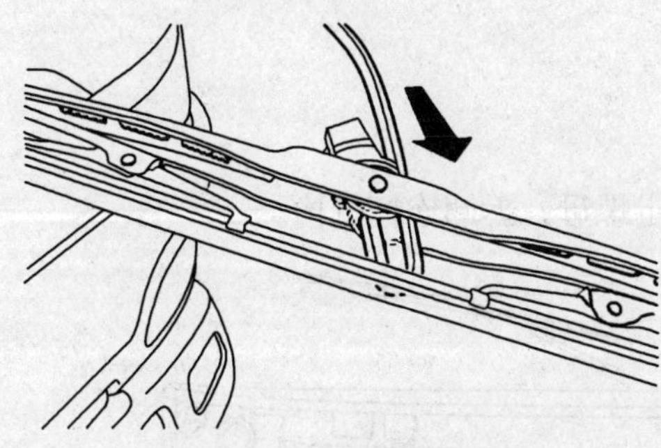

图 6—60　安装左刮臂刮片

图 6—61　翻下左刮臂

（4）安装右刮臂刮片。安装右刮臂刮片的步骤与安装左刮臂刮片步骤相同。

4．刮水电动机总成更换

（1）拆卸刮水电动机总成：

1）断开接插件，如图 6—62 所示。

2）松开螺母，拆卸刮水电动机总成，如图 6—63 所示。

（2）安装刮水电动机总成：

1）拧紧螺母，安装刮水电动机总成，如图 6—64 所示。

2）连接接插件，如图 6—65 所示。

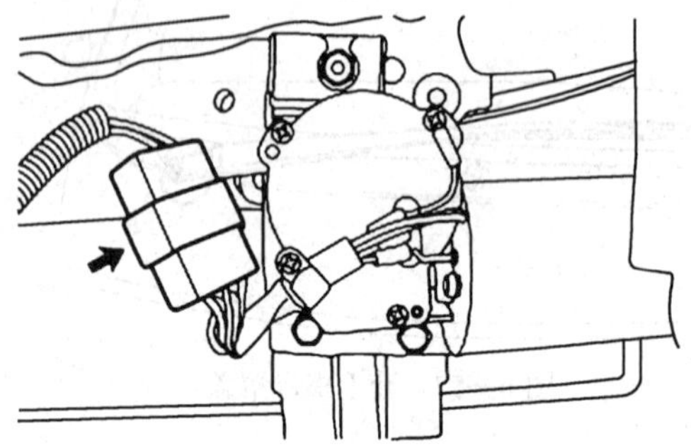

图 6—62　断开接插件

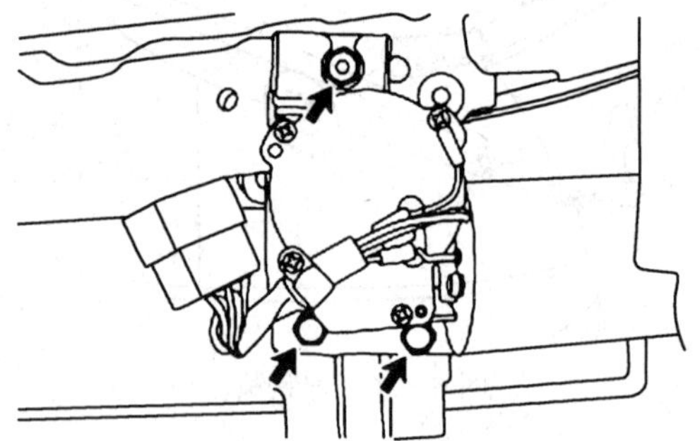

图 6—63　拆卸刮水电动机总成

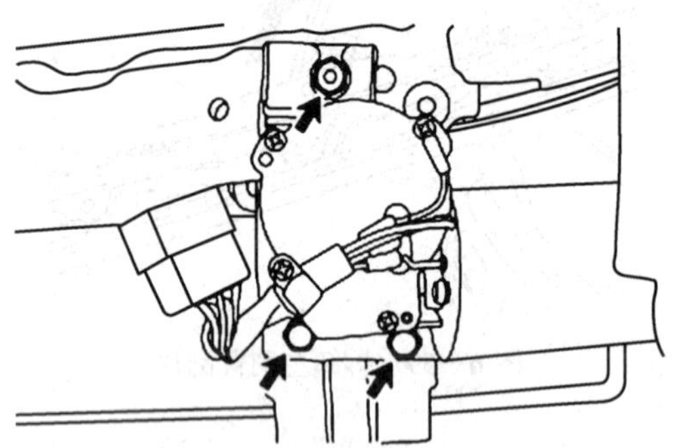

图 6—64　安装刮水电动机总成

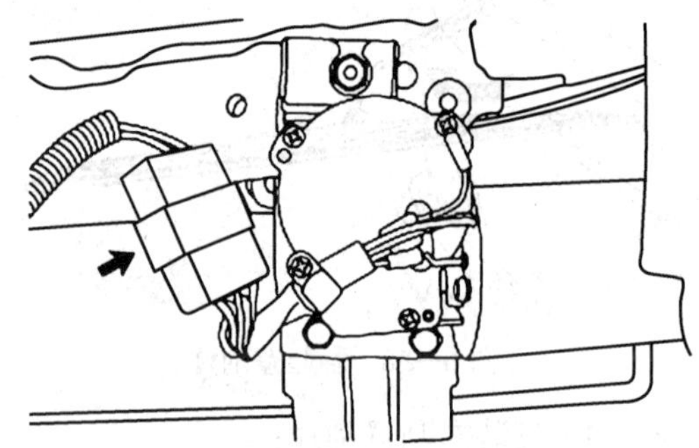

图 6—65　连接接插件

5. 连杆机构更换

（1）拆卸刮臂。

（2）拆卸鼓风机总成。

（3）拆卸刮水电动机总成。

（4）拆卸连杆机构，如图 6—66 所示。松开固定螺母，拆卸连杆机构。

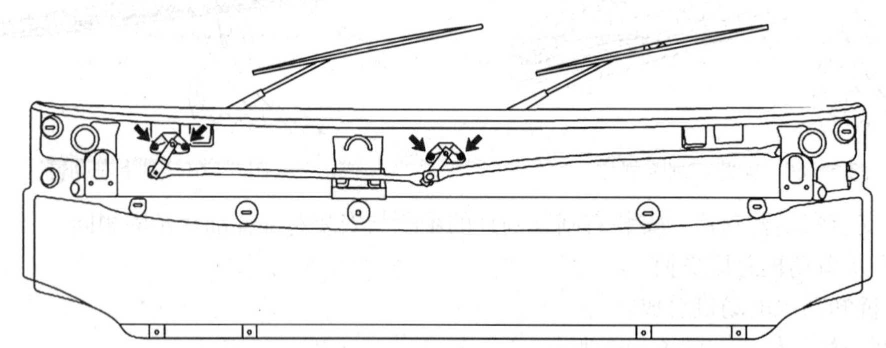

图 6—66　拆卸连杆机构

（5）安装连杆机构。拧紧固定螺母，安装连杆机构。

（6）安装刮水电动机总成。

（7）安装刮臂。

（8）安装鼓风机总成。

6．洗涤器更换

（1）拆卸仪表板。

（2）拆卸洗涤器，如图 6—67 所示。

1）脱开软管，断开接插件。

2）松开螺栓，拆卸洗涤器。

（3）安装洗涤器。

1）拧紧螺栓，安装洗涤器。

2）连接软管，连接接插件。

（4）安装仪表板。

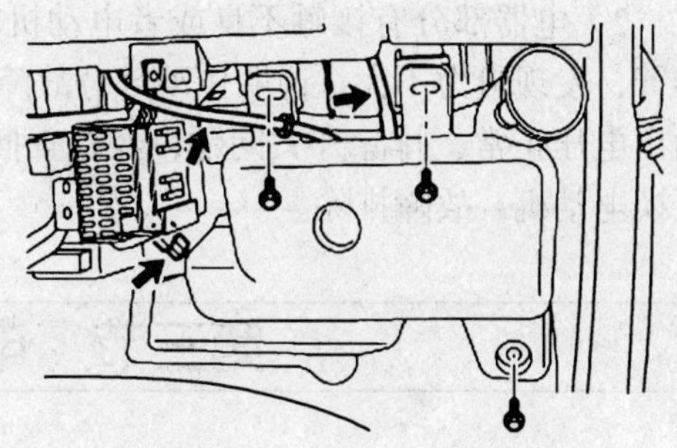

图 6—67　拆卸洗涤器

7．喷嘴更换

（1）拆卸左喷嘴：

1）拧下固定环，如图 6—68 所示。

2）旋出左喷嘴，断开软管，如图 6—69 所示。

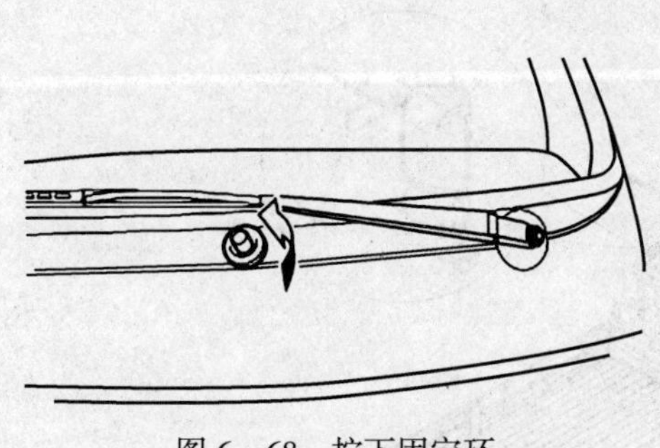

图 6—68　拧下固定环

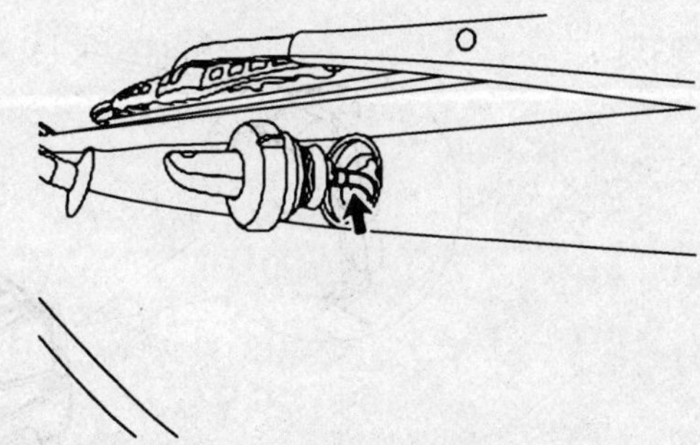

图 6—69　断开软管

（2）拆卸右喷嘴。拆卸右喷嘴的步骤与拆卸左喷嘴的步骤相同。

（3）安装左喷嘴：

1）连接软管，旋入左喷嘴。

2）拧紧固定环。

（4）安装右喷嘴。安装右喷嘴的步骤与安装左喷嘴的步骤相同。

（5）调整喷嘴。

五、典型雨刮与洗涤装置故障案例

通用面包车刮水器经常不工作。

（1）故障现象。在雨天使用刮水器时，经常出现雨刷卡在最外侧回不来，用手动一下就恢复正常，但故障还会重复发生。

（2）故障诊断排除。为了避免损坏玻璃，边向玻璃浇水边拨动刮水器开关。分析原因：

1）可能是传动部件卡滞，导致阻力变大。

2）电器部分有接触不良或者电动机本身性能下降，力矩减小。将摇臂拆下，手动转动摇臂，发现阻力不大，说明传动部分故障可能性较小。转换雨刷开关挡位，测得相应的开关输出电压正常，排除开关问题，经检查插头也良好，最后判断可能是电动机本身性能下降。更换电动机，故障排除。

第三节　电动后视镜的检修

后视镜是保障汽车安全行驶的重要设备。汽车上的后视镜位置直接关系到驾驶人能否观察到车后的情况，与行车安全有着密切的联系。行车过程中后视镜如调整不到位会影响驾驶人的视野，危及行车安全。高档汽车采用电动后视镜，通过电动开关调整后视镜的位置，操作起来十分方便。

一、电动后视镜的组成及结构

对于重型载货车，除了安装左、右主外视镜外，还要加装补盲外后视镜和广角外后视镜，右主外后视镜和广角外后视镜通常被安装在同一支架上，如图 6—70 所示。

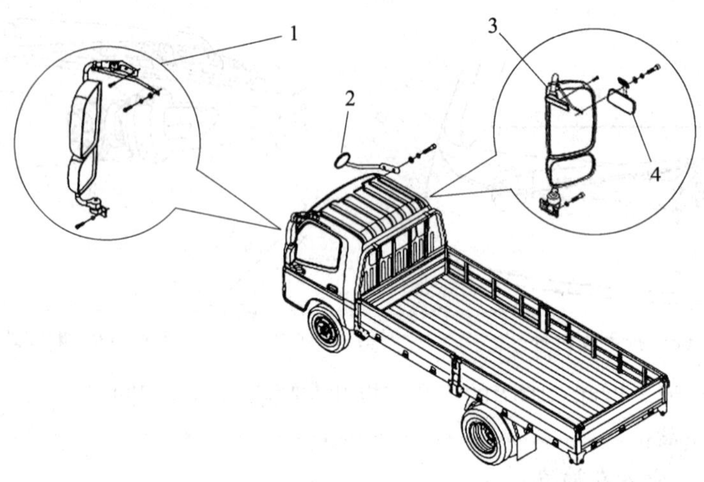

图 6—70　后视镜总成

1—左外后视镜总成　2—前下视镜总成　3—右外后视镜总成　4—侧下视镜总成

二、电动后视镜的电路控制原理

电动后视镜根据功能有不同的控制电路，下面举例说明其工作原理。

1．非伸缩式电动后视镜控制原理

如图 6—71 所示为某汽车的电动后视镜控制电路。

左 / 右调整开关负责接通左或右车外后视镜。当“上 / 下”或“左 / 右”开关控制电路形成回路，从而接通不同的电动机，使后视镜作不同角度的调整。在这里我们只讨论一侧后视镜中一个电动机的工作情况。若要调节左侧后视镜垂直方向的倾斜程度，按下“上 / 下”按钮。

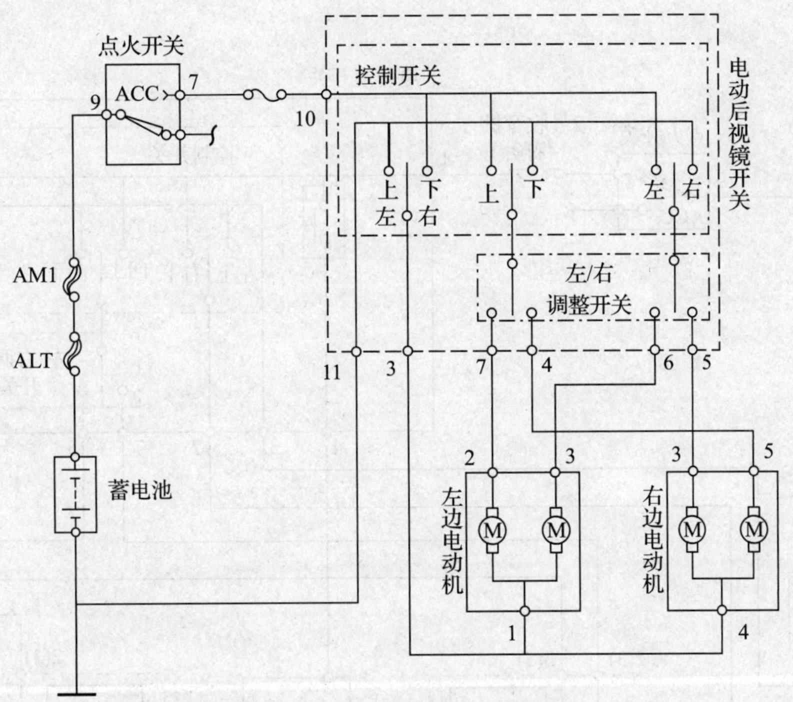

图 6—71　某汽车非伸缩式电动后视镜电路

（1）“上”的过程。实线框“上 / 下”开关中的箭头开关均和“上”接通，此时电流的方向为：电源→点火开关 ACC →开关端子 10 →“上”端子→调整开关中的“左”→端子 7 →左电动后视镜连接端子 2 →“上 / 下”电动机→端子 1 →开关端子 3 →“上左”端子→开关端子 11 →搭铁，形成回路，这时左后视镜向上倾斜。

（2）“下”的过程。实线框“上 / 下”开关中的箭头开关均和“下”接通，此时电流的方向为：电源→点火开关 ACC →开关端子 10 →“下右”端子→端子 3 →左电动后视镜连接端子 1 →“上 / 下”电动机→端子 2 →开关端子 7 →调整开关中的“左”→“下”端子→开关端子 11 →搭铁，形成回路，这时左后视镜向下倾斜。电动后视镜左右运动的电路分析与此类似，此处不再赘述。

2．可伸缩式电动后视镜控制原理

图 6—72 为某汽车可伸缩式电动后视镜控制系统电路。

电动后视镜的伸缩是通过电动后视镜开关上的伸缩开关控制的，该开关控制继电器动作，使左右两镜伸缩电动机工作，来完成伸缩功能。

三、电动后视镜的检修

电动后视镜常见的故障主要有：左、右两个后视镜均不工作；一个后视镜上、下位置不工作；一个后视镜左、右位置不工作；一个后视镜不工作等。当遇到上述任何一种故障时，最好先检查门控灯、蓄电池电压、电动后视镜的熔丝及各线束连接器等是否正常，往往会使故障迅速排除。

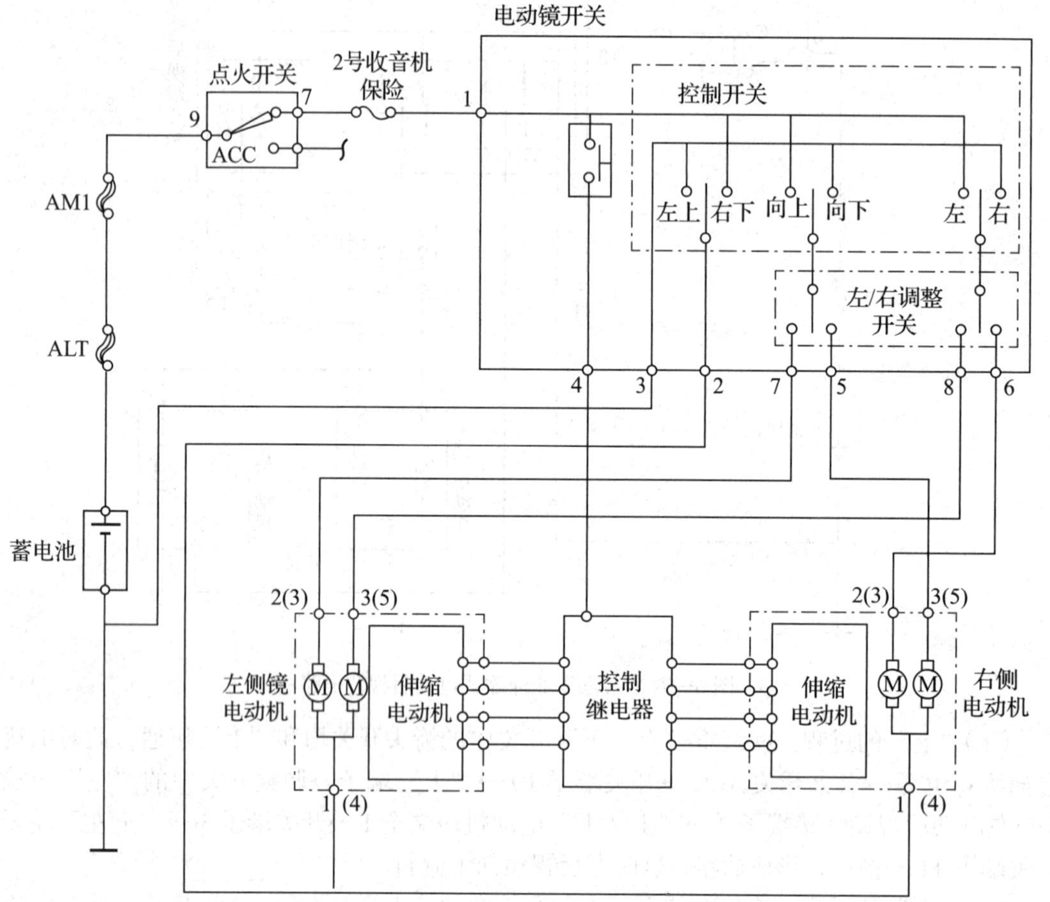

图 6—72　某汽车可伸缩式电动后视镜控制系统电路

1. 电动后视镜开关的检查

电动后视镜的开关外形及连接器端子如图 6—73 所示。按照表 6—1 检查各个端子的导通情况，如不导通，应该更换开关。

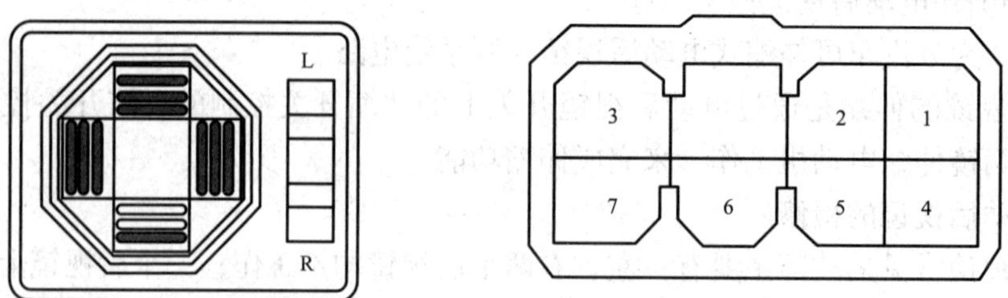

图 6—73　某汽车电动后视镜的开关及连接器

表 6—1　　电动后视镜开关的检测

左 / 右调整控制开关位置	左					关闭			右				
控制开关 \ 端子号	1	2	3	6	7	1	2	3	1	2	3	4	5
上	○	—	—	—	○		○	○	○	—	—	○	
	○	○								○	○		
下		○	—	—	○	○	—	○		○	○		
	○	—	○						○	—	○		
左	○	—	—	○			○	○	○	—	—	—	○
		○	○							○	○		
右		○	—	○		○	—	○		○	—	—	○
	○	—	○						○	—	○		

2．电动后视镜电动机的检查

电动后视镜检查的基本思路是把蓄电池的正、负极分别接至电动后视镜电动机连接器端子，观察电动机的运动情况诊断故障。以左侧后视镜为例，按照表 6—2 把蓄电池正、负极分别接在各端子之间，检查电动机的工作情况。若电动机不工作，应该更换。

表 6—2　　电动后视镜电动机的检测

调节方向 \ 端子	1	2	3
上	−	+	
下	+	−	
左	−		+
右	+		−

复习思考题

一、思考题

1．中央控制门锁的组成有哪些？各部分的作用是什么？

2. 简述中央控制门锁系统的工作原理。
3. 简述刮水系统的结构及工作原理。
4. 简述刮水系统的检测方法。
5. 简述电动后视镜的工作原理。
6. 简述电动后视镜故障的诊断方法。

二、选择题

1. 汽车安装了中控门锁后，甲说驾驶人可以解锁所有车门，乙说驾驶人可以锁闭所有车门，（　　）对？

A. 甲说的　　B. 乙说的　　C. 甲乙都

2. 门锁控制开关安装在（　　）。

A. 驾驶侧前门内的扶手上　　B. 左前门的外侧锁上　　C. 右前门的外侧锁上

3. 钥匙控制开关装在（　　）。

A. 驾驶侧前门内的扶手上　　B. 左前门和右前门的外侧锁上　　C. 右前门的外侧锁上

4. 监测车门开闭情况的是（　　）。

A. 门锁控制开关　　B. 钥匙控制开关　　C. 门控开关

5. 车门打开时，门控开关（　　）。

A. 接通　　B. 断开　　C. 不动作

6. 车门关闭时，门控开关（　　）。

A. 接通　　B. 断开　　C. 不动作

7. 目前汽车上广泛使用的刮水器是（　　）。

A. 真空式　　B. 气动式　　C. 电动式

8. 改变磁场强度可以通过改变励磁电路中（　　）的大小来实现。

A. 电流　　B. 电压　　C. 电感

9. 在每个电动后视镜镜片背后都有可操纵其上下及左右运动的（　　）个电动机。

A. 2　　B. 3　　C. 4

三、判断题

1. 驾驶人可以使用中控门锁锁闭或解锁全部车门。（　　）
2. 门锁控制开关一般安装在仪表板上。（　　）
3. 通过门锁控制开关不能同时锁上和打开所有的车门。（　　）
4. 门锁总成主要由门锁传动机构、门锁位置开关、外壳等组成。（　　）
5. 门锁控制器常见的形式有继电器式、集成电路 - 继电器式、电脑控制式等。（　　）
6. 刮水器电动机有绕线式和永磁式两种。（　　）
7. 绕组式电动机具有体积小、质量小、结构简单等特点。（　　）
8. 汽车的电动后视镜一般由镜片、驱动电动机、控制电路及操纵开关等组成。（　　）
9. 在每个电动后视镜镜片背后都有 4 个电动机可操纵其上下及左右运动。（　　）
10. 只有左侧的后视镜可以电动调节。（　　）
11. 绕线式刮水器电动机可以通过改变磁场强度来实现变速。（　　）

12. 对于刮水装置和洗涤装置分开控制的汽车，应先开启洗涤泵，再接通刮水器。（　　）

13. 实际使用的绕线式刮水器通过开关控制励磁电路中电阻的大小来改变其转速。（　　）

14. 风窗玻璃洗涤装置主要由储液罐、洗涤泵、输液管、喷嘴等组成。（　　）

第七章　商用车电路组成与电路图识读

学习目标

1. 掌握汽车电路的基本组成元素。
2. 掌握汽车电路各组成部分的特点、规律。
3. 掌握汽车电路图的识读方法和技巧。
4. 掌握各个电气系统的关联关系。

第一节　汽车电路的基本组成

汽车电路由电源、保护装置、控制装置、用电设备以及连接它们的线束和插接器组成。

一、导线

汽车电气设备的连接导线均为绝缘包层多股铜线，按承受电压的高低，可分为低压导线和高压导线两种。

1．低压导线

（1）导线的型号。普通低压导线分为采用聚氯乙烯作绝缘包层的 QVR 型和采用聚氯乙烯丁腈橡胶复合物作绝缘包层的 QFR 型两种。两种导线绝缘层的耐低温性、耐油性和阻燃性都比较好，尤以后者为佳，如图 7—1 所示为 QFR 型导线。

图 7—1　QFR 型导线

普通低压导线的线芯采用多股铜质线芯结构，这是由于铜质多股线芯承受反复弯曲的能力好，不易折断，制成线束后的柔韧性较好，安装方便。

（2）导线的选择。导线截面积主要根据其工作电流大小进行选择，为保证导线应具有一定的机械强度，汽车电路中所用导线截面积至少不得小于 0.5 mm^2。

所谓导线标称截面积是经过换算而统一规定的线芯截面积，不是实际线芯的几何面积，也不是各股线芯几何面积之和。应根据用电设备的负载电流大小选择导线的截面积。

汽车线束内常用标称截面积有 0.5 mm²、0.75 mm²、1.0 mm²、1.5 mm²、2.0 mm²、2.5 mm²、4.0 mm²、6.0 mm² 等，它们各自都有允许负载电流值，用途见表 7—1。

表 7—1　　汽车主要电路导线截面积选择

标称截面积（mm²）	用　途
0.5	后灯、顶灯、指示灯、仪表灯、牌照灯、燃油表、刮水器电动机
0.8	转向灯、制动灯、停车灯、分电器
1.0	前照灯的单线（不接熔断器）、电喇叭（3 A 以下）
1.5	前照灯的电线束（接熔断器）、电喇叭（3 A 以上）
1.5 ~ 4	其他连接导线
4 ~ 6	电热塞
4 ~ 25	电源线
16 ~ 95	起动机电缆

（3）线束。在汽车上，为了安装方便和保护导线不被水、油侵蚀和磨损，汽车导线除高压线和蓄电池导线外，都用绝缘材料如薄聚氯乙烯带缠绕包扎成束，称为线束，如图 7—2、图 7—3 所示。汽车线束的制作程序：

1）下线。

2）压接分支。

3）上模板捆扎。

4）套波纹管。

5）压装接线端子。

图 7—2　线束

图 7—3　波纹管

2. 高压导线

高压导线在汽车上主要是点火线。点火线按其结构的不同又可分为普通铜芯高压线和高压阻尼线两种，如图 7—4 所示。高压导线的耐压值应在 15 000 V 以上，且耐潮湿性能良好，若将其浸入温水中浸泡 3 h，取出后以 50 Hz、15 000 V 的交流电试验 5 min，导线不应被击穿。高压导线在 -40℃ ~ +70℃的环境温度中应能正常工作。

二、导线接头与连接器

1. 导线接头

高压导线接头如图 7—5 所示，应符合以下技术要求：

（1）接头表面应整洁、无毛刺和突起。

（2）接头应能保证装到导线或电器上时不出现断裂或裂纹。

（3）接头应用压接、熔焊、冷挤、锡焊或相互组合的方法装到导线线芯上。线芯截面积为 2.5 mm^2 及以下的导线的接头必须夹住导线的绝缘体。

（4）接头必须经受耐潮试验而不破坏其接触可靠性。

（5）接头在导线上应能承受一定的静拉力。

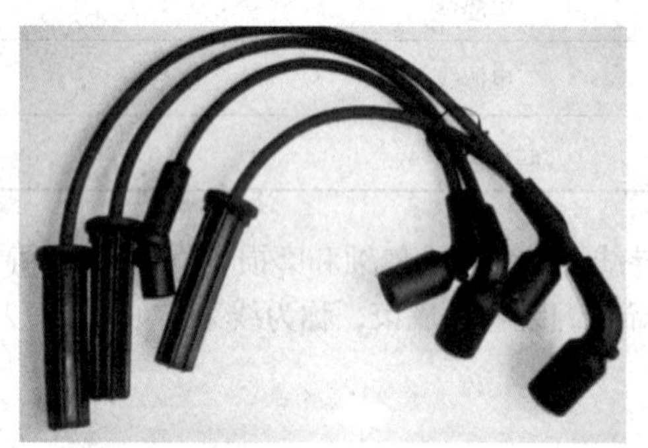

图 7—4　高压导线

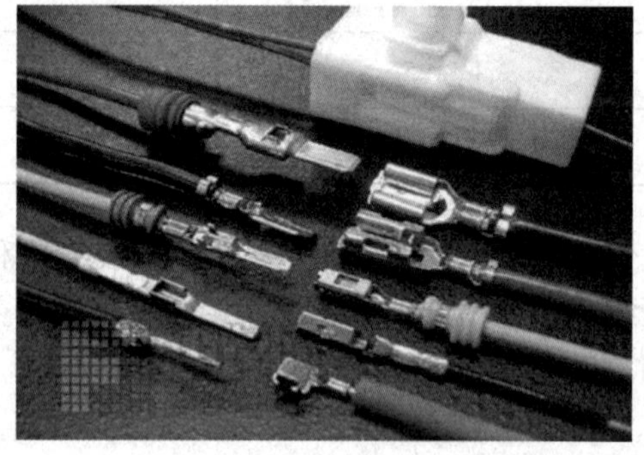

图 7—5　导线接头

2. 连接器

连接器又称为插接器，如图 7—6 所示，由插头和插座组成。插接器是汽车电路中线束的中继站。线束与线束（或导线与导线）、线束（导线）与电器部件之间的连接一般采用插接器。为了防止插接器在汽车行驶中脱开，所有的插接器均采用了锁闭装置。

（1）插接器的识别方法。插接器的符号和实物对照如图 7—7 所示。符号涂黑的表示插头，白色的表示插座，带有倒角的表示的是针式插头。

（2）插接器的连接方法。插接器接合时，应把插接器的导向槽重叠在一起，使插头和插孔对准，然后平行插入即可十分牢固地连接在一起。插接器连接后，其导线的连接如图 7—8 所示。例如，A 线的插孔①与 a 线的插头①′是相配合的，其余以此类推。

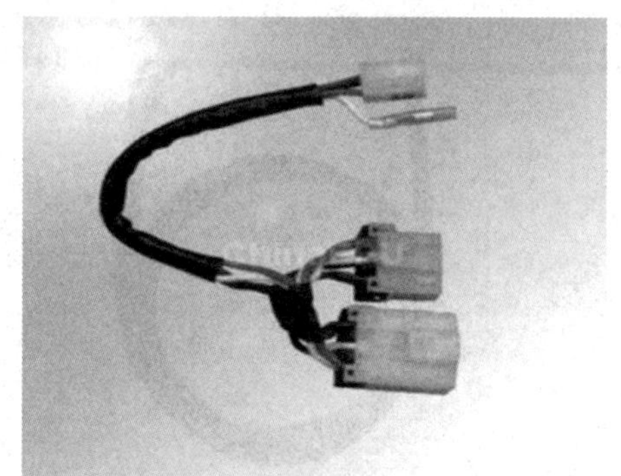

图 7—6　连接器

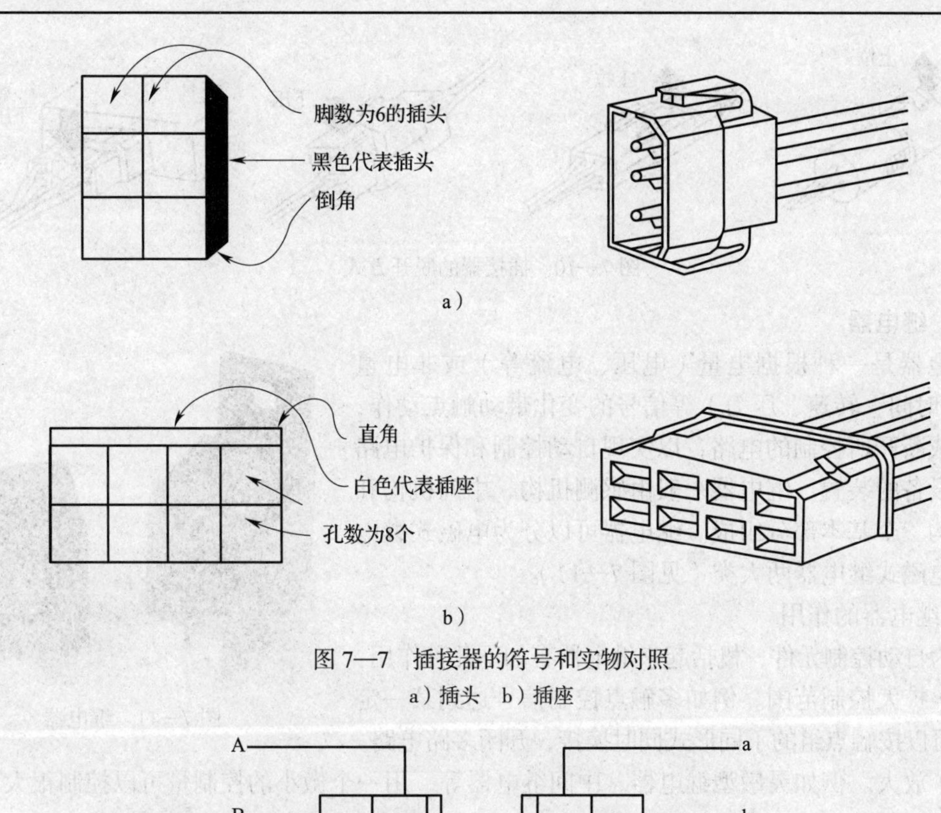

图 7—7　插接器的符号和实物对照

a）插头　b）插座

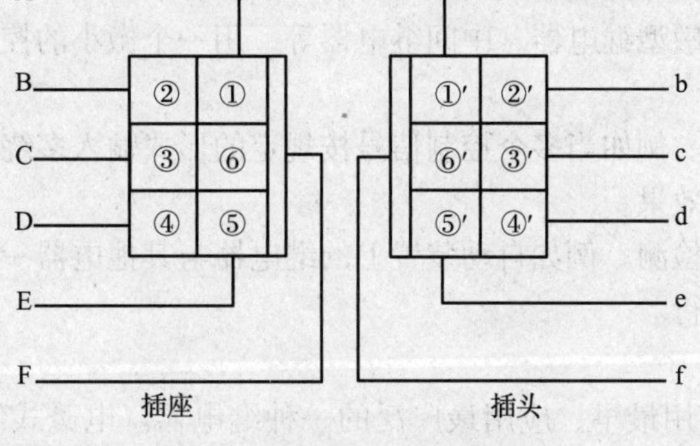

图 7—8　插接器的连接方法

（3）插接器的拆卸方法。要拆开插接器时，首先要解除锁闭，然后把插接器拉开，不允许在未解除锁闭的情况下用力拉导线，这样会损坏锁闭装置或连接导线，如图 7—9、图 7—10 所示。

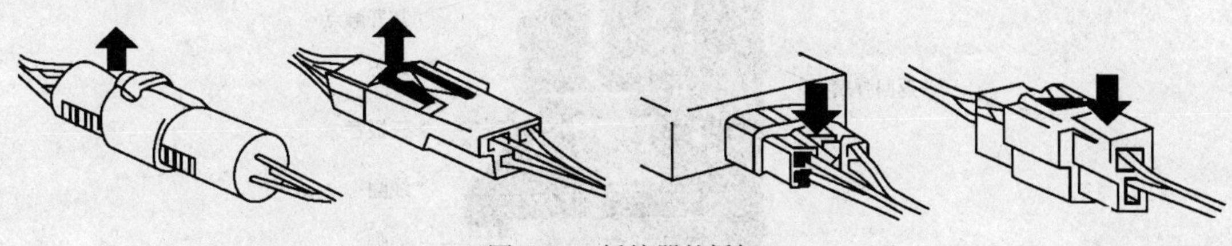

图 7—9　插接器的拆卸

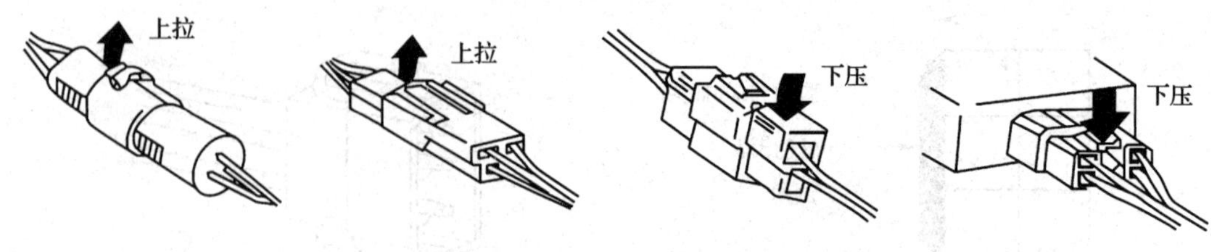

图 7—10　插接器的脱开方式

三、继电器

继电器是一种根据电量（电压、电流等）或非电量（温度、时间、转速、压力）等信号的变化带动触点动作，来接通或断开所控制的电路，以实现自动控制和保护电路或电器设备的装置。继电器一般由感测机构、中间机构和执行机构三个基本部分组成。继电器可以分为电磁式继电器和非电磁式继电器两大类（见图 7—11）。

图 7—11　继电器

1．继电器的作用

作为自动控制元件，概括起来继电器有如下几种作用：

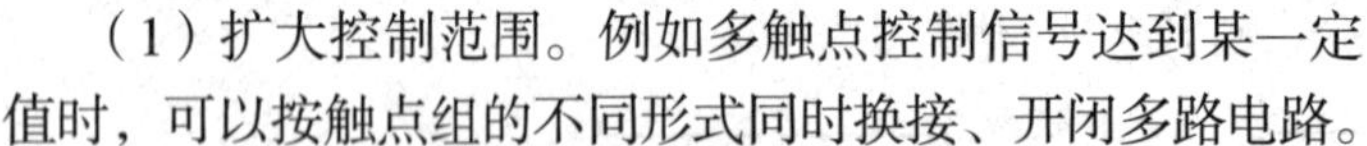

（1）扩大控制范围。例如多触点控制信号达到某一定值时，可以按触点组的不同形式同时换接、开闭多路电路。

（2）放大。例如灵敏型继电器、中间继电器等，用一个微小的控制量可以控制很大功率的电路。

（3）综合比较信号。例如当多个控制信号按规定的形式输入多绕组继电器时，经过比较综合，达到预定的控制效果。

（4）自动、遥控、检测。例如自动装置上的继电器与其他电器一起可以组成程序控制线路，从而实现自动化运行。

2．继电器的结构

电磁式继电器是使用最早、应用最广泛的一种继电器。电磁式继电器一般由铁芯、线圈、衔铁、触点、簧片、引线等组成的。图 7—12、图 7—13 所示的是电磁式继电器的结构示意和电路图形符号。

图 7—12　电磁式继电器内部结构

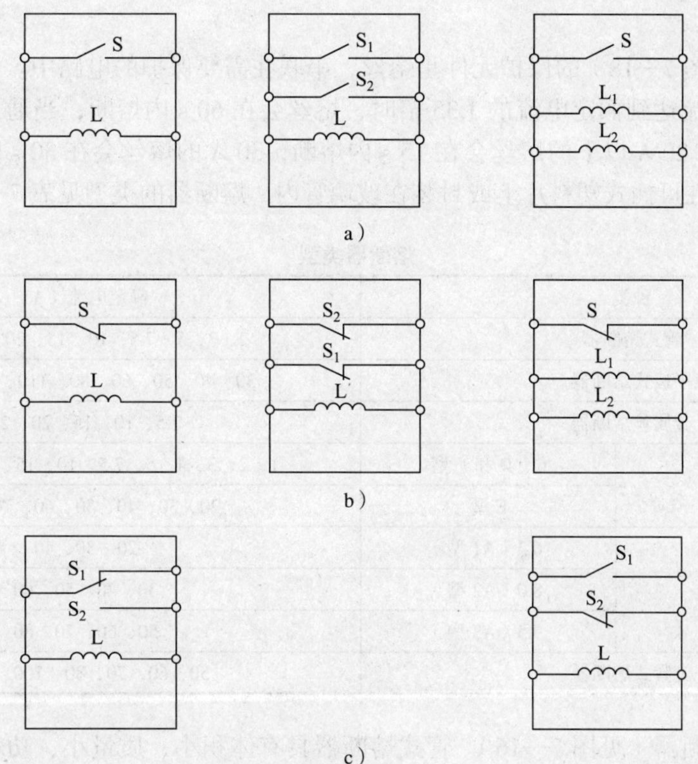

图 7—13　电磁式继电器图形符号

a）常开型继电器　b）常闭型继电器　c）混合型继电器

四、熔断器和易熔线

熔断器和易熔线在电路中起安全保护作用。当电路过载或短路时，由于电流过大，串联在汽车电路中的熔断器或易熔线便会发热而熔断，切断被保护电路，以防止线路和用电设备被烧毁，如图 7—14 和图 7—15 所示。

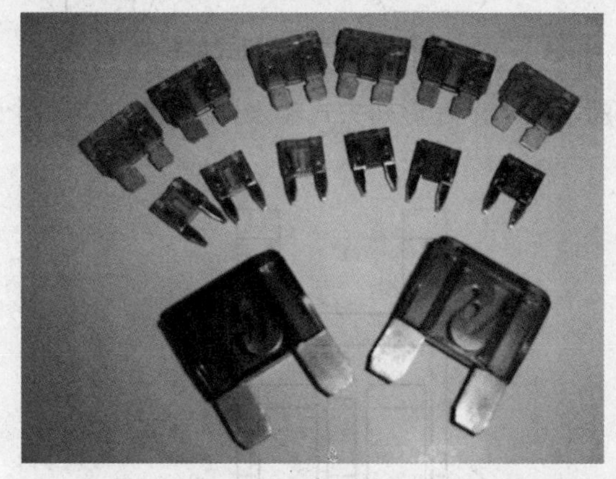

图 7—14　熔断器

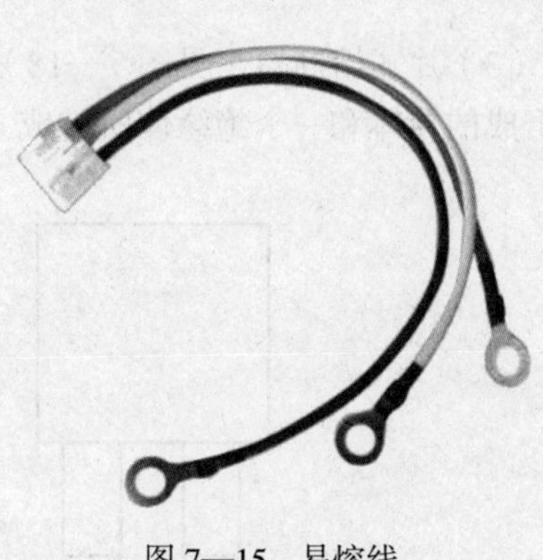

图 7—15　易熔线

1．熔断器

熔断器（见图 7—18）的保护元件是熔丝，串联在需要保护的电路中。一般情况下，当通过熔断器的电流达到额定电流的 1.35 倍时，熔丝会在 60 s 内熔断；当通过电流达到额定电流的 1.5 倍时，20 A 以下的熔丝会在 15 s 内熔断，30 A 的熔丝会在 30 s 内熔断。熔断器的熔丝通常固定在可插式塑料片上或封装在玻璃管内。熔断器的类型见表 7—2。

表 7—2　熔断器类型

种类		额定电流（A）
管式熔断器		2、3、5、7.5、10、15、20、25、30
平板式熔断器		30、40、50、60、80、110、150、175
金属丝熔断器		7.5、10、15、20、25
片式熔断器	C、D 和 F 型	1、2、3、4、5、7.5、10、15、20、25、30
	E 型	20、30、40、50、60、70、80
插入式熔断器	6.3（A1 型）	20、30、40
	8.0（A2 型）	30、40、50、60
	9.5（A3 型）	50、60、70、80
旋紧式熔断器		50、60、70、80、100、120

（1）管式熔断器（见图 7—16）。管式熔断器具有体积小、质量小、功耗小、分断能力高等特点，广泛用于电气设备的过载保护和短路保护。

（2）平板式熔断器（见图 7—17）。平板式熔断器适用于交流 50/60 Hz，额定电压 250 ~ 2 000 V，额定电流 10 ~ 3 600 A 的中、低压电路中，作为整流二极管、晶闸管、变频器及由半导体器件组成的回路的过载保护。

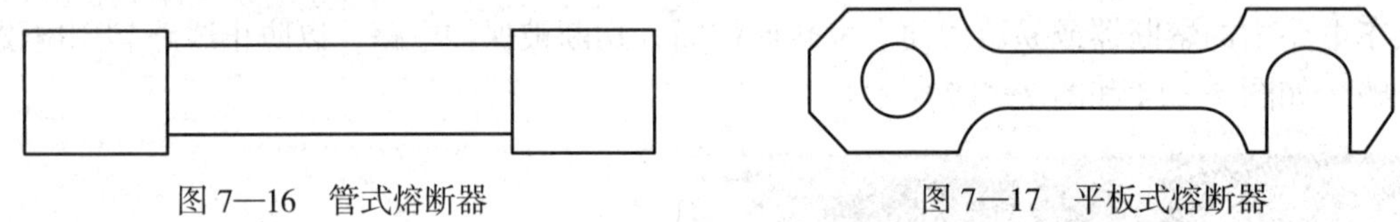

图 7—16　管式熔断器　　图 7—17　平板式熔断器

（3）片式熔断器（见图 7—18）。片式熔断器由两个片形插头式输入 / 输出端子与一个熔丝组成的导体和一个绝缘体所构成。

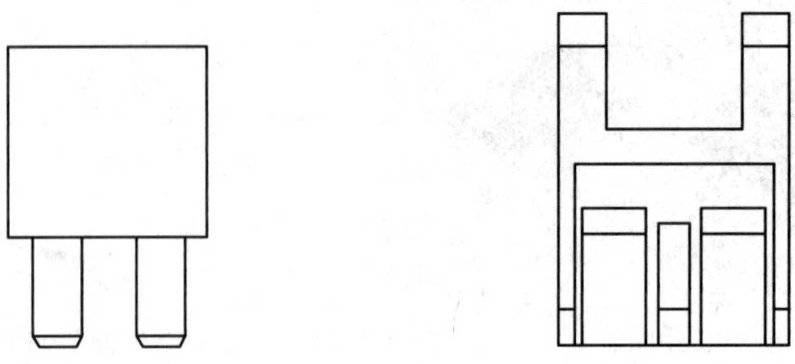

图 7—18　片式熔断器

（4）插入式熔断器（见图 7—19）。插入式熔断器由两个片形插座式输入 / 输出端子与一个熔丝组成的导体和一个组合的绝缘体所构成。

（5）旋紧式熔断器（见图 7—20）。旋紧式熔断器由两个片形插头式的适合螺钉连接的输入 / 输出端子、一个熔丝组成的导体及一个组合的绝缘体所构成。

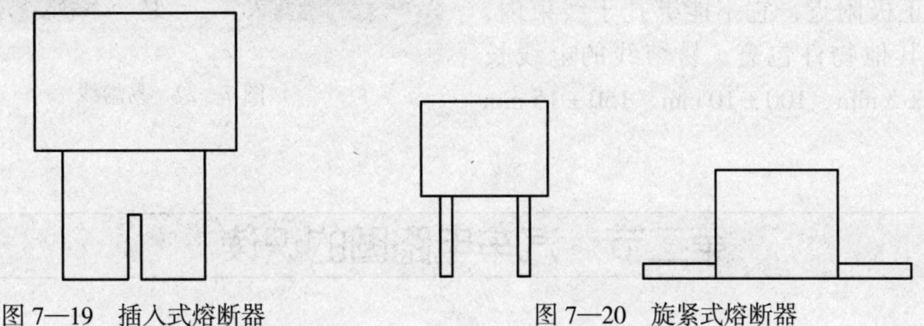

图 7—19　插入式熔断器　　　　图 7—20　旋紧式熔断器

汽车电路有多个熔断器，通常集中安装在一个或几个接线盒中。各个熔断器都编号排列，有的还涂以不同的颜色，以便于区别，如图 7—21 所示。

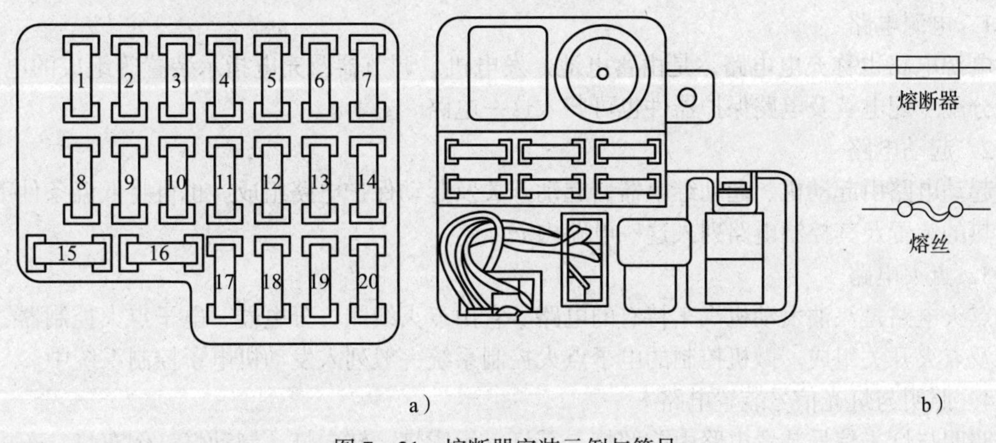

图 7—21　熔断器安装示例与符号

a）熔断器　b）熔断器和熔丝符号

技术提示

1. 在更换熔断器前必须切断所连电气部件及点火开关的电源，更换与原熔断器的额定电流值相等的熔丝（片）。

2. 在拆下、插入熔断器时，必须使用拆卸器。在拆装熔断器时，进出时要保持平直，不能扭动，否则会使端子卡口张开过大以致连接不良。

3. 如熔断器连续烧断，说明线路出现短路，必须检查整个电气系统。

2．易熔线

易熔线是一种截面积小于被保护电线截面积、可长时间通过额定电流的铜芯低压导线或合金导线，用于保护工作电流较大的电路，如图 7—22 所示。当电流超过易熔线额定电流一定值时，易熔线被烧断，从而保护了线路和电气设备免遭损坏。易熔线一般接在蓄电池正极附近，它不能绑扎于线束内，也不得被其他物件包裹。易熔线的电线长度分为 50 ± 5 mm、100 ± 10 mm、150 ± 15 mm 三种。

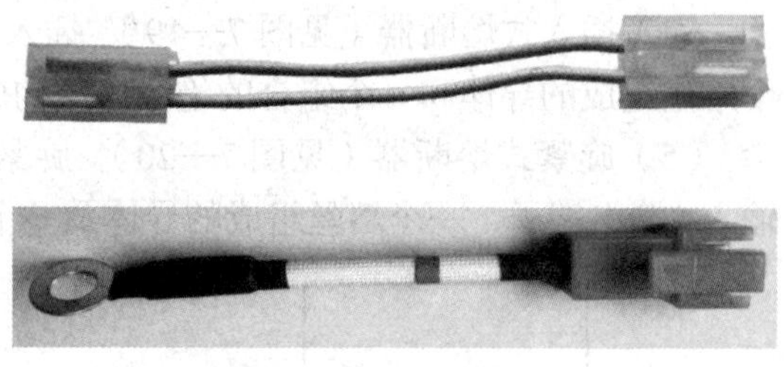

图 7—22　易熔线

第二节　汽车电路图的识读

一、整车电路的组成

汽车整车电路通常由电源电路、起动电路、点火电路、照明与灯光信号装置电路、仪表信息系统电路、辅助装置电路和电子控制系统电路组成。

1．电源电路

电源电路也称充电电路，是由蓄电池、发电机、调节器及充电指示装置等组成的电路，电能分配（配电）及电路保护器件也可归入这一电路。

2．起动电路

起动电路由起动机、起动继电器、起动开关及起动保护电路组成。也可将低温条件下起动预热的装置及其控制电路列入这一电路内。

3．点火电路

点火电路是汽油发动机汽车特有的电路。它由点火线圈、分电器、电子点火控制器、火花塞及点火开关组成。微机控制的电子点火控制系统一般列入发动机电子控制系统中。

4．照明与灯光信号装置电路

照明与灯光信号装置电路由前照灯、雾灯、示廓灯、转向灯、制动灯、倒车灯、车内照明灯及有关控制继电器和开关组成。

5．仪表信息系统电路

仪表信息系统电路由仪表及其传感器、各种报警指示灯及控制器组成。

6．辅助装置电路

辅助装置电路由为提高车辆安全性、舒适性等设置的各种电器装置组成。辅助电器装置的种类随车型不同而有所差异，汽车档次越高，辅助电器装置越完善。一般包括风窗刮水及清洗装置、风窗除霜（防雾）装置、空调装置、音响装置等。较高级车型上还装有车窗电动举升装置、电控门锁、电动座椅调节装置和电动遥控后视镜等。

7．电子控制系统电路

电子控制系统电路主要由发动机控制系统（包括燃油喷射、点火、排放等控制）、自动变速器及恒速行驶控制系统、防抱死制动系统、安全气囊控制系统等电路组成。

二、电路图的种类

1．布线图

布线图是按照汽车电器在车身上的大体位置来进行设计的，如图 7—23 所示。其特点是：全车的电器（即电器设备）表达准确，电线的走向清楚、完整，便于循线跟踪，查找起来比较方便。布线图将电线分配到各条线束中去，与各个插件的位置严格对应。在各开关附近用表格法表示了开关的接线与挡位控制关系，表示了熔断器与电线的连接关系，表明了电线的颜色与截面积。

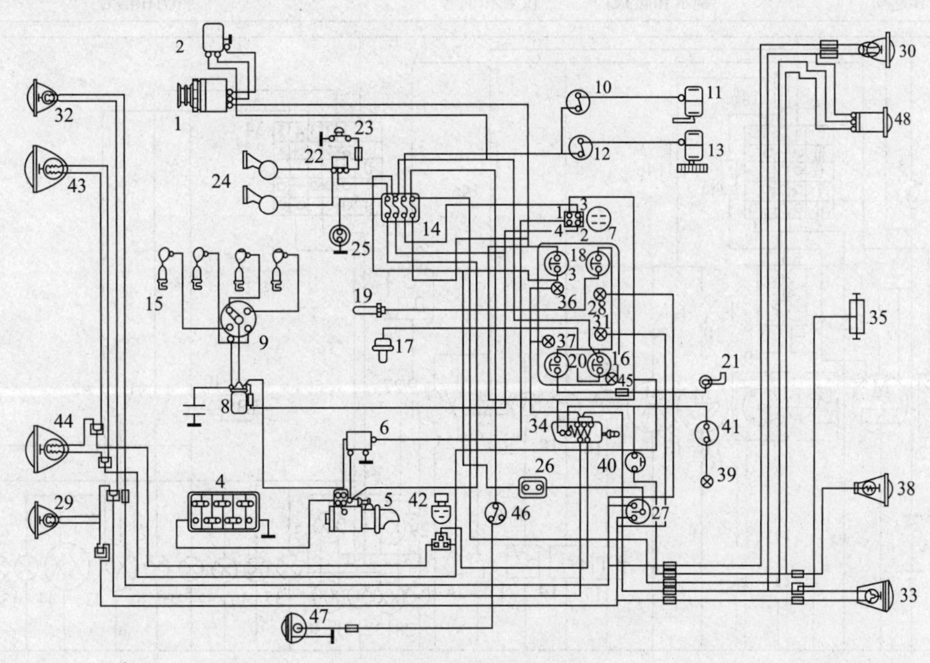

图 7—23　汽车布线图

布线图的缺点：图上电线纵横交错，印制版面小则不易分辨、版面过大印装受限制；读图、画图费时费力，不易抓住电路重点、难点；不易表达电路内部结构与工作原理。

2．原理图

（1）整车电路图。在分析故障原因时，不能孤立地仅局限于某一部分。整车电路图将某一部分电路在整车电路中的位置及与相关电路的联系都表达出来。整车电路图有以下优点：

1）对全车电路有完整的概念，它既是一幅完整的全车电路图，又是一幅互相联系的局部电路图。

2）在此图上建立起电位高、低的概念：其负极“–”接地（俗称搭铁），电位最低，可用图中的最下面一条线表示；正极“+”电位最高，用图中最上面的那条线表示。电流的方向基本都是由上而下，路径是：电源正极“+”→开关→用电器→搭铁→电源负极“–”。

3）尽可能减少电线的曲折与交叉，布局合理，图面简洁、清晰，图形符号考虑到元器件的外形与内部结构，便于读者联想、分析，易读、易画。

4）各局部电路（或称子系统）相互并联且关系清楚，发电机与蓄电池间、各个子系统之间的连接点尽量保持原位，熔断器、开关及仪表等的接法基本上与原理图吻合。

（2）局部电路原理图。为了弄清汽车电器的内部结构、各个部件之间相互连接的关系，弄懂某个局部电路的工作原理，常从整车电路图中抽出某个需要研究的局部电路，参照其他资料，必要时根据实地测绘、检查和试验记录，将重点部位进行放大、绘制并加以说明，就形成了局部电路原理图。这种电路图的电器少、幅面小，看起来简单明了，易读易绘；其缺点是只能了解电路的局部。图 7—24 所示为部分电路原理图。

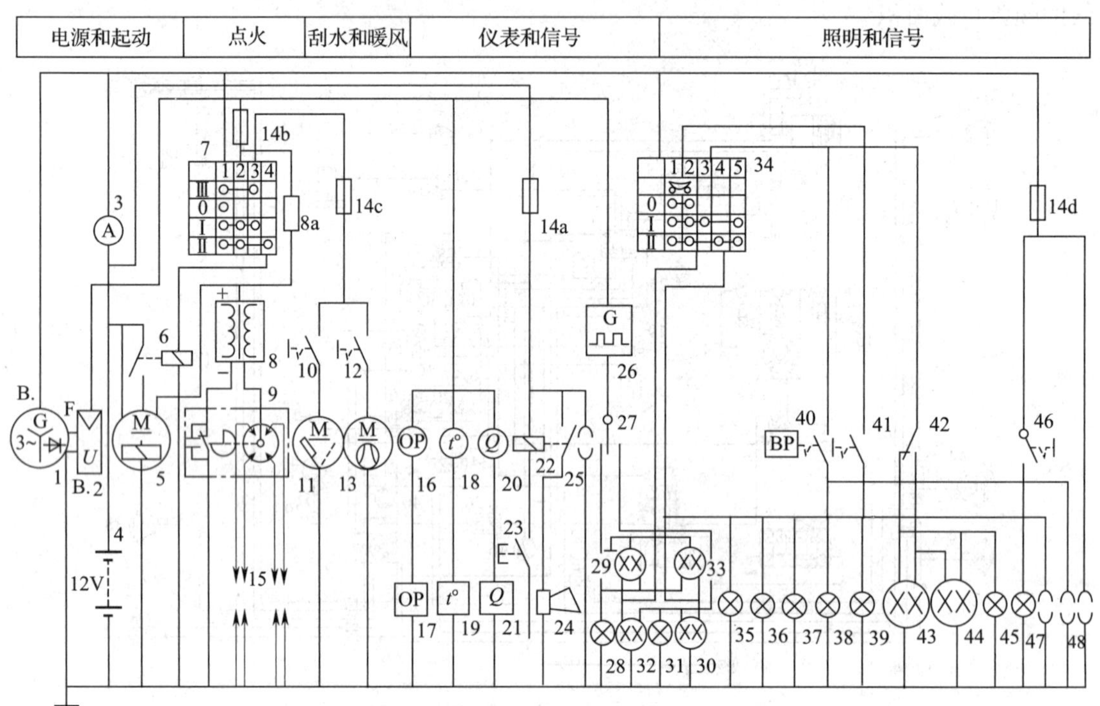

图 7—24　局部电路原理图

3．线束图

整车电路线束图常用于汽车厂总装线和修理厂的连接、检修与配线。线束图主要表明电线束与各用电器的连接部位、接线柱的标记、线头、插接器（连接器）的形状及位置等，它是人们在汽车上能够实际接触到的汽车电路图。这种图一般不去详细描绘线束内部的电线走向，只将露在线束外面的线头与插接器编号或用字母标记，突出装配记号，非常便于电气设备安装、配线、检测与维修。

三、汽车电路的接线规律

1．一般规律

汽车线路一般为单线制、用电设备并联、负极搭铁、线路用颜色和编号加以区分，并以点火开关为中心将全车电路分成几条主干线，即：蓄电池火线、附件火线、钥匙开关火线。

（1）蓄电池火线。从蓄电池正极引出直通熔断器盒，也有汽车的蓄电池火线接到起动机火线接线柱上，再从那里引出较细的火线。

（2）钥匙开关火线。点火开关在 ON（工作）和 ST（起动）挡才有电的电线，必须有汽车钥匙才能接通点火系统、预充磁、仪表系统、指示灯、信号系、电子控制系等重要电路。

（3）专用线。用于发动机不工作时需要接入的电器，如收放机、点烟器等。点火开关单独设置一挡予以供电。

（4）起动控制线。起动机主电路的控制开关（触盘）常用磁力开关来通断。磁力开关的吸引线圈、保持线圈可以由点火开关的起动挡控制。大功率起动机的吸引、保持线圈电流很大（可达 40 ~ 80 A），容易烧蚀点火开关的触点，必须另设起动机继电器。装有自动变速器的轿车，为了保证空挡起动，常在 50 号线上串有空挡开关。

（5）搭铁线。汽车电路中，以元件和机体（车架）金属部分作为一根公共导线的接线方法称为单线制，将机体与电器相接的部位称为搭铁或接地。搭铁点分布在汽车全身，由于不同金属相接（如铁、铜、铝、铅），形成电极电位差，一旦沾染泥水、油污容易生锈，有些搭铁部位是很薄的钣金件，可能引起搭铁不良，如灯不亮、仪表不起作用、喇叭不响等。要将搭铁部位与火线接点同等重视，所以现代汽车局部采用双线制，设有专门公共搭铁接点，编绘专门搭铁线路图。为了保证起动时减小线路接触压降，蓄电池极桩夹头、车架与发动机机体都接大截面积的搭铁线，并将接触部位彻底除锈、去漆、拧紧。

2．电源系统接线规律

（1）发电机与蓄电池并联，蓄电池负极必须搭铁。发电机工作时正常电压比蓄电池电压高 0.3 ~ 3.5 V，这主要是为了克服线路压降，使蓄电池充电时既能充足，又不至于过度充电。

（2）国产硅整流发电机的接线柱旁均有标记或名称，“+”或“B+”为“电枢”接线柱，此接线柱应与电流表或蓄电池“+”极相连；“F”为“磁场”接线柱，它与调节器“磁场”接线柱相连；“E”为“搭铁”接线柱，应与调节器的“搭铁”接线柱相接。

（3）采用外装调节器的交流发电机的磁场线圈搭铁方式有两种：一种是磁场线圈直接在发电机内部搭铁，如国产东风 EQ1092、BJ2020 汽车的发电机；另一种是磁场线圈不在发电机内部搭铁，而是通过调节器搭铁，如解放 CA1092 汽车的交流发电机。

3．起动系统接线规律

（1）点火开关直接控制起动机的电路：点火开关在起动挡直接控制起动机的吸拉保持线圈，多用于 1.2 kW 以下起动机的轿车电路；1.5 kW 以上起动机的磁力开关线圈的电流在 40 A 以上，用起动继电器触点作为开关。

（2）带起动保护的起动机控制电路：当起动点火开关在 0 挡时，电路均断开。点火开关在 1 挡时（未起动）的供电线路为：蓄电池正极—仪表—点亮充电指示灯。点火开关在 2 挡时，除了接通上述电路，还要接通起动机继电器电路：蓄电池正极—电流表—点火开关—起动机继电器线圈—继电器常闭触点—搭铁—蓄电池负极—起动机驱动主机。与此同时，触桥将点火线圈旁路触点接通，电流直通点火线圈，附加电阻被隔除在外。发动机点火工作后，发电机中性点 N 的对地电压（约为发电机调节电压的 0.5 倍）使起动继电器中的起动保护继电器常闭触点断开，切断充电指示灯搭铁点路，充电指示灯熄灭，表示发电机工作正常。同时也切断了起动继电器线圈的搭铁电路。当发电机正常工作时，即使误将点火开关转到 2 挡，起动机也不会与飞轮啮合，避免打坏飞轮齿圈与起动机，起到保护起动机的作用。

4. 点火系统接线规律

汽车点火系统可以分为有触点点火系统、无触点点火系统、微机控制点火系统等形式，其工作过程基本上都是按以下顺序循环：一次电流接通——一次电流切断（此时恰是某缸活塞处于压缩上止点前某一角度）——一次线圈产生自感电动势（300 V 左右）—二次线圈互感产生脉冲高压（6 000 ~ 30 000 V）—火花塞出现电火花。

5. 照明、信号系统的接线规律

汽车照明系统一般由前照灯、示宽灯（位置灯）、尾灯（后示宽灯）、牌照灯、仪表灯、室内灯等组成，其中前照灯又分为远光灯与近光灯，用变光开关控制。部分照明、信号灯由灯光开关控制：灯光开关在 0 挡关断、1 挡为小灯亮（包括示宽灯、尾灯、仪表灯、牌照灯）、2 挡为前照灯、小灯同时亮。灯光系统的电流一般来自蓄电池正极，不受点火开关控制（由于前照灯远光功率较大，常用灯光继电器来控制通断，开关的 2 挡用于控制继电器线圈）。超车灯信号常用远光灯亮灭来表示，发出此信号时不通过灯光开关，属于短时接通按钮式。现代汽车的照明系统常用组合开关集中控制，组合开关多装在转向柱上，位于转向盘下侧，操作时驾驶人的手可以不离开转向盘。

6. 仪表报警系统接线规律

（1）所有电气仪表都受点火开关控制。

（2）各仪表的表头与其传感器串联，燃油表、水温表一般还接有仪表稳压器。

（3）电流表串联在发电机正极与蓄电池正极之间。发电机充电电流从电流表正极进去，指针偏向正端，而在蓄电池往外放电时，指针偏向负端。以下两种电流不通过电流表：超过电流表量程的负载电流，如起动机、预热塞、喇叭电流；发电机正常工作时向其他负载的供电电流。

（4）电压表并联接在点火开关之后，只在点火开关接通时显示系统电压。12 V 系统常使用 10 ~ 18 V 电压表、24 V 系统常使用 20 ~ 36 V 的电压表。

（5）指示灯、报警灯常与仪表装配在一个总成内或在附近布置，它们与仪表一同受点火开关的工作挡（ON）和起动挡（ST）控制。在 ON 挡应能检验大多数仪表、指示灯、报警灯是否良好。指示灯和报警灯按照电路接法可分为两种：一种是灯泡接点火开关火线，外接传感开关，开关接通则与搭铁构成通路，灯亮，如充电指示灯、手制动指示灯、制动液面报警灯、门未关报警灯、机油压力报警灯、水位过低报警灯等。另一种接法是指示灯灯泡接地，控制信号来自其他开关的火线端，如远光指示灯、转向指示灯、座椅安全带未系指示灯、防抱死制动指示灯、巡航控制指示灯等。

7. 信号系统接线规律

信号系统主要有转向信号、危险警告信号、制动信号、倒车信号、喇叭等，这些信号都是由驾驶人根据道路交通情况向别的车辆和行人发出的，带有较强的随机性。制动信号多由制动踏板联动控制，倒车灯多由变速杆倒挡轴联动控制，不用驾驶人特意操作即可接通，喇叭按钮多在转向盘上，驾驶人手不离转向盘即可发出信号。

四、汽车电路原理图的识读方法

1. 了解汽车电路图的一般规律

（1）电源部分到各电器熔断器或开关的导线是电器设备的公共火线，在电路原理图中一般画在电路图的上部。

（2）标准画法的电路图，开关的触点位于零位或静态。即开关处于断开状态或继电器线圈处于不通电状态，晶体管、晶闸管等具有开关特性的元件的导通与截止视具体情况而定。

（3）汽车电路的特点是双电源、单线制，各电器相互并联，继电器和开关串联在电路中。

（4）大部分用电设备都经过熔断器，受熔断器保护。

（5）整车电路按功能及工作原理划分成若干独立的电路系统。

2. 认真阅读图注

认真阅读图注，了解电路图的名称、技术规范，明确图形符号的含义，建立元器件和图形符号间一一对应的关系，这样才能快速准确地识图。

3. 掌握回路

在电学中，回路是一个最基本、最重要，同时也是最简单的概念。任何一个完整的电路都由电源、用电器、开关、导线等组成。对于直流电路而言，电流总是要从电源的正极出发，通过导线、熔断器、开关到达用电器，再经过导线（或搭铁）回到同一电源的负极，在这一过程中，只要有一个环节出现错误，此电路就不会正确、有效。例如：从电源正极出发，经某用电器（或再经其他用电器），最后又回到同一电源的正极，这种“从正到正”的途径是不会产生电流的。

在汽车电路中，发电机和蓄电池都是电源，在寻找回路时，不能混为一谈，不能从一个电源的正极出发，经过若干用电设备后，回到另一个电源的负极，这种情况不会构成一个真正的通路，也不会产生电流。所以必须强调回路是指从一个电源的正极出发，经过用电器，回到同一电源的负极。

4. 熟悉开关作用

开关是控制电路通、断的关键。电路中主要的开关往往汇集许多导线，如点火开关、车灯总开关，读图时应注意与开关有关的5个问题：

（1）在开关的许多接线柱中，注意哪些接电源，哪些接用电器。接线柱旁是否有接线符号，这些符号是否常见。

（2）开关共有几个挡位，在每个挡位中，哪些接线柱通电，哪些接线柱断电。

（3）蓄电池或发电机电流是通过什么路径到达这个开关的，中间是否经过别的开关和熔断器，这个开关是手动的还是电控的。

（4）各个开关分别控制哪个用电器。被控用电器的作用和功能是什么。

（5）在被控的用电器中，哪些电器处于常通，哪些电路处于短暂接通；哪些应先接通，哪些应后接通；哪些应单独工作，哪些应同时工作；哪些电器允许同时接通。

5. 识图的一般方法

（1）先看全图，把单独的系统框出来。一般来讲，各电气系统的电源和电源总开关是公共的。任何一个系统都应该是一个完整的电路，都应遵循回路原则。

（2）分析各系统的工作过程、相互间的联系。在分析某个电气系统之前，要清楚该电气系统所包含各部件的功能、作用和技术参数等。在分析过程中应特别注意开关、继电器触点的工作状态，大多数电气系统都是通过开关、继电器不同的工作状态来改变回路，实现不同功能的。

（3）通过对典型电路的分析，起到触类旁通的作用。不同类型汽车的电路原理图，很多部分都是类似或相近的。这样，通过一个具体的例子，可以举一反三，对照比较，可以掌握汽车的一些共同规律，再以这些共同规律为指导，了解其他型号汽车的电路原理，可以发现更多的共性以及各种车型之间的差异。

汽车电器的通用性和专业化生产使同一国家汽车的整车电路形式大致相同。如掌握了某种车型电路的特点，就可以大致了解相应车型或该企业的汽车电路的特点。因此，抓住几个典型电路，掌握各系统的接线特点和原则。对于了解其他车型的电路大有好处。

6. 读识电路图的要点

（1）纵观“全车”，眼盯“局部”，由“集中”到“分散”。全车电路一般都是由各个局部电路所构成，它表达了各个局部电路之间的联系和控制关系。要把局部电路从全车总图中分割出来，就必须掌握各个单元电路的基本情况和接线规律。

看电路要以其自身的特点为指导，去分解并研究全车电路，这样做会少一些盲目性，能较快速、准确地识读汽车电路图。开始，必须认真地读几遍图注，对照线路图查看电器在车上的大概位置及数量，电器的用途，有没有新颖独特的电器，如有，应加倍注意。

（2）抓住“开关”的作用。开关是控制电路通断的关键，特别要注意继电器不但是控制开关也是被控制对象。

（3）寻找电流的“回路”和控制对象的“通路”。这个简单而重要的原则无论在读什么电路图时都是必须用到的，在读汽车电路时却往往被忽略，理不出头绪来。

五、汽车电气电路检修方法

随着汽车技术的不断发展与进步，电器元件在汽车上的应用越来越广泛，随之而来的是对汽车电器元件的维修所占的比例也越来越大。汽车电路常见故障主要有：断路、短路、电器设备的损坏等。为了能迅速准确地诊断故障，下面介绍几种常见的检修方法。

1. 直观诊断法

汽车电路发生故障时，有时会出现冒烟、火花、异响、焦臭、发热等异常现象。这些现象可直接观察到，从而可以判断出故障所在部位。

2. 断路法

汽车电路设备发生搭铁（短路）故障时，可用断路法判断，即将怀疑有搭铁故障的电路段断开，观察电器设备中搭铁故障是否还存在，以此来判断电路搭铁的部位和原因。

3. 短路法

汽车电路中出现断路故障，可以用短路法判断，即用导线将被怀疑有断路故障的电路短接，观察仪表指针变化或电器设备工作状况，从而判断出该电路中是否存在断路故障。

4. 试灯法

试灯法就是用一只汽车用灯作为试灯，检查电路中有无断路故障。

5. 仪表法

观察汽车仪表板上的电流表、水温表、燃油表、机油压力表等的指示情况，判断电路中有无故障。例如，发动机冷态接通点火开关时，水温表指示满刻度位置不动，说明水温表传感器有故障或该线路有搭铁。

6．低压搭铁试火法

通过拆下用电设备的某一线头对汽车的金属部分（搭铁）碰试而产生火花来判断。这种方法比较简单，是广大汽车电工经常使用的方法。搭铁试火法可分为直接搭铁和间接搭铁两种。所谓直接搭铁，是未经过负载而直接搭铁产生强烈的火花。例如，要判断点火线圈至蓄电池一段电路是否有故障，可拆下点火线圈上连接点火开关的线头在汽车车身或车架上刮碰，如果有强烈的火花，说明该电路正常；如果无火花产生，说明该段电路出现了断路。间接搭铁是通过汽车电器的某一负载而搭铁产生微弱的火花来判断线路或负载是否有故障。例如，将传统点火系断路器连接线搭铁（回路经过点火线圈一次绕组），如果有火花，说明这段线路正常；如果无火花，则说明电路有断路。特别值得注意的是，试火法不能在有电子线路的汽车上应用。

7．高压试火法

对高压电路进行搭铁试火，观察电火花状况，判断点火系的工作情况。具体方法是：取下点火线圈或火花塞的高压导线，将其对准火花塞或缸盖等，距离约 5 mm，然后接通起动开关转动发动机看其跳火情况。如果火花强烈，呈天蓝色且跳火声较大，则表明点火系工作基本正常；反之，则说明点火系工作不正常。

六、导线接线注意事项

（1）准备所要接线车型的电路原理图，如果没有电路原理图，最好自己对照实物画个接线草图，这将给检修接线工作带来很大方便。

（2）因维修需要临时外接线时，必须注意绝缘，以防短路。

（3）当导线损坏以后，应用原规格型号的导线更换，连接要可靠，尽量减小连接处的接触电阻。

（4）接线完毕，应按原接线要求绑扎处理好。

复习思考题

一、思考题

1．写出继电器各零部件的名称。

2. 汽车电气原理图有哪些特点?

3. 识读汽车电气原理图的技巧有哪些?

4. 试从全车电路图中画出一个用电设备的工作原理图。

5. 试从全车电路图中查找任一零部件在汽车上的位置。

二、选择题

1. 在汽车电路中,(　　)用来控制电路的导通和截止。

A. 继电器　　B. 断路器

C. 熔断器

2. 普通熔断器流过的电流为(　　)额定值时熔断。

A. 100%　　B. 135%

C. 110%

3. 导线的截面积以数字方式表示在导线上,单位是(　　)。

A. mm　　B. cm^2　　C. mm^2

4. 选用导线的截面积主要取决于(　　)。

A. 用电设备的工作电流　　B. 用电设备的电阻

C. 导线的机械强度

5. 现在汽车使用(　　)用于表达各电气系统的工作原理及电气部件之间的连接关系。

A. 布线图　　B. 原理图　　C. 线束图

附录

北汽福田奥铃（BJ1027）载货汽车电路图

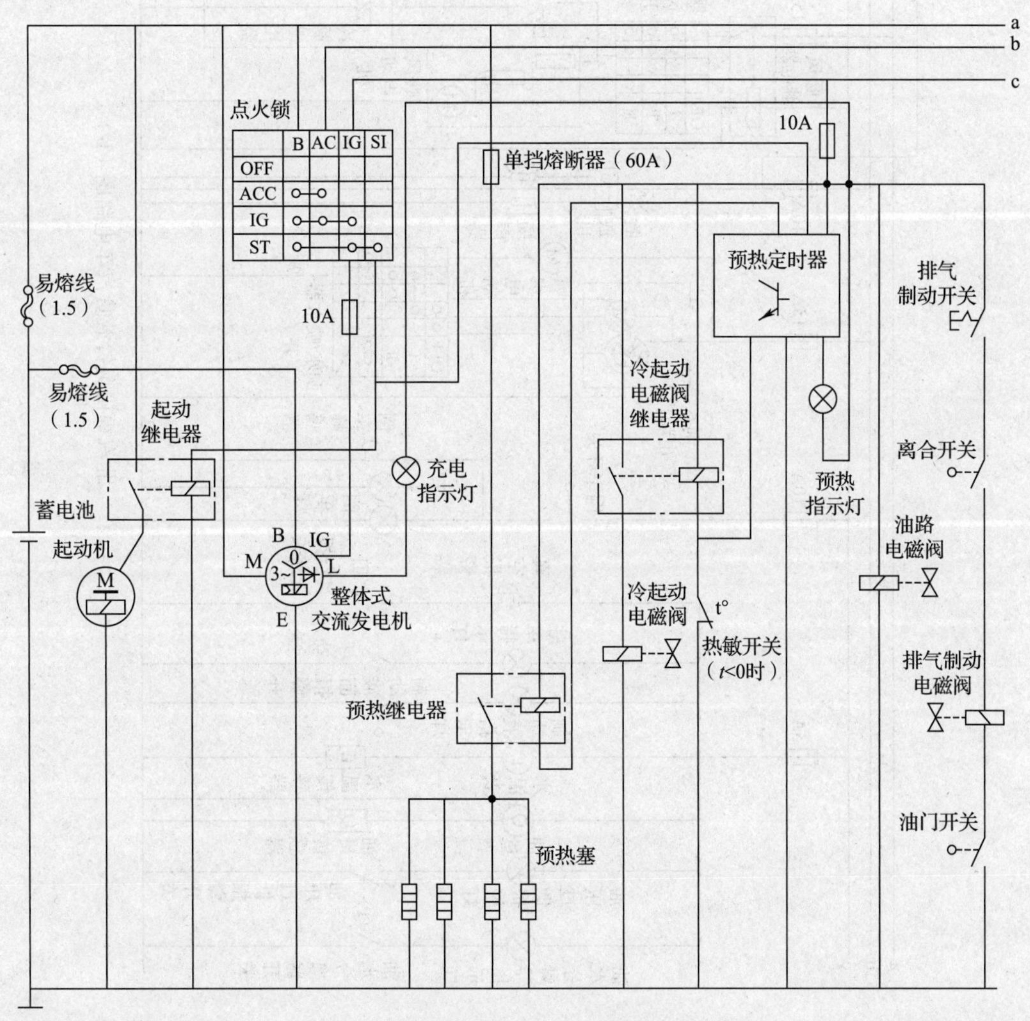

北汽福田奥铃载货汽车电路图（a）

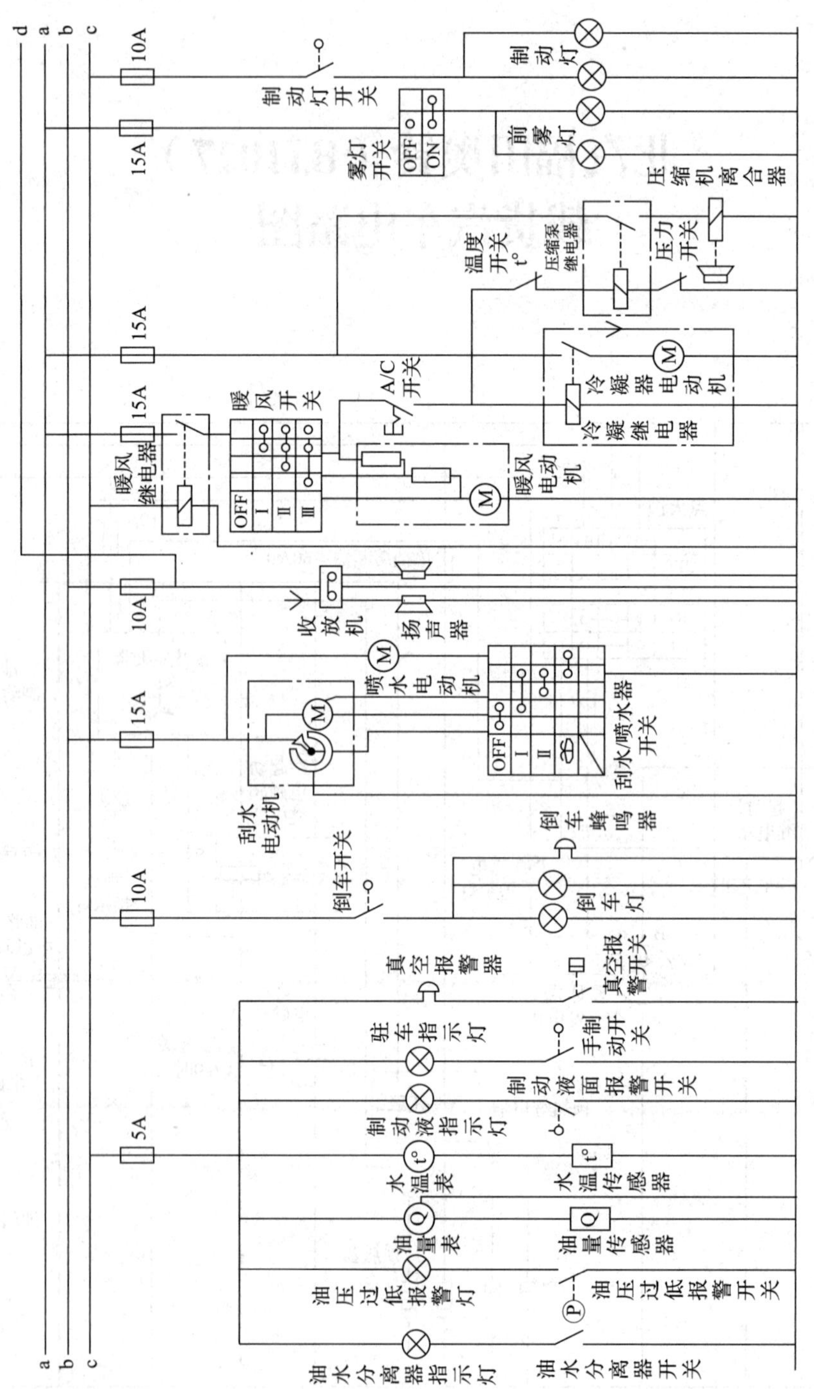

北汽福田奥铃载货汽车电路图（b）

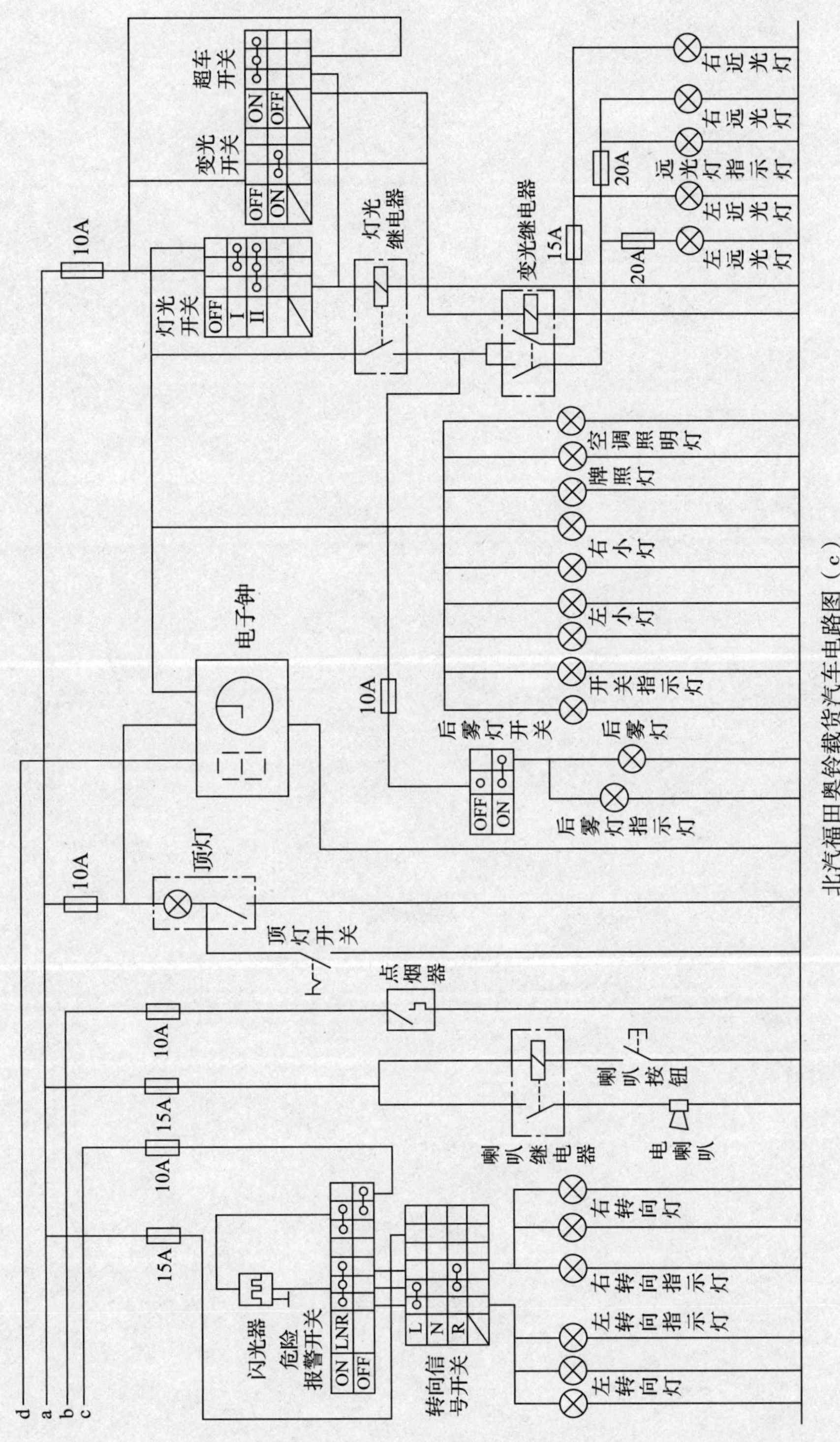

北汽福田奥铃载货汽车电路图（c）